AF249495

VOYAGE
DE
THOMAS GAGE.
TOME II.

NOUVELLE RELATION,

CONTENANT

LES VOYAGES DE THOMAS GAGE

dans la Nouvelle Espagne, ses diverses avantures, & son retour par la Province de Nicaragua jusques à la Havane.

AVEC

LA DESCRIPTION DE LA VILLE DE

Mexique telle qu'elle étoit autrefois, & qu'elle est à present.

ENSEMBLE UNE DESCRIPTION

exacte des Terres & Provinces que possedent les Espagnols en toute l'Amerique, de la forme de leur Gouvernement Ecclesiastique & Politique, de leur Commerce, de leurs Mœurs, & de celles des Crioles, des Metifs, des Mulatres, des Indiens, & des Negres.

TOME II.

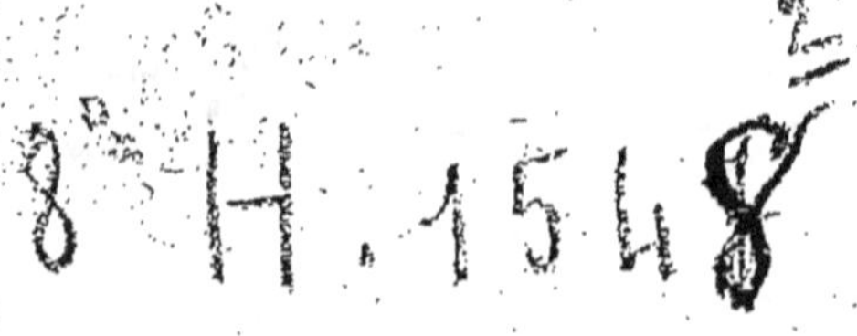

A AMSTERDAM,

Chez PAUL MARRET, Marchand Libraire dans le Beurs-straat.

M. DC. XCIX.

NOUVELLE RELATION

CONTENANT

LES VOYAGES DE THOMAS GAGE dans la Nouvelle Espagne, ses diverses aventures, & son retour par la Province de Nicaragua jusques à la Havane.

AVEC

LA DESCRIPTION DE LA VILLE DE Mexique telle qu'elle étoit autrefois, & comme elle est à présent.

ENSEMBLE UNE DESCRIPTION exacte des Terres & Provinces que possedent les Espagnols en toute l'Amérique, de la forme de leur Gouvernement ecclésiastique & politique, de leurs Commerces, de leurs Coûtumes, & celles des Criolles, des Mestifs, des Mulâtres, des Indiens, & des Negres.

TOME II.

A AMSTERDAM,

Chez Paul Marret, Marchand Libraire dans le Beurs-Straat.

M. DC. XCIX.

GUATIMALA
3. par. fol. 1

RELATION

DE LA

NOUVELLE

ESPAGNE.

TROISIE'ME PARTIE.

CHAPITRE PREMIER.

Description de l'Etat, du Gouvernement, des richesses, & de la grandeur de la ville de Guatimala, & du pays qui en depend.

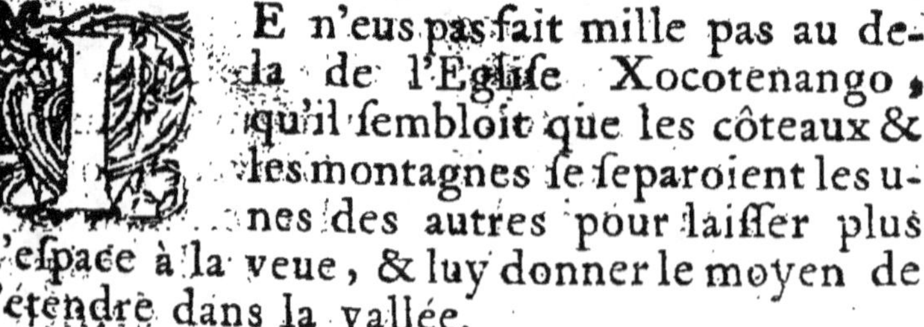

E n'eus pas fait mille pas au de-là de l'Eglise Xocotenango, qu'il sembloit que les côteaux & les montagnes se separoient les unes des autres pour laisser plus d'espace à la veue, & luy donner le moyen de s'étendre dans la vallée.

Tom. II.   A   La

La reputation de cette Ville, & les difcours qu'on m'en avoit faits à Mexique & à Chiapa, m'avoient fait naiftre la penfée qu'elle devoit eftre fortifiée de bonnes murailles, de tours, & de baftions, pour refifter à tous ceux qui auroient quelque deffein de l'attaquer.

Mais comme j'en fus proche & que j'y penfois le moins, je me trouvay dedans fans avoir veu aucunes murailles, & fans avoir paffé des portes ny des ponts, ny rencontré des Gardes pour m'interroger d'où je venois & qui j'é-tois; & en paffant proche d'une Eglife nou-vellement bâtie, autour de laquélle il n'y avoit que de petites maifons, les unes couvertes de chaume & les autres de tuile, ayant demandé le nom de la Ville, l'on me répondit que c'étoit la ville de Guatimala, & que cette Eglife là s'ap-pelloit faint Sebaftien, qui étoit la feule Eglife Paroiffiale de la Ville.

Cela diminua de beaucoup l'opinion que j'avois euë de la grandeur de cette ville, deforte que je creus avoir rencontré encore une fecon-de Chiapa, jufques à ce qu'ayant paffé un peu plus avant au milieu des maifons, qui étoient du cofté droit, & des fumiers à gauche, j'en-tray dans une ruë qui étoit plus large, & où il y avoit des maifons des deux coftez, qui fem-bloient promettre que la ville étoit proche.

Je n'eus pas fi toft detourné mes yeux que j'apperçus un magnifique Couvent, qui é-toit le lieu où je devois aller terminer mon voyage, & me repofer aprés tant de fatigues

Je mis pied à terre à la porte de derriere,

&

& ayant demandé le Prieur, il vint au devant de moy me difant que j'étois le bien venu, & qu'en la confideration du Provincial je ne manquerois de rien, & qu'il feroit même pour moy plus que le Provincial ne luy avoit ordonné par fes lettres.

Il me dit enfuite qu'il avoit été nourry en Efpagne en la Province d'Afturie, où plufieurs Navires Anglois avoient accoûtumé d'aborder, de forte qu'y ayant veu plufieurs perfonnes de ma nation, & conceu de l'amitié pour eux, parce que j'en étois, & que je me trouvois hors de ma patrie, étranger & pelerin en ce pays-là, qu'il m'affifteroit en tout ce qui luy feroit poffible.

Je vous laiffe à penfer quelle joie je fentis en moy-même, de rencontrer un homme qui avoit des penfées fi éloignées du Moine Hidalgo & qui avoit conceu une fi bonne opinion de notre Nation.

Mais elle fut encore bien plus grande par l'accompliffement de fes promeffes : Il s'appelloit Frere Jacinthe de Cabannas, & étoit principal Lecteur en Theologie dans l'Univerfité.

Comme il vit que j'avois envie de continuer mes études, & particulierement de prendre quelques leçons de Theologie fous luy, il me fit la faveur apres que j'eus été fon auditeur le premier quartier de l'année, de me faire foutenir publiquement des Thefes de Theologie, où il prefida, & m'afifta devant tous les Docteurs & Theologiens de l'Univerfité, contre les opinions de Scot & de Suarez.

A 2

Mais

Mais la principale question qui fut agitée, fut touchant la naissance de la vierge Marie, que les Jesuites avec Suarez, les Cordeliers & les Scotistes tiennent être née sans peché originel, & sans en avoir retenu aucune coulpe ny tache.

Je soutins publiquement contre cette opinion celle de S. Thomas d'Aquin & de tous les Thomistes qui est, qu'elle étoit née dans le peché originel, aussi bien que toute la posterité d'Adam.

Ce fut un acte si bien soutenu de part & d'autre, par des argumens pour & contre avec leurs réponses & solutions, qu'il y avoit plusieurs années qu'il ne s'en étoit veu un si remarquable que celuy là.

Les Jesuites frapoient du pied contre terre & battoient des mains, pour temoigner qu'ils ne pouvoient souffrir cette assertion qu'ils appelloient une heresie, disant que cette opinion touchant la Vierge se pouvoit soutenir en Angleterre qui étoit un pays d'heretiques, & que j'aurois pû l'y deffendre, parce que j'avois été nourry parmy eux, mais qu'ils s'étonnoient que le Docteur Cabannas la voulut appuyer, luy qui etoit né entre les Espagnols, élevé dans leurs Universitez, & qui étoit le premier Lecteur en cette fameuse Academie.

Mais je leur répondis patiemment qu'ils avoient tort de s'emporter de la sorte, puisqu'il y avoit non seulement des raisons assez fortes & assez puissantes pour appuyer cette opinion, mais aussi l'authorité de plusieurs sçavans

vans

vans Theologiens du party des Thomiſtes.

Aprés cela j'eus peu de credit parmy les Jeſuites, mais j'en acquis beaucoup entre les Religieux de l'Ordre de S. Dominique, & particulierement auprés du Docteur Cabannas, de
ſorte que par ſon moyen & celuy de frere
Jean Baptiſte Prieur de Chiapa, qui le fut auſſi
de Guatimala à Noel ſuivant, j'acquis autant d'honneur & d'eſtime en ce pays-là, qu'aucun étranger ait jamais eu entre les Eſpagnols.

Comme ils ſe trouverent tous deux à la Chandeleur à Chiapa pour l'élection d'un nouveau
Provincial, ils ſe ſouvinrent de moy qui demeurois toûjours à Guatimala, & ſçachant
que l'Univerſité, qui dépend principalement de
leur Couvent, avoit beſoin d'un Profeſſeur
pour y enſeigner le cours de Philoſophie; ils
me propoſerent au nouveau Provincial nommé
Jean Ximeno & au Chapitre de la Province,
pour me faire établir en cette charge à la S.
Michel prochaine.

Ils agirent ſi vigoureuſement en ma faveur,
outre qu'ils avoient tant d'authorité qu'on
ne leur pouvoit preſque rien refuſer, qu'ils
obtinrent facilement ce qu'ils vouloient, &
m'apporterent en venant des Lettres patentes
du Pere Provincial, par leſquelles ſous le
nom de frere Thomas de Sainte Marie,
qui étoit celuy dont on m'appelloit alors, il
me nommoit pour Profeſſeur en Philoſophie
dans cette Univerſité, & en joignoit au Prieur
de me mettre en poſſeſſion de cette charge.

 Cet

Cet honneur fait à un étranger & nouveau venu dans la Province, fit que les Crioles & quelques autres qui avoient eu deſſein ſur cette charge, dirent cent choſes contre moy.

Mais tout cela ne ſervoit qu'à augmenter le deſſein que j'avois de me rendre ſçavant, d'eſtre aſſidu aux leçons publiques, & d'employer le temps d'une telle maniere en étudiant jour & nuit, que je me puiſſe acquiter avec honneur de l'employ qu'on m'avoit donné, & répondre à l'eſperance que mes amis avoient de moy.

Je continuay cet employ pendant trois ans, & comme il me venoit par fois en la penſée que je devois ſoutenir l'honneur de la nation à Guatimala, & ne pas ſouffrir qu'aucun Eſpagnol me ſurpaſſat en invention & en ſubtilité d'argumens & de conceptions; cela faiſoit que bien ſouvent, lorſque tous les autres Religieux s'alloient coucher, je me retirois dans ma chambre, ou aprés avoir pris un verre de chocolate ſur les neuf heures, je paſſois la nuit à étudier juſqu'à deux heures aprés minuit, que je m'allois repoſer pour me lever enſuite à ſix heures.

Pendant ces trois années je ne voulus avoir aucune des charges ordinaires du Couvent, & je ne m'appliquay qu'à la predication, & à ouir les confeſions de ceux qui venoient à l'Egliſe de nôtre Couvent, de peur d'étre interrompu en mes études.

Neanmoins le Prieur & le Docteur Cabannas m'importunoient ſouvent d'obtenir une

per-

permiſſion de l'Evêque, pour pouvoir confeſſer & prêcher dans la ville & à la compagne : car par fois comme j'ay dit, je faiſois des predications dans l'Egliſe du Couvent par la permiſſion du Pere Provincial.

Mais je m'y oppoſay toûjours fortement juſqu'au temps que le Provincial vint à Guatimala, qui m'ayant ouy preſcher une fois voulut à toute force que j'obtinſſe cette permiſſion de l'Evêque, afin que n'étant plus reſſerré dans les limites du Couvent, je peuſſe preſcher librement dans les autres Egliſes, & par ce moyen gagner de l'argent pour m'acheter des Livres.

Pour cet effet il me fit examiner par cinq Docteurs en Theologie pendant trois heures, comme c'eſt la coûtume de cet ordre, ou aprés avoir ſoutenu toute la rigueur de leur examen & obtenu leur approbation, il me donna ſur le champ un brevet de préſentation, qui faiſoit mention de cet examen, pour le préſenter à l'Evêque, afin qu'il me donnât la permiſſion de confeſſer, & de prêcher par tout ſon Dioceſe, conformément à la Bulle du Pape Clement qui commence ; *Dudum, de ſe ultu-ris.*

L'Evêque de Guatimala qui m'aimoit particulierement, & qui ſouhaitoit l'avancement des bonnes lettres en cette Univerſité là, n'eût pas beſoin de beaucoup de prieres : car tout à l'heure il me donna cette permiſſion qu'il écrivit au dos de la preſentation, par laquelle il me permettoit de preſcher dans tout ſon Dioceſe, & d'adminiſtrer le Sacrement de la Penitence à toutes sortes de personnes, excepté les Religieuses, & absoudre de tous pechez, hors les cas reservez à sa Sainteté & à l'Evêque; cette permission étant signée de sa main & de celle de son Secretaire le quatriéme jour de Decembre mil six cens vingt-neuf.

Je fus donc ainsi établi en la ville de Guatimala avec commission de l'Evêque & du Provincial, pour enseigner la Philosophie, & prêcher dans tout ce Diocese.

L'on m'offrit aussi la chaire pour enseigner la Theologie, dont je fis même quelques leçons pendant trois mois; & j'aurois pû demeurer long temps en ce lieu là si j'avois voulu; mais je n'y fus que trois ans & demy pour la raison que je diray cy-aprés.

De sorte que je representeray fidélement tout ce que j'ay pû apprendre de cette ville pendant ce temps là, & du pais des environs, où j'ay fait divers voyages, tant lors que j'étois à Guatimala, que pendant sept années que j'ay demeuré dans les villages de la campagne.

Cette ville que les Espagnols nomment Saint Jacques de Guatimala, est située dans une vallée qui n'a qu'environ une lieuë de large ou un peu moins, parce qu'elle est close par de hautes montagnes, mais en sa longueur vers la mer du Sud elle contient un pays vaste & tout uni, qui s'élargit un peu au dela de cette ville qu'on appelle encore aujourd'huy la vieille ville, qui est environ à une lieue de Guatimala.

Quoy que les montagnes l'environnent de cha-

chaque côté, & qu'il semble qu'elles pendent
deſſus du côté de l'Orient, neantmoins elles
n'empêchent point les voyageurs, parce que
l'on y a fait des chemins qui ſont ſi commodes,
que non ſeulement les hommes y paſſent facilement, mais les beſtes mêmes qui ſont chargées
de peſans fardeaux.

Le chemin qui vient de Mexique, le prenant par le côté de Soconuzco & Suchutepeque, ſe rend dans la ville par le côté du Nord-
Oüeſt qui eſt une route large, ouverte, & ſa-
blonneuſe, mais par Chiapa il eſt au Nord-eſt
& ſe rend à la ville entre les montagnes, comme j'ay dit cy-deſſus. A l'Occident vers la mer
du Sud, le chemin eſt tout ouvert au travers de
la vallée & du pays qui eſt tout plat en cet endroit là.

Mais au Sud & au Sud-eſt le chemin eſt par
deſſus des montagnes qui ſont hautes & difficiᵉ
les, qui eſt le chemin ordinaire par ou l'on vient
de Camayagua, Nicaragua, & de Golfodulcé ou
Golfe-doux, où les navires abordent tous les
ans, & déchargent les marchandiſes qu'on apporte d'Eſpagne pour Guatimala ; & c'eſt auſſi
le chemin que prennent ceux qui partent pour
aller vers l'Eſt de la ville.

Mais les deux montagnes qui approchent le
plus de la ville & de la vallée, ſont appellées
les Vulcans, dont l'une eſt un Vulcan d'eau,
ainſi nommée improprement par les Eſpagnols,
parce que ce nom de Vulcan n'eſt donné qu'aux
montagnes qui jettent du feu, par alluſion à
ce Dieu des Payens dont l'employ ordinaire
étoit dans le feu ; mais qui eſt juſtement ap-

A 5

pro-

proprié à l'autre montagne, qui est du nombre
de celles qui brûlent & jettent du feu.

Ces deux fameuses montagnes sont presque
vis-à-vis l'une de l'autre à chaque côté de la va-
lée ; la montagne d'eau pendant du côté du Sud
presque perpendiculairement sur la ville, & celle du feu un peu plus bas, & plus proche de la
vieille ville.

La montagne d'eau est plus haute que l'autre,
& fort agréable à la veuë, étant presque toute
l'année couverte de verdure, & de campagnes
sémées de mahis ou bled d'Inde, & dans les petits villages qui y sont bâtis, les uns vers le milieu & les autres au pied, il y a des roses, des lys,
& d'autres fleurs dans les jardins tout le long de
l'année ; outre les palmites, les abricots, & diverses autres sortes d'excellens fruits.

Les Espagnols l'appellent le Vulcan de l'eau,
parce que de l'autre côté de Guatimala il en
sort plusieurs ruisseaux vers le village de Saint
Christofle, & qu'on croit qu'elle fournit de ce
côté-là les eaux qui entretiennent un grand lac
d'eau douce proche des bourgades d'Amatitlan
& de Petapa.

Mais du côté qu'elle regarde Guatimala & la
vallée, il en sort tant de fontaines d'eau douce,
qu'elles font une riviere qui court de la vallée
passant prés de la ville, & qui fait tourner les
moulins dont j'ay parlé cy-devant qui sont à Xocotenango.

Selon la tradition des Espagnols cette riviere
n'étoit point connue au temps de la conqueste,
& n'a paru que depuis ce temps-là.

Dans

Dans la ville de Guatimala, qui étoit autrefois bâtie plus haut & plus proche du Vulcan qu'elle n'est aujourd'huy, au lieu qu'on appelle encore la vieille ville, environ l'an 1534. demeuroit une Dame appellée Dame Marie de Castille, qui ayant perdu son mary à la guerre, & enterré aussi cette année-là tous ses enfans, se laissa tellement transporter à la douleur, qu'au lieu de se soûmettre à la volonté de Dieu, elle deffia la puissance, disant qu'il ne pouvoit luy faire plus de mal qu'il luy en avoit fait, & qu'il ne pouvoit plus que luy oster la vie qu'elle ne comptoit pour rien.

Elle n'eut pas plutost prononcé ces paroles, qu'il sortit de ce Vulcan un si gros torrent d'eau qu'il emporta cette femme, ruina plusieurs maisons, & obligea les habitans à venir demeurer dans le lieu où est maintenant bâtie la ville de Guatimala.

Si cette histoire est veritable, qui vient de la tradition des Espagnols, elle doit servir d'exemple & d'instruction à chacun, pour craindre Dieu, & non pas à deffier son pouvoir, lorsque nous voyons qu'il est en colere, & qu'il commence à nous faire sentir la pesanteur de son bras.

Depuis cela l'on a appellé ce lieu là la vieille ville, & cette riviere a eu son cours tel qu'il est aujourd'huy.

Elle tire sa source de ce Vulcan, dont les fontaines, les jardins, les fruits & les fleurs, avec le bel aspect de ses côtes verdoyantes, pourroient fournir de matiere suffisante à un Esprit comme celuy de *Martial*, pour y figurer

rer un second Parnasse, y rencontrer les traces
du Pegase, & faire des vers à la loüange des
Nimphes & des Muses, en cette belle habitation de l'Amerique qui a pour le moins trois
lieües de haut.

Mais celle qui est vis-à-vis de l'autre costé
de la vallée, est desagreable & épouvantable à
voir, parce qu'elle est couverte de cendres,
de pierres & de cailloux calcinez, sterile & sans
aucune verdure, où l'on n'entend que des bruits
de tonnere, & de métaux qui se fondent en la
terre, où l'on voit des flâmes & de torrens de
feu & de souffre qui brûlent incessamment,
& remplissent l'air d'odeurs puantes & mor-
telles.

En cette maniere Guatimala est située au
milieu d'un Paradis d'un costé, & d'un Enfer de l'autre, qui ne s'est pourtant jamais si
fort ouvert que cette ville en ait été consu-
mée.

Il est vray qu'il y a déja assez long-temps
qu'il s'y fit au haut de la montagne une fort
large ouverture, qui jetta tant de cendres ardentes, qu'elles remplirent les maisons de Guatimala & des environ, qui ruinerent toutes les
plantes & les fruits, & vomit une si grande
quantité de pierres, que si elles eussent tombé
sur la ville, elles l'auroient entierement rui-
née.

Mais elles tomberent à costé dans un fonds,
où elles sont encore à present, & donnent de
l'etonnement à tous ceux qui les voient, qui ces-
sent d'admirer la force de la poudre, qui nonobstant la pesanteur des boulets de fer les porte si

loin

loin hors de la bouche des canons, pour admirer avec plus de raison la violence du feu de cette montagne, qui a pû enlever en l'air & jetter
en terre des masses de pierre & de rochers, qui
sont grosses comme des maisons, & que vingt
mulets ne sçauroient remuer, comme on l'a es-
sayé plusieurs fois.

Le feu qui sort à présent de cette montagne
n'est pas toûjours egal : car quelquefois il est
plus grand, & quelquefois moindre ; neantmoins lors que je demeurois en cette ville-là,
il arriva que pendant trois jours & trois nuits
il fut si grand que le Docteur Cabannas me
dit confidemment & a un autre de mes amis,
qu'un soir étant à sa fenestre il avoit leu une lettre à la clarté de ce feu, qui étoit pour le moins
a une lieuë de là.

Le bruit qui en sort n'est pas aussi toûjours
semblable ; mais il est plus grand en Esté qu'en
Hyver, sçavoir depuis Octobre jusques à la fin
d'Avril, que dans tout le reste de l'année : car
il semble alors que les vents se renferment en
ces concavitez, pour allumer le feu bien plus
qu'en d'autres temps, & sont cause que la montagne fait du bruit & que la terre en tremble
tout autour.

Il arriva environ trois ans avant que je vinsse
en cette ville-là, que pendant neuf jours les
habitans qui n'attendoient que leur mort ou
leur ruine à tout moment, à cause des frequens
tremblemens de terre, furent obligez d'abandonner leurs maisons, & de se retirer sous des
tentes & des tonnelles qu'ils avoient faites en la
place du marché, où ils firent apporter les Images

ges des Saints, & entr'autres celle de saint Sebaſtien, qu'ils porterent auſſi en proceſſion dans la ville.

Mais pendant que j'y étois, le bruit de la montagne, la fumée & les flammes, avec les tremblemens de terre en Eſté furent tels que m'y étant accoûtumé par le temps, j'eſtimois cette ville-là le lieu le plus ſain & le plus agréable que j'euſſe veu dans tous mes voyages.

Car le Climat y eſt fort tempere, & beaucoup plus que celuy de Mexique ou de Guaxaca.

Elle ne cede point auſſi à ces villes là en abondance de fruits, d'herbes pour les ſalades, & de poiſſon & de chair, comme de bœuf, & mouton, de veau, de chevreau, de volaille & de gibier, de coqs d'Inde, de lapins, de cailles, de perdix & de faiſans, non plus que de froment & de bled d'Inde.

Car elle eſt abondamment pourvûe de toutes ſortes de poiſſon, tant par la mer du Sud qui n'en eſt éloignée en certains endroits que de douze lieues, & des rivieres qui ſe rendent en cette mer-là, que par le Lac d'eau douce d'Amatitlan & Petapa, & d'un autre qui eſt à trois ou quatre lieues de Chimaltenango.

Mais pour le bœuf, il eſt conſtant qu'il y en a plus qu'en aucun autre endroit de l'Amerique ſans exception, comme il paroit par le grand nombre de cuirs que l'on envoye tous les ans en Eſpagne du pays de Guatimala, où l'on tüe ordinairement les bœufs, pluſtoſt pour le gain qu'on fait à transporter leurs cuirs en Eſpagne, que pour en manger la chair qui pourtant ne

laiſſe

laisse pas d'estre bonne quoy qu'elle ne soit pas
égale au bœuf d'Angleterre ; mais elle est à si
bon marché, que de mon temps, treize livres
& demie de bœuf ne valoient qu'une demi-
reale, qui est la moindre monnoye qu'il y ait,
qui vaut environ deux sols six deniers monnoye
de France.

Quoy que par tout ce païs il y ait beaucoup
de fermes ou l'on ne fait autre chose que nourrir du bestail, même jusques à Golfo-dulcé
ou les Navires abordent en venant d'Espagne, cela n'empêche pourtant pas que les
Provinces de Comayagua, de S. Sauveur &
de Nicaragua n'en envoyent encore à Guatimala.

Mais les lieux qui en fournissent la plus grande quantité, ce sont les grandes fermes qui
sont sur la coste de la mer du Sud, où de mon
temps il y avoit un homme qui se mesloit de
nourir du bestail, qui sans sortir de ses terres comptoit plus de quarante mille bestes à luy
grandes & petites, sans y comprendre celles
qu'on appelle marrones ou sauvages, qui se
tiennent dans les bois & sur les montagnes,
où les Negres vont à la chasse, pour les tuer
comme il font les sangliers, afin qu'elles
ne croissent pas trop & ne fassent point de dommage.

Et pour justifier ce que je dis, je me trouvay un jour à la foire du bourg de Petapa a-
vec un de mes amis, qui se nommoit Lope
de Chaves, & s'étoit obligé de fournir de viande à six ou sept villages aux environs, qui a-
cheta tout d'un coup & d'un seul homme six
mille.

mille beftes, tant grandes que petites, au prix
de dix-huit reales ou quatre livres dix fols la
piece l'une portant l'autre.

La maniere que l'on obferve à Guatimala
pour fournir la ville de bœuf & de mouton, a-
vec les villages voifins, eft telle. Neuf ou dix
jours avant la Saint Michel l'on fait faire un
cry public, pour fçavoir qui voudra s'obliger à
fournir de viande la ville & le pays aux environs, à peine d'une amande envers le Roy s'il
y manque, telle qu'il conviendra avec les Juges
& les habitans de la ville. S'il manque à
fournir la quantité de bœuf qu'il doit fournir, il
faut qu'il y fupplée en mouton, en donnant
tant de livres à proportion du prix du bœuf, &
s'il manque à fournir du mouton, il faut qu'il y
fupplée auffi en volaille, en rapportant le prix à
la proportion de la livre du mouton qu'il devoit
donner, & la qualité des familles à qui il étoit o-
bligé de fournir de viande.

Et comme ce privilege fe donne au plus of-
frant & dernier encheriffeur, c'eft-à-dire à celuy qui voudra offrir le plus au Roy, il arrive
fouvent que plufieurs perfonnes viennent le huitiéme jour à la Cour, offrir les uns plus les autres moins, mais au neuviéme jour qu'on fait la
derniere enchere, le privilege eft adjugé pour
un an tout entier à celuy qui offre le plus au
Roy.

De forte que par ce moyen-là il n'y a qu'un
feul Boucher qui puiffe fournir de viande, &
encore eft-il obligé de la vendre au prix qui luy
eft fixé à la livre ; mais fi quelqu'autre Bou-
                                              cher

cher que luy pretend faire tuer ou vendre de la viande sans sa permission, il peut l'actionner en Justice & le faire condamner à l'amande.

Aprés cela celuy qui s'est ainsi obligé, achepte par cent ou par mille bestes, le bétail dont il croit avoir besoin pour la provision de la ville, si ce n'est que ce soit un homme qui ait assez de bétail en ses terres pour y satisfaire.

Quoy que le mouton n'y soit pas si abondant que le bœuf, neantmoins l'on n'en manque jamais, parce qu'il en vient toûjours assez de la vallée de Mixco, Pinola, Petapa, Amatitlan, & de la marche de la mer du Sud & d'autres endroits.

J'ay demeuré en cette vallée, ou je connoissois un homme nommé Alonse Cabata, qui y nourrissoit toûjours du moins quatre mille brebis.

C'est pourquoy la ville de Guatimala est si bien fournie de vivres & à si bon marché, qu'il est difficile d'y trouver une personne qui mandie : car avec une demy reale de cinq sols, un homme peut avoir de la viande pour toute la semaine, & un peu de caos, assez du pain de Mahis, & bien souvent même du pain de froment.

Il y a environ cinq mille familles dans cette ville, sans compter un fauxbourg d'Indiens nommé le fauxbourg saint Dominique, où il y a encore environ deux cens autres familles.

Le plus bel endroit de la ville est celuy qui se joint à ce fauxbourg des Indiens, qui s'appelle

pellé auſſi la rue de ſaint Dominique, parce
que le Couvent de ſaint Dominique y eſt baſty.

C'eſt en ce lieu là que ſont les plus riches
boutiques de la ville & les meilleurs baſtimens,
la plûpart des maiſons étant neuves & bien
baſties.

Il s'y tient auſſi tous les jours un petit marché, où quelques Indiens ſe tiennent tout le
long du jour, qui vendent de fruicts, des herbes & du cacao, mais ſur les quatre heures
aprés midy ce marché eſt tout plein pendant u-
ne heure, où les femmes Indiennes viennent
vendre des delicateſſes aux Crioles, comme de
l'Atolle, du Pinole, des Palmites bouillis, du
beurre de cacao, des boudins faits avec du mahis & un peu de chair de volaille ou de pourceau frais, aſſaiſonné avec du chillé ou poivre
long qu'ils appellent anacatamales.

Il y a un grand commerce en cette ville. Car
avec des mulets on tire par terre les meilleures
marchandiſes de Mexique, de Guaxaca & Chiapa, & de Nicaragua & Coſtarica.

Du coſté de la mer, elle trafique avec le Peru par le moyen de deux ports de mer, dont l'un
s'appelle le village de la Trinité, qui en eſt é-
loigné de vingt cinq lieuës du côté du Sud, &
l'autre Realejo, qui eſt à quarante cinq ou quarante ſix lieuës de là.

Elle négocie auſſi avec l'Eſpagne par la mer
du Nord, par le moyen de Golfo dulce, qui n'en
eſt éloigné que de ſoixante lieuës.

Cette ville n'eſt pas ſi riche que beaucoup
d'autres: neanmoins pour la grandeur je ne croy
pas qu'elle cede à aucune.

Car

Car de mon temps outre plusieurs marchands qu'on estimoit avoir du moins chacun trente, quarante, & cinquante mille ducats vaillant, il y en avoit cinq qu'on croyoit également riches, qui avoient chacun cinq cens mille ducats vaillant.

Le premier se nommoit Thomas de Siliezar, Biscayen de naissance, & President en la Chambre de Justice. Le second Antoine Justinian Gennois, qui avoit eu plusieurs charges dans la ville, où il avoit aussi plusieurs maisons, & une grande ferme en la vallée Mixco, où il recueilloit une fort grande quantité de froment. Le troisiéme estoit Pierre de Lira Castillant. Le quatriéme & le Cinquiéme [Antoine Fernandez, & Barthelemy Nunnez, tous deux Portugais, dont le premier quitta Guatimala lors que j'y estois, pour des raisons que je suis obligé de taire en ce lieu.

J'y laisseray les quatre autres, dont il y en avoit trois qui demeuroient dans la ruë S. Dominique, où ils avoient des maisons qui rendoient cette ruë remarquable, & leur richesse avec leur commerce estoient seuls suffisans pour mettre Guatimala au rang des villes riches.

Le Gouvernement de tout le pays qui est aux environs, & des Hondures, de Soconuzco, Comayagua, Nicaragua, Costarica, Verapas, Cuchutepeques, & Chiapa, depend de la Chancellerie ou de l'Audiance de Guatimala.

Car quoy que tous les Gouverneurs de ces Provinces soient établis par sa Majesté Catholique
que

que & le Conseil d'Espagne, neanmoins quand
ils sont entrez en l'exercice de leurs charges
en ce pays-là, leurs actions sont sujettes à la
Justice de Guatimala.

Cette Cour de Chancellerie ou Audience
Royale est composée d'un premier President, de
deux autres Presidents, de six Conseillers, &
d'un Procureur du Roy.

Quoy que le President n'ait pas la qualité de
Vice-Roy comme ceux du Mexique & du Peru,
neanmoins son pouvoir est aussi grand & abso-
lu que le leur.

Il n'a que douze mille ducats de gages par
an du Roy d'Espagne, mais s'il est interes-
sé il en peut gagner deux fois autant par presens & par le trafic, & mêmes tout autant
qu'il luy plaira, comme il a paru à l'égard du
Comte de la Gomere, qui aprés avoir été President de cette Ville se retira en sa vieillesse aux
Canaries dont il estoit natif, riche de plusieurs
millions.

Dom Jean de Guzman luy succeda qui avoit
été President de saint Domingue, qui, aprés
avoir perdu sa femme dans le voyage s'étant
mis dans la devotion, & méprisant les biens
du monde, ne s'appliqua à autre chose qu'à
gouverner les peuples avec douceur & é-
quité: ce qui fit les autres Juges qui ne songeoient qu'à s'enrichir, furent bien tost las de
luy, & firent tout ce qu'ils peurent pour luy
faire ôter sa charge, où il ne fut que cinq
ans.

Son successeur que j'y laissay, lorsque j'en partis, fut Dom Gonsalo de Paz de Lorençana,
qui

qui eſtoit auparavant Preſident de Panama; mais qui entra dans l'exercice de cette charge avec une ſi grande avidité de gain & tant d'avarice, qu'il ne s'en étoit point encore vû un tel.

Il deffendit de jouer dans les maiſons des particuliers, où l'on jouë beaucoup d'ordinaire; mais non pas tant qu'à Mexique, & encore ce ne ſont là pluſpart du temps que des femmes; non pas par l'averſion qu'il eût pour le jeu, mais parce qu'il portoit envie à ceux qui gagnoient ſur les cartes donnant à joüer.

Car dans une nuit il faiſoit uſer vingt quatre jeux de cartes pour le moins, & il y avoit un page qui avoit le ſoin de faire mettre exactement dans la boete ce qu'il falloit, qui n'étoit pas moins d'un écu pour chaque jeu de cartes, & bien ſouvent l'on en donnoit deux par reſpect & par conſideration de ſa perſonne.

De ſorte que par ce moyen il tiroit à ſoy tout le gain des joueurs & querelloit ſouvent les plus riches habitans de la ville, lors qu'ils ne venoient pas le ſoir joüer chez luy.

Le Roy donne tous les ans quatre mille ducats de penſion à chacun des Juges ou Conſeillers de cette Audience Royale, & trois mille à ſon Procureur General; qui ſont payez des deniers de l'Epargne, ou de la recepte du Domaine de ſa Majeſté Catholique qui eſt en cette ville.

Neanmoins ce qu'ils tirent des preſens & du commerce eſt ſi conſiderable, que j'ay ouy dire à un des Juges nommé Dom Loüis de las

Infantas, que, quoy que leurs Charges fuſſent plus honorables à Mexique & à Lima, neanmoins il n'y en avoit point de plus lucratives que celles de Guatimala.

Lors que j'y eſtois il y eut plus de procez criminels qu'il n'y en avoit jamais eu auparavant, pour meurtres, vols, & concuſſions; neanmoins pas un ne fut ni pendu ni banni, ni meſme empriſonné ou condamné à l'amande, mais chacun ſe tira d'affaires par le moyen des preſens, de ſorte que pendant huit ans je n'ay point ouy dire qu'aucun ait été fait mourir en cette ville-là.

Quoy que les Egliſes n'y ſoient pas ſi belles ni ſi riches qu'à Mexique, elles le ſont neanmoins aſſez pour la grandeur de la ville.

Il n'y a qu'une ſeule Egliſe Paroiſſiale & Cathedrale qui eſt bâtie dans la place du grand marché; toutes les autres Egliſes dépendent des Couvens des Jacobins, des Cordeliers, des Peres de la Mercy, des Auguſtins, des Jeſuites, & deux autres des Religieuſes appellées de la Conception & de Sainte Catherine.

Les Couvens des Jacobins, des Cordeliers, & des Religieux de la Mercy ſont magnifiques, où il y a cent Religieux en chacun.

Mais le plus ſomptueux de tous eſt celuy des Jacobins où je demeurois, qui par une grande allée qui eſt devant l'Egliſe eſt joint à l'Univerſité de la Ville.

Le revenu de ce Couvent conſiſte en certains Villages d'Indiens qui en dépendent, un moulin à eau, une ferme à froment, une autre où l'on nourrit des chevaux & des mulets une ferme où il y a un moulin à sucre, & une mine d'argent, qui leur fut donnée l'an 1633. & se monte toutes charges reservées pour le moins à trente mille ducats par an ; ce qui fait que ces Religieux n'ont pas seulement dequoy se bien regaler entr'eux ; mais aussi dequoy épargner pour bâtir & orner magnifiquement leur Eglise & leurs Autels.

Entre les richesses qui y sont il y a deux choses remarquables, dont les Espagnols lors qu'ils étoient en bonne humeur, me disoient que les Anglois s'enqueroient fort, lorsqu'ils prenoient quelques-uns de leurs vaisseaux en mer, & qu'ils craignoient que je ne fusse venu pour leur servir d'espion.

La premiere est une lampe d'argent qui pend devant le Grand-Autel, & est si grande qu'il faut trois hommes à la guinder en haut. La seconde est encore beaucoup plus riche, qui est une image de la Vierge Marie de pur argent de la grandeur d'une femme de belle taille, qui est dans un tabernacle fait exprés en la Chapelle du Rosaire, où il y a pour le moins une douzaine de lampes d'argent qui sont continuellement allumées devant cette image.

Enfin ce Couvent est si riche qu'en peu de temps l'on pourroit tirer cent mille ducats des richesses qui sont dedans ; & dans l'enclos du Cloître rien ne manque de tout ce qui peut servir à donner du plaisir & de la recréation aux Religieux.

Dans le Cloître d'embas il y a un fort grand jardin, avec une fontaine au milieu & un

beau

beau jet d'eau, d'où sortent pour le moins douze tuyaux qui remplissent deux viviers pleins de poisson, sur lesquels on voit aussi nager plusieurs canards & autres oiseaux a-quatiques.

Il y a encore dans ce Couvent deux autres jardins pour les fruits & pour les herbages ; & dans l'un de ces jardins il y a un étang de deux cens cinquante pas de long, qui est tout pavé au fond avec une petite muraille tout autour, & un bâteau dans lequel les Religieux se vont promener sur l'eau, & pescher par fois lorsque le poisson leur a manqué d'ailleurs, ensorte qu'ils en prennent suffisamment pour le disné de tout le Couvent.

Les autres Couvents sont aussi bien riches; mais après celuy des Jacobins il n'y en avoit aucun qui égalast le Couvent des Religieuses de la Conception, où l'on comptoit pour le moins mille personnes, tant de Religieuses, que de leurs servantes & esclaves, & de jeunes filles qu'elles instruisent, à qui elles apprennent non seulement à lire & à écrire, mais aussi à travailler à divers ouvrages.

Les Religieuses qui font profession y portent pour le moins cinq cens ducats de dot, d'autres six & sept cens, il y en a même qui en portent jusqu'à mille ; ce qui apporte un grand revenu au Couvent, où ce fonds demeure après la mort de ces Religieuses.

Celles qui veulent avoir des filles pour les servir dans le Couvent, le peuvent faire, pourvu qu'elles augmentent leur dot à proportion, ou qu'elles payent leur pension.

C'é-

C'eſtoit dans ce Couvent que demeuroit la Dona Jeanne de Maldonado fille du Juge Jean Maldona de Paz, que l'Evêque de la ville voyoit fort ſouvent.

Elle étoit fort belle & agréable, n'avoit gueres plus de vingt ans: l'Evêque en eſtoit ſi paſſionné, que de mon temps il fit tout ce qu'il put pour la faire élire Superieure ou Abbeſſe malgré toutes les anciennes Religieuſes.

Ce qui cauſa une ſi grande diſſention dans le Couvent, que le bruit s'en étant épandu dans la ville, il y eut pluſieurs gentilshommes & marchands qui coururent l'épée nue à la main vers le Couvent, avec ménaces d'enfoncer les portes & d'entrer pour deffendre leurs filles, contre la puiſſante faction que l'Eveſque avoit ſuscitée en faveur de la Dona Jeanne de Maldonado.

Ce qu'ils auroient fait aſſurément, ſi le Preſident Dom Jean de Guzman n'euſt envoyé querir le pere de cette jeune Religieuſe, afin qu'il la priât de vouloir ſe déſiſter des pretentions qu'elle avoit d'eſtre Abeſſe, & de faire reflexion ſur ſa jeuneſſe qui ne luy permettoit pas encore d'eſtre pourvue de cette dignité.

Par ce moyen la diviſion ceſſa tout d'un coup dedans & dehors le Couvent, l'Evêque en receut un peu de honte, & cette jeune ſœur fut obligée de vivre dans l'obeiſſance ſous une plus ancienne & plus grave Religieuſe qu'elle.

Cette Jeanne de Maldonado de Paz eſtoit

non feulement l'admiration du Couvent ; mais auffi de toute la Ville , tant à caufe de fa belle-voix & de la parfaite connoiffance qu'elle a-voit de la mufique . que de la bonne éduca-tion qu'elle avoit euë , en quoy non feulement elle ne cedoit à pas une fille dans le Couvent & dans la Ville , mais les furpaffoit toutes.

Car non feulement elle avoit beaucoup d'ef-prit & parloit bien , mais l'on pouvoit dire que c'étoit veritablement une des neuf Mufes , & une veritable Calliope pour compofer des vers fur le champ , avec tant d'agreables pointes d'efprit , que l'Evêque avoüoit luy-mefme que c'étoit une des chofes qui luy avoit fait trou-ver plus de plaifir en fa converfation.

Son pere n'avoit rien épargné pour elle , & rien ne luy étoit encore trop cher pour la fatis-faire : car comme il n'avoit point d'autres en-fans , il luy faifoit tous les jours de riches pre-fens conformes à la qualité d'une Religieufe.

Car tantôt il luy donnoit des cabinets enri-chis d'or & d'argent , & tantôt des images & des tableaux de grand prix pour orner fa chambre , avec des couronnes d'or & de pier-reries pour les enrichir.

De forte que tout cela joint aux prefens que luy faifoit l'Evêque , qui luy donnoit tout ce qu'il pouvoit , en forte que lors qu'il mou-rut , il ne laiffa pas dequoy payer fes dettes (le bruit étant qu'il avoit donné tout fon bien à cette Religieufe) elle devint fi riche & fi magnifique , qu'elle fit bâtir à fes propres dépens un appartement pour elle dans le Couvent , avec plufieurs chambres, galleries,

&

& un jardin pour se promener en particulier.

Elle entretenoit aussi auprés d'elle six Negresses, pour la servir & travailler aux ouvrages.

Mais elle prenoit particuliérement plaisir à orner une Chapelle ou un cabinet pour faire ses prieres, qui étoit richement tapissé & orné de tableaux des plus curieux d'Italie.

L'Autel étoit aussi orné à proportion du reste, de pierres precieuses, de couronnes, de chandeliers, de lampes d'argent, & couvert d'un dais en broderie d'or.

Elle avoit encore en ce cabinet un petit jeu d'orgues, & plusieurs autres sortes d'instrumens de musique, dont elle joüoit par fois toute seule pour se divertir ; & quelquefois avec les Religieuses qui étoient de ses amies, ou bien devant l'Evêque lors qu'il luy venoit rendre visite.

Enfin c'étoit un bruit commun dans la Ville que sa Chapelle valoit pour le moins six mille écus, qui étoit assez pour une Religieuse qui avoit fait le vœu de pauvreté, de chasteté & d'obeïssance.

Mais aprés sa mort tout cela devoit demeurer au Couvent, & il ne faut pas douter qu'avec toutes les richesses elle n'eût le moyen de gagner de plus en plus l'affection des Religieuses, & de former un parti assez puissant pour la faire élire Superieure par le nombre de leurs suffrages.

Car l'ambition & le desir de commander aux autres ont passé par dessus les murailles des Couvents, comme les abominations en la muraille d'Ezechiel, & se font emparez du cœur des Religieuses, qui devroient eftre humbles comme de pauvres vierges mortifiées qui ont renoncé au monde.

Mais outre cette Religieufe il y en a encore d'autres, & même des Religieux qui font fort riches; car fi une ville eft riche, comme l'eft celle-cy, & qu'il s'y faffe un grand commerce, ils font affurez d'y avoir part.

L'abondance & la richeffe ont rendu les habitans auffi orgueilleux & auffi adonnez au vice que ceux de Mexique : car la debauche y eft auffi commune qu'en aucun autre endroit des Indes.

Les Mulatres, les Negreffes, les Meftiffes, les Indiennes, & les autres femmes & filles de baffe condition, font fort aimées &. recherchées par ceux qui font riches, & font vêtues auffi proprement que celles de Mexique, & ne font pas moins lubriques qu'elles, quoy qu'elles demeurent entre deux montagnes qui les menacent de ruine & de chaftiment; la montagne d'eau les menace du déluge, pour executer la vengeance de Dieu comme elle a fait autrefois ; & l'autre leur reprefente une des ouvertures de l'enfer, qui les ménace de faire tomber fur elles une pluye de feu, comme celle qui detruifit autrefois la Ville de Sodome.

CHA.

[illegible]

280
285
Septentrion
290
295
au. Par. Fol. 29
GOLFE DE
MER
HONDURAS
Santanilla
Guanaja
TLA
CALA
TABASCO
CIVDAD REAL CHIAPA
VERA
VERA PAX
SOCONUSCO
CHIUETLAN
MER
SUD ou
PACIFIQUE
EGNCE
EQUATI MALA GU
COMAYAGUA
VALLADOLID
HON DU RAS
DE
NICARA
Taguzigalpa
Tiguzigalpa
LEON
Nequecheri
Masay
MATALA
GUA
DE
NORT
Lago de Nicaragua
VERA
GUA
CARTAGO
ARICA
CONCEPTION
COSTA RICA
Golfe de Parita
I. de Sta Maria
I. de Sta Martha
C. de Sta Maria
15
15
10
10
AUDIENCE DE
GUATIMALA
Par N. Sanson d'Abbeville
Geogr. Ordin. du Roy.
280
285
295
295

CHAPITRE II.

Description Geographique de la Province de Guatimala, de son commerce, de ses côtes & ports, & des saisons propres à y aborder, du fort & du foible de ses places tant maritimes que de terre, & de plusieurs autres particularitez de cette Province.

CEtte ville de Saint Jacques de Guatimala est la capitale d'un grand État, qui s'étend par l'espace de plus de trois cens lieues au Sud vers Nicoya & Costarica, cent lieuës au Nord vers Chiapa & les Zoques, soixante vers la Vera-paz & Golfo-dulcé à l'Est, & dix ou douze à l'Ouest en tirant à la mer du Sud.

Depuis Tecoantepeque où les grands navires ne peuvent aborder, & qui est à six-vingts lieuës de Guatimala, il n'y a aucun havre pour les vaisseaux plus proche de cette ville que celuy du village de la Trinité.

Les principales marchandises que l'on apporte de cette côte là à Guatimala, sont tirées des Provinces de Soconuzco & Suchutepeques, qui sont extrémement chaudes & sujettes aux tonnerres & éclairs, où il ne croit presqu'au-

B 5

cune

cune autre denrée confiderable que du cacao,
de l'achiotte, du méchafuchil, & des bainil-
las, & autres drogues pour faire le chocolatte
fi ce n'eft quelque indigo & cochenille, qu'on
recueille aux environs de Saint Antoine, qui
eft la ville Capitale de toutes les Suchutepeques.

Mais toute la cofte proche de Guatimala,
particulierement aux environs d'un village
nommé Izquinta ou Izquintepeque, qui eft à
douze lieuës de-là, eft le pays le plus riche
de tous ceux qui dépendent de cette ville-
là : car l'on y fait la plus grande partie de l'indigo que l'on envoye des Hondures en Efpa-
gne, outre un fort grand nombre de riches fermes de beftail, qui fe trouvent en toute cette
étendüe de pays, ou le terroir eft fertile, &
la demeure fort utile à caufe du trafic, mais
facheufe à caufe de la chaleur du Climat, qui
eft auffi beaucoup fujet aux tonnerres & é-
clairs depuis le mois de May jufqu'à la St.
Michel.

Si Guatimala eft fort en peuple (car il ne l'eft
pas en armes & munitions de guerre) ce n'eft
que par une maniere de Negres defefperez qui
font efclaves, & qui demeurent dans ces fermes
d'Indigo.

Quoy qu'ils n'ayent pour toutes armes qu'une
machette, qui eft une petite lanée pour chaffer
au beftail fauvage, ils font neanmoins fi defefperez, que bien fouvent ils ont donné de l'appre-
henfion à la ville de Guatimala, & fe font fait
craindre à leurs maiftres.

Il y en a qui ne craignent pas d'affronter

un

un taureau sauvage, quoy qu'il soit en furie, &
de s'attacher aux crocodiles dans les rivieres,
jusqu'à ce qu'ils les ayent tuez, & les ayent a-
menez à terre.

Ce païs s'étend le long de la mer jusqu'au village de la Trinité, où il y a un port, qui, quoy
qu'il soit un peu dangereux, sert neanmoins de
havre aux navires qui viennent de Panama, du
Peru, & du Mexique.

Il sert beaucoup à enrichir la ville de Guatimala, mais non pas à la fortifier; car il n'y a ny
fort, ny citadelle, ny artillerie pour sa deffense.

Entre ce village & l'autre port nommé Realejo, il y a une grande Calle ou petit Golfe, où
les petits vaisseaux ont coûtume d'entrer pour
venir querir de l'eau douce & des vivres à S. Michel, qui est un village d'Espagnols & d'Indiens, d'où ceux qui vont à Realejo passent par
eau en moins d'un jour à un village d'Indiens,
nommé la Vieja à deux milles de Realejo, au
lieu que par terre on y employe pour le moins
trois jours.

Mais cette Calle ou petit Golfe n'est ny
fortifié ny deffendu, ce qui se pourroit faire
facilement, en y mettant seulement deux pieces
de canon à l'embouchure où la mer entre dans
les terres.

Le port de Realejo n'est point deffendu non
plus; car il n'y a ny artillerie ny soldats: Il y
demeure seulement environ deux cens familles
d'Indiens & de Metifs, qui sont des gens qui
n'ont point de cœur, & qui ne font nullement
propres à défendre une place de cette importan-

ce, qui est un passage tout ouvert pour entrer dans les Provinces de Guatimala & de Nicaragua qui commence en ce lieu là, & continuë par de petits villages d'Indiens jusques aux villes de Leon & de Grenade.

Pour ce qui regarde le costé du Nord de Guatimala, je n'ay rien à ajouster à ce que j'ay dit de Suchutepeques & Soconuzco, & de mon voyage par ce chemin-là depuis Mexique & Chiapa.

Le principal costé de Guatimala, est celüy qui s'étend à l'Est vers Golfo-dulcé ou S. Thomas de Castille.

Ce costé-là est beaucoup plus frequenté des marchands & des voyageurs, que celuy du costé du Nord, parce que Mexique est à trois cens lieues de cette ville, & le Golphe n'en est éloigné que de soixante, où il n'y a point de fâcheux passages, comme il y en a en quelques endroits sur la route de Mexique: outre que le grand commerce qui se fait par le moyen de ce Golphe de cette Ville avec l'Espagne, fait que cette route est plus frequentée que toutes les autres.

Au mois de Juillet, ou au plus tard au commencement d'Aoust, il y aborde ordinairement deux ou trois navires, qui déchargent les marchandises qu'ils ont aportées d'Espagne dans de grands magasins, qu'on a bastis tout exprés pour les serrer & les conserver contre les injures de l'air.

Aprés qu'ils se sont déchargez de leurs marchandises, ils se chargent aussi-tost de celles qu'on a aportées de Guatimala pour faire leur

retour,

retour, & qui bien souvent auront demeuré deux ou trois mois avant l'arrivée de ces vaisseaux.

De sorte que pendant ces trois mois de Juillet, Aoust & Septembre, l'on est assuré de trouver toûjours de grandes richesses en ce lieu-là.

Et toutefois la simplicité ou l'assurance des Espagnols est si grande, qu'ils ne commettent la garde de ces richesses qu'à un ou deux Indiens & autant de Mulatres, qui d'ordinaire sont des gens qui pour leur mauvaise conduite ont été releguez dans ce vieux chateau ruiné de S. Thomas de Castille.

Il est vray qu'un peu au dessus il y a un méchant petit village d'Indiens nommé S. Pierre composé d'environ trente familles; mais qui sont toûjours malades à cause de la chaleur excessive du climat, & du mauvais air qui est en ce lieu-là.

Mais l'on pourroit aisément fortifier ce Golphe en posant deux bonnes pieces de canon à son entrée, qui est retressie par deux montagnes ou deux rochers de costé & d'autres, sur lesquels on pourroit braquer deux autres pieces de canon, qui commanderoient à toute une Flote qui voudroit en approcher, & assureroient le Royaume de Guatimala, & mêmes une grande partie de l'Amerique.

Mais comme il n'y a aucune garde ny deffense, les navires y entrent librement & en toute assurance, comme ont fait quelques vaisseaux Anglois & Hollandois; & lors qu'ils sont entrez dedans ils y trouvent une rade &

un

un havre si large & si spacieux, que mille navires y pourroient demeurer à l'ancre sans aucune crainte de S. Pierre, ny de S. Thomas de Castille.

J'ay ouy souvent les Espagnols se railler & se moquer des Anglois & des Hollandois, de ce qu'ils estoient entrez dans ce Golphe, & s'en estoient retirez sans avoir entré dans les terres.

Mêmes lors que je demeurois en ce pays-là, les Hollandois attaquerent Truxillo, qui est le plus considerable port de Comayagua & des Hondures & le prirent aprés quelque peu de resistance; la plûpart des habitans s'enfuirent dans les bois, ayant plus de confiance en la vitesse de leurs jambes, qu'en la force de leurs bras & de leurs armes; car tous les habitans de ce pays-là n'ont ny cœur ny courage.

Mais les Hollandois au lieu de fortifier cette place & d'entrer dans le pays, & aprés l'avoir fortifiée s'en venir en faire autant en ce Golfe, comme on l'aprehendoit par tout le pays de Guatimala où il n'y avoit personne qui leur pust resister ils abandonnerent Truxillo se contentant d'un butin mediocre, dont les Espagnols furent si aises, qu'ils en firent des processions publiques pour en loüer Dieu, & témoigner la joye qu'ils avoient d'étre échapez de ce peril.

Le chemin depuis ce Golphe jusqu'à Guatimala n'est pas si mauvais que l'on s'imagine, particulierement depuis la saint Michel jusqu'au mois de May, lorsque l'Hyver & les pluyes sont passées, & que les vents commencent à sécher les chemins.

Car

Car dans le plus mauvais temps de l'année, des mulets qui portent pour le moins quatre cens pesant, passent aisement les plus difficiles & dangereux passages des montagnes qui sont autour de ce Golphe.

Et quoy que les chemins soient mauvais en ce temps-là, ils sont neanmoins si battus par les mulets & si larges & ouverts, qu'il est facile d'éviter les mauvais endroits pour prendre le beau chemin ? encore tout ce mauvais chemin ne dure que quinze lieües, où l'on trouve tout le long des loges pour se reposer, & du bestail & des mules entre les bois & les montagnes pour le soulagement des voyageurs.

Ce que les Espagnols apprehendent le plus jusqu'à ce qu'ils soient sortis de ces montagnes sont deux ou trois cens Negres Simarrons, qui à cause du mauvais traitement qu'on leur faisoit s'en sont fuis de Guatimala & des autres endroits, ayant quitté leurs maîtres pour se retirer dans ces bois, où ils demeurent avec leurs femmes & leurs enfans, & s'augmentent tous les jours en nombre : de sorte que toute la puissance de Guatimala ny des environs, n'est pas capable de les assujettir.

Ils sortent bien souvent des bois pour attaquer ceux qui conduisent des troupes de mulets, & leur prennent du vin, du sel, des habits, & des armes autant qu'ils en ont besoin : jamais ils ne font aucun mal à ceux qui conduisent les mulets, ny à leurs esclaves qui les suivent : au contraire ceux-cy se rejouissent avec eux, parce qu'ils sont d'une même couleur &

en

& en même condition de servitude, & bien souvent en prennent l'occasion de suivre leur exemple, & se joignent avec eux pour se mettre en liberté, quoy qu'ils soient obligez de demeurer dans les bois & sur les montagnes.

Leurs armes sont des fléches & des arcs, qu'ils portent seulement pour se deffendre si les Espagnols les attaquent ; car ils ne font point de mal à ceux qui passent paisiblement, & qui leur font part des vivres qu'ils portent.

Ils ont dit plusieurs fois que la raison pour laquelle ils s'étoient sauvez dans ces montagnes, étoit principalement pour étre prests à se joindre avec les Anglois ou Hollandois, s'ils mettoient quelque jour pied à terre dans le Golphe, parce qu'ils sçavoient bien qu'ils les laisseroient vivre en liberté, ce que les Espagnols ne feroient jamais.

Aprés que l'on a passé ces quinze premieres lieues, on trouve que le chemin est meilleur, & l'on y rencontre de petites bourgades & villages d'Indiens, qui fournissent tout ce qu'on a besoin pour la nourriture des hommes & des bestes.

A quinze lieues au delà il y a un grand bourg d'Indiens nommé Acasabastlan, situé sur le bord d'une riviere qu'on estime la plus abondante en poisson de toutes celles du pays.

Quoy qu'il y en ait de plusieurs sortes, il y en a un sur tous qu'on nomme *Bobo*, qui est rond & fort épais & long environ comme le bras, n'ayant qu'une arête au milieu ; mais qui est extrémement blanc & gras, & excellent à bouillir,

lir, à frire, ou a rôtir ou en quelqu'autre maniere qu'on l'appreste.

L'on y trouve aussi jusqu'à Guatimala dans les ruisseaux & petites rivieres, la meilleure sorte de poisson du monde, que les Espagnols estiment étre une espece de truite ; on l'appelle *tepemechin*, dont le gras ressemble plûtòt à du veau qu'à du poisson.

Ce bourg d'Acasabastlan est gouverné par un Espagnol qu'ils appellent le Corregidor, dont le pouvoir ne s'étend que jusqu'au Golphe, & sur des villages qui sont sur ce chemin-là.

Ce Gouverneur a fait ce qu'il a pû pour retirer ces Negres Simarrons des montagnes, mais il n'a peu en venir à bout.

Toutes les forces de ce lieu-là consistent en vingt mousquets, autant qu'il y a de maisons d'Espagnols, & quelques Indiens qui ont des arcs & des fleches pour la deffense du bourg contre ces Negres Simarrons.

Aux environs d'Acasabastlan il y a plusieurs fermes, où l'on nourrit un grand nombre de bœufs & de mulets, & où l'on recüeille aussi beaucoup de cacao, d'achiote, & d'autres drogues pour faire le chocolate.

Il y a aussi des drogues dont se servent les Apoticaires, comme de la salsepareille & de la casse, & dans les jardins du bourg l'on y voit une aussi grande diversité de fruits, qu'en aucun autre endroit qui soit habité par les Indiens.

Mais sur tout l'on estime Acasabastlan dans la ville de Guatimala, à cause des excellens
me-

melons qui en viennént, dont les uns sont gros
comme la teste d'un homme, & les autres
moindres, dont les habitans chargent de smu-
lets, & les envoyent vendre en plusieurs endroits.

Il n'y a que trente petites lieuës de ce lieu-là
à Guatimala, & quoy qu'il y ait quelques montagnes & côtaux, où il faut monter & descendre, le chemin n'en est pourtant pas beaucoup
fâcheux pour les personnes, non plus que pour
les bestes.

L'on a découvert des mines dans ces montagnes : mais aprés les avoir fait foüiller ils
les ont abandonnées, ayant trouvé qu'elles
n'étoient que de cuivre & de fer, & qu'elles
leur cousteroient plus qu'elles ne leur ren-
droient de profit.

CHA-

CHAPITRE III.

De la cruauté des Espagnols envers les Indiens au sujet d'une mine d'or. Histoire d'un Negre libre, & de l'avarice d'un riche Fermier, avec d'autres observations sur cette Province de Guatimala.

Mais ils ont bien perdu un autre tresor que de cuivre & de fer, pour avoir mal-traité les pauvres Indiens sur ce chemin entre Acasabastlan & Guatimala, particulierement aux environs d'un lieu qu'ils appellent Aqua-caliente ou Eau chaude, où il y a une riviere de laquelle ces Indiens tiroient en certains endroits une telle quantité d'or, que les Espagnols leur avoient imposé un tribut par an à payer en or.

Mais les Espagnols étant, comme Valdivia en Chili, trop affamez de l'or, firent mourir les Indiens pour ne leur avoir pas voulu montrer l'endroit d'où ils le tiroient, de sorte qu'ils perdirent en même temps les Indiens & leur tresor.

L'on continuë pourtant encore aujourd'hny à chercher cet endroit-là, dans les montagnes, dans la riviere, & par tout ailleurs aux environs où l'on s'imagine qu'il pouvoit être : mais il se peut faire que la Providence divine a
voulu

voulu que ce tresor soit caché aux Espagnols, pour le reveler quelque jour à quelqu'autre nation qui en usera mieux qu'eux.

En ce lieu d'Aqua-caliente, il y a un Negre qui demeure dans une ferme qui luy apartient, que l'on tient fort riche, & qui reçoit fort bien les voyageurs qui vont chez luy.

Sa richesse consiste en bestail, en brebis & en chevres, & fournit la ville de Guatimala & les environs du meilleur fromage qui se trouve en ce pays-là.

Mais l'on croit que ces richesses ne viennent pas tant du revenu de sa ferme, de son bestail, & de ses excellens fromages, que de ce tresor caché qu'on croit luy estre connu, & qu'il est le seul qui sçache l'endroit où il est.

On l'a fait assigner pour cela en l'Audience Royale de Guatimala ; mais il a toûjours nié qu'il en eût aucune connoissance.

On eut soupçon de luy, parcequ'il avoit esté esclave autrefois, & s'étoit racheté en payant une somme considérable, & que depuis qu'il s'étoit veu en liberté, il avoit acheté cette ferme & beaucoup de terres à l'entour, ayant extrémement accru le fonds qu'il avoit au commencement.

A quoy il répondit, qu'étant jeune & encore esclave il avoit un bon maître, qui luy laissoit faire tout ce qu'il vouloit, & qu'étant bon ménager il avoit amassé dequoy racheter sa liberté, & puis une petite maison pour y demeurer ; sur quoy Dieu avoit depuis épandu sa benediction, & luy avoit donné les moyens d'augmenter son fonds.

A

A trois ou quatre lieues de cette Aqua-caliente, il y a une autre riviere qu'on appelle la
riviere des Vaches. Il y a de certains pauvres payſans qui ſont la plûpart Metifs ou Mulatres, qui demeurent en des maiſons couvertes
de chaume où ils nourriſſent un peu de beſtail,
qui paſſent la plus grande partie de leur temps
à chercher du ſable où il y ait de l'or, s'imaginant qu'eux & leurs enfans deviendront riches
quelque jour, & que la riviere des Vaches ſe
pourra égaler au Pactole, & obliger les Poetes à
la rendre auſſi fameuſe par leurs ouvrages, qu'ils
ont fait autrefois ce fleuve-là.

De cette riviere l'on découvre auſſi-toſt la
plus agréable vallée de tout ce pays-là, ou
j'ay demeuré pour le moins cinq années, qui
s'appelle la vallée de Mixco & de Pinola, qui
eſt à ſix lieues de Guatimala, & a environ
cinq lieues de longueur & trois ou quatre de
largeur.

Cette vallée eſt remplie de brebis, & ſon
terroir eſt partagé en pluſieurs fermes, où l'on
recueille du froment meilleur qu'en aucun endroit du pays de Mexique.

Cette vallée fournit de bled la ville de Guatimala, & l'on y fait tout le biſcuit neceſſaire
pour les vaiſſeaux qui viennent tous les ansdans
le Golphe.

On l'appelle la vallée de Mixco & de Pinola,
à cauſe de deux villlages d'Indiens, qui ſe nomment ainſi, ſituez à l'oppoſite l'un de l'autre
à chaque coſté de la vallée, Pinola à coſté
gauche de la riviere des Vaches, & Mixco à
coſté droit.

Il

Il y a plusieurs riches Fermiers en cette vallée, mais ce sont tous gens rustiques & grossiers, qui savent mieux comme il faut labourer, que manier les armes.

Mais je ne dois pas oublier entr'eux un de mes
amis qui se nommoit Jean Palomeque, dont
j'aurois fait beaucoup plus d'état que je ne faisois pas, si j'eusse pû l'obliger à vivre en homme
plutôt qu'en beste, & plus en homme libre
qu'en esclave de son or & de son argent.

Il avoit de mon temps trois cens mulets accoustumez à faire le chemin du Golphe, qu'il
partageoit en six troupes, ayant une centaine
de Negres, hommes femmes & enfans qui
en prenoient le soin, & qui demeuroient dans
la vallée de Mixco en diverses cabanes couvertes de chaume.

La maison mesme où il demeuroit n'étoit
couverte que de chaume, où il prenoit beaucoup plus de plaisir à demeurer qu'en celles
qu'il avoit à Guatimala, parce qu'il y viuoit
comme un sauvage parmy ses Negres & ses esclaues, au lieu que dans la Ville il étoit obligé
de vivre civilement.

Mais là il se contentoit de manger du lait ou
du caillé, avec du biscuit noir, dur & moisy &
du *tassajo*, qui sont des tranches de bœuf salé
fort minces & sechées au Soleil & au vent, comme ses esclaves avoient accoustumé de porter
avec eux pour manger sur le chemin en allant
au Golphe.

Mais au lieu que s'il eût demeuré dans la ville,
il auroit fallu pour conserver sa reputation qu'il
eust vécu comme faisoient les autres personnes

de

de condition ; mais ce miserable avare qui sçavoit tout le fin de la lesine, choisit pour sa demeure la campagne au lieu de la ville, une cabane pour une maison, la compagnie des Negres & des esclaves, au lieu de celle des honnestes bourgeois, & neanmoins on l'estimoit riche de six cens mille ducats.

Il ruinoit tous ceux qui se méloit d'avoir des mulets pour aller au Golphe, & pour transporter des marchandises en allant ou venant pour les marchands, parce que comme il avoit des mulets & des esclaves à soy qui estoient vigoureux & bien nourris, il mettoit d'ordinaire un tel prix au charrois à tant pour cent, qu'il y gagnoit toûjours, au lieu que les autres y perdoient, parce qu'ils estoient obligez de louer des valets & des Indiens pour conduire leurs mulets.

Il estoit si cruel à ses Negres, que s'il y en avoit quelqu'un qui fut méchant, il le chastioit presque jusqu'à mourir; Il avoit entre autres un esclave nommé Macao, pour qui je l'ay prié souvent, mais inutilement ; par fois il le pendoit par les bras & le fustigeoit jusqu'à ce qu'il eust le dos tout couvert de sang, & en cet état ayant la peau toute déchirée, pour le guerir il versoit encore de la graisse bouillante par dessus ses playes, & luy avoit marqué avec un fer chaud le visage, les mains, les bras, le dos, le ventre, les cuisses & les jambes ; de sorte que ce pauvre esclave s'ennuyant de vivre, se voulut pendre deux ou trois fois, mais je l'en empêchay toûjours par les remonstrances que je luy fis.

Il estoit aussi si sensuel & lubrique qu'il abu-
soit

ſoit des femmes de ſes eſclaves à ſon plaiſir, &
même quand il voyoit dans la ville quelque
fille ou femme de cette qualité là qu'il trouvoit
jolie à ſon gré, ſi elle ne vouloit pas luy accorder ce qu'il vouloit d'elle, il s'en alloit trouver
leur maiſtre ou leur maiſtreſſe, & les achetoit
en donnant beaucoup plus qu'elles n'avoient
couſté, & ſe vantoit aprés qu'il rabaiſſeroit
bien leur fierté dans une année d'eſclavage.

Il tua de mon temps deux Indiens ſur le chemin du Golphe, & ſe tira auſſi facilement de
cette affaire par le moyen de ſon argent que s'il
n'avoit tué qu'un chien.

Il n'étoit point marié & n'avoit nul deſſein
de l'étre, parce que ſes eſclaves luy ſervoient
de femmes, & pas une de ſes voiſines n'oſoit le
refuſer; de ſorte qu'il remplit cette vallée de
baſtards de toutes couleurs, qui aprés la mort de
ce mauvais riche, diſſiperont quelque jour toutes les richeſſes qu'il a amaſſees avec tant d'avarice & de cruauté.

Outre ces deux bourgades qui donnent le
nom à cette vallée, il y a à l'Eſt tout proche de
la riviere des Vaches un hermitage qu'on appelle Noſtre-Dame du Mont-Carmel, qui eſt l'E-
gliſe Paroiſſiale de toutes les fermes des Eſpagnols qui demeurent en la vallée, quoy qu'ils
viennent le plus ſouvent à la meſſe dans les villages des Indiens, & particulierement à Mixco,
où les Eſpagnols ont étably une riche confrairie
de Noſtre-Dame du Roſaire, & les Negres une
autre.

Il y a dans toute cette vallée environ trente
ou quarante fermes ou maiſons d'Eſpagnols qui
depen-

dépendent de cet hermitage, dans lesquelles il
y peut avoir trois cens esclaves hommes & femmes, qui font Negres ou Mulatres.

Mixco eſt une bourgade où il y a trois cens
familles; mais il n'y a rien de conſiderable, que
les richeſſes qui appartiennent a ces deux Confrairies, & quelques riches Indiens, qui ont
appris des Eſpagnols à ſemer du froment, & à
trafiquer au Golphe avec leurs mulets.

Outre la grande quantité de volaille & de
cocqs d'inde qu'on nourrit en ce Village, il y a
une boucherie où l'on vend de la viande aux Indiens du lieu, & à ceux des fermes qui demeurent à la campagne, & pour la proviſion des eſclaves qui conduiſent les mulets de leurs Maîtres au Golphe.

Jean Palomeque n'eſt pas le ſeul qui a des mulets : car il y a quatre freres en cette Vallée qui
ſe nomment Dom Gaſpar, Dom Diego, Dom
Thomas, & Dom Jean de Colindres, qui en
ont chacun ſoixante, avec quoi ils trafiquent au
Golphe, & dans tout le païs, même par fois
juſqu'à Mexique; mais ils ont peu d'eſclaves,
& ne ſe ſervent que d'Indiens qu'ils prennent à
gage pour les conduire.

Il y a encore outre ceux-là ſix troupes de mulets qui dépendent des autres fermes, qui avec
ceux du Village de Mixco peuvent faire vingt
troupes ou environ mille mulets, qui ſont employez à trafiquer dans le païs par les Marchands de Guatimala.

Mais pour retourner au Bourg ou Village de
Mixco, le paſſage continuel de ces troupes de
mulets, des Marchands, & des voyageurs qui

vont en Espagne ou qui en reviennent, l'ont rendu fort riche.

Car ce lieu-là de soy n'a point d'autre richesse qu'une certaine sorte de terre, dont on fait de fort beaux vases & toute sorte de vaisselle, comme des cruches, des pots à eau, des plats, des assiettes, & autres ustenciles de ménage, en quoi les Indiens montrent qu'ils ont beaucoup d'esprit, & les sçavent fort bien peindre ou vernir de rouge, de blanc, & d'autres couleurs mêlées & les envoyent vendre à Guatimala & ailleurs dans les Villages voisins.

Les femmes des Crioles mangent de cette terre à pleines mains, sans se soucier d'alterer leur santé & de mettre leur vie en danger, pourvû que par ce moyen-là elles puissent paroître blanches & pâles de visage.

Le Bourg de Pinola est à peu prés de même grandeur que Mixco ; mais beaucoup plus agreable, plus sain, & mieux situé, parce qu'il est dans une plaine, au lieu que Mixco est sur le panchant d'une côte qui ôte entiérement la vue de la Vallée à ceux qui voyagent.

Il y a aussi une boucherie à Pinola, où l'on vend tous les jours du bœuf, & l'on y trouve aussi beaucoup de volaille, des fruits, du mahis, & du froment, mais qui n'est pas tout à fait si beau que celui de Mixco, du miel, & la meilleure eau qui soit aux environs. On l'appelle *panac* en langue Indienne du nom d'un fruit qui s'y trouve en abondance.

Au Septentrion & au Midi de cette Vallée il y a des côteaux qui sont la plûpart ensemencez de froment, qui s'y trouve meilleur qu'au bas de la Vallée. A

A l'Occident il y a deux autres Bourgades qui font plus grandes que Mixco & Pinola, nommées Petapa & Amatitlant, jusqu'où il y a dans le milieu de la Vallée quelques endroits où il faut monter & defcendre, qu'ils appellent *Barraneas* ou des fondrieres, où il y a des ruiffeaux, de belles fontaines, & de bonne herbe pour la nourriture des brebis & du bêtail.

Petapa eft une Bourgade où il y a environ cinq cens habitans qui font fort riches, qui permettent aux Espagnols de demeurer parmi eux, de qui ils ont appris la maniere de vivre & de converfer au monde.

C'eft par là qu'on paffe venant de Camayaga, Saint Salvador, Nicaraga, & Coftarica ; ce qui a enrichi ce lieu là, par le frequent paffage des voyageurs.

On l'eftime une des plus agréables Bourgades qui dépendent de Guatimala, à caufe d'un lac d'eau douce qui en eft proche, où il y a quantité de poiffons, & particulierement d'écreviffes, & d'un certain poiffon qu'on appelle *mojarra*, qui eft femblable au mulet & de même goût, finon qu'il n'eft pas fi gros.

Il y a dans ce Bourg un certain nombre d'Indiens, qui ont charge de faire la pêche pour fournir la Ville de Guatimala, & font obligez d'y envoyer tous les Mecredis, Vendredis, & Samedis, la quantité d'écreviffes & de mojarras, que le Corregidor & les autres Magiftraits qui font au nombre de huit avec lui, leur auront enjoint pour chaque femaine.

C 2

CHA-

CHAPITRE IV.

Description de Petapa, du commerce qui s'y fait, & des privileges des Indiens de cette contrée, & de leurs diverses recoltes.

PEtapa s'appelle ainsi de deux termes Indiens, dont l'un qui est Pet signifie une natte, & l'autre qui est Thap veut dire de l'eau ; & parce qu'une natte est la principale partie du lit des Indiens, ce nom de Petapa veut dire proprement un lit d'eau, à cause que l'eau du lac est unie douce & calme.

Il y demeure une famille qui est considerable entre les Indiens, qu'on dit être descenduë des anciens Rois du païs, & que les Espagnols ont honnoré à present du noble nom de Guzman ; & c'est de cette famille-là dont on élit le Gouverneur du lieu, qui dépend de la Ville & de la Chambre de Justice de Guatimala.

Celui qui en étoit Gouverneur lors que j'étois en ce pays-là s'appelloit Dom Bernard de Guzman, qui avoit exercé long tems cette charge, & s'y étoit conduit avec beaucoup de prudence & de discretion, jusqu'à ce qu'ayant perdu la vûë de vieillesse, son fils nommé Dom Pedro de Guzman fut mis en sa place, qui

aussi

aussi bien que son pere étoit craint & respecté
de tous les autres Indiens , & s'ils n'eussent
point été adonnez à l'ivrognerie comme le
font la plûpart des Indiens , ils auroient
pû avoir le Gouvernement d'une Ville d'Espagnols.

Quoi que ce Gouverneur ne puisse pas porter
l'épée comme celui de Chiapa des Indiens, il
a pourtant plusieurs autres beaux privileges :
Il peut nommer d'entre les habitans ceux qu'il
veut qui le servent à diné & à soupé, ou à avoir
soin de ses chevaux, à aller pêcher du poisson pour lui , apporter du bois en sa maison ,
& faire généralement tout ce qu'il voudra
pour son service ; & néanmoins avec toute cette autorité il ne fait rien , soit pour la police du
lieu, soit pour l'execution de la Justice, que par
le consentement & l'avis du Religieux qui demeure en ce lieu-là, qui a aussi tant de personnes obligées à le servir & à pêcher pour lui ,
qu'il y peut vivre aussi magnifiquement qu'un
Evêque.

Les Indiens y exercent aussi la plûpart des
métiers nécessaires dans une Republique bien
établie, & l'on y trouve les mêmes herbages
& les mêmes fruits qu'on fait en la Ville de
Guatimala.

Le tresor de l'Eglise y est aussi fort grand, y
ayant plusieurs Confrairies de Nôtre Dame &
des autres Saints, dont les images sont ornées
de couronnes, de chaînes & de bracelets de
prix, outre les lampes, les encensoirs , & les
chandeliers d'argent à mettre sur les Auels.

La Saint Michel est la principale fête du lieu,
C 3   parce'

parce qu'il eſt dédié à Saint Michel, & il s'y
tient une foire ce jour-là, où pluſieurs Marchands viennent de Guatimala pour vendre &
acheter.

L'aprés-dinée de ce jour-là & le lendemain,
la courſe des taureaux ſert de divertiſſement
tant aux Eſpagnols qu'aux Negres, qui ſont à
cheval & à d'autres Indiens à pied, qui étant
ſujets à s'enyvrer y hazardent non ſeulement
leur vie, mais l'y perdent auſſi bien ſouvent.

Outre ce grand concours de peuple qui y arrive en ce temps là, il s'y tient auſſi tous les jours
ſur les cinq heures du ſoir un *tianguet* ou marché, où il n'y a que les Indiens du même lieú
qui trafiquent enſemble.

Il paſſe encore prés de ce Bourg une riviere, qui en quelques endroits n'eſt pas beaucoup profonde, mais qu'on peut traverſer ai-
ſément, qui ſert à arroſer leurs jardins & leurs
champs; & fait aller un moulin qui fournit
de farine la plúpart des habitans de la Vallée,
qui y vont faire moudre leur froment.

A demi lieuë de ce Bourg il y a une riche ferme & un moulin à ſucre, qui appartient à un
nommé Sebaſtien de Savaletta qui eſt Biſcayen
de naiſſance, qui étoit fort pauvre lors qu'il
vint en ce pays là, & ſervoit un homme de
même pays que lui; mais par ſon induſtrie &
ſon labeur ayant trouvé les moyens d'acheter
un mulet ou deux, il ſe mit à négocier dans
le pays, juſqu'à ce qu'il eut acquis de quoi
avoir une troupe entiere de ſoixante mulets,
avec quoi il s'enrichit de ſorte, qu'il acquit
beau-

beaucoup de terre aux environs de Petapa, qui s'étant trouvées propres à y cultiver le sucre, il s'y appliqua avec tant de succés, qu'il fit bâtir en ce lieu là une maison tout à fait magnifique, & où la plûpart des personnes de condition de la Ville de Guatimala se vont divertir assez souvent.

Il fait faire une grande quantité de sucre tous les ans, dont il debite une partie dans le pays, & il envoye l'autre en Espagne.

Il entretient d'ordinaire soixante esclaves en sa ferme, & tient si bonne table en sa maison qu'il passe pour généreux & magnifique : aussi dit-on qu'il a pour le moins cinq cens mille ducats vaillant.

A un demi mille de sa maison, il y a une autre ferme à sucre à qui l'on donne le nom de *Trapiche*, qui appartient aux Augustins de Guatimala, où il y a environ vingt esclaves ; & on l'appelle Trapiche, parce qu'avec les machines dont ils se servent, l'on n'y peut pas moudre une si grande quantité de cannes de sucre, que l'on fait avec un de ces moulins que les Espagnols appellent *Ingenios*.

Le Bourg d'Amatitlan est à une lieuë de-là, proche duquel il y a un Ingenio ou moulin à sucre, plus grand que celui de Savaletta, qu'on appelle le moulin d'Avis, parce que celui qui le fit construire s'appelloit ainsi : mais il appartient à present au Maître de la poste de Guatimala nommé Pedro Crespo.

Ce lieu ressemble à un petit Village, à cause de la quantité des cabanes & maisons couvertes de chaume qu'il y a, où logent les esclaves

Ne-

Negres qui en dépendent , qui font plus de cent tant hommes que femmes & en enfans.

Mais la maifon du Maître eft fort bien bâtie, grande & fpacieufe , & capable de loger plus de cent perfonnes.

Comme ces trois fermes à fucre font proches de Guatimala , elles contribuent beaucoup à fa richeffe , & à fon commerce avec l'Efpagne.

Quoi qu'il n'y ait pas tant d'Efpagnols à Amatitlan qu'à Petapa , il y a en récompenfe beaucoup plus d'Indiens.

Les ruës y font fort bien ordonnées , larges, droites & regulieres ; mais elles ne font point pavées , & l'on n'y marche que fur la terre ou le fablon.

L'on y jouit auffi de la commodité du lac , & les habitans envoyent auffi du poiffon à Guatimala dans les mêmes jours que font ceux de Petapa.

Et quoi que ce lieu là foit hors du chemin des voyageurs , fes habitans ne font pas moins riches que ceux de Petapa , parce qu'ils gagnent beaucoup avec ceux qui y viennent prendre les bains , tant de la campagne que de la Ville de Guatimala : car il y a de certaines eaux chaudes où l'on fe baigne , qui font eftimées fort faines & dont l'on fait grand état.

Ils s'enrichiffent auffi par le fel qui s'y fait, ou plûtôt qu'on recueille aux bords du lac , où tous les matins il paroît fur la terre comme une gelée blanche, que les Indiens recueillent & purifient aprés l'avoir recueilli ; de forte qu'il devient fort blanc & propre à l'ufage ordinaire.

Outre

Outre cela ils tirent encore du profit des mulets des environs de la Vallée, & que l'on amene paître sur cette terre salée un jour ou une matinée entiere, en payant cinq sols pour chaque mulet par jour, & l'on a trouvé par experience que cela les rend forts & vigoureux, & leur vaut mieux qu'aucune medecine, ni que la saignée même.

Ils font aussi un grand trafic de coton & de fruits dont ils ont une grande quantité; la place du marché est aussi fort belle, & ombragée de deux ormeaux extraordinairement grands, sous lesquels les Indiens se rendent toutes les aprés-dînées pour acheter & pour vendre leurs denrées.

L'Eglise de ce lieu-là est aussi fort bien bâtie, & aussi belle qu'aucune qui soit dans Guatimala, & elle est si riche & si magnifique, que cela obligea l'an 1635. les Religieux de l'Ordre de S. Dominique d'en faire un Prieuré, dont l'authorité s'étend sur tous les autres Villages de la Vallée, & d'y faire bâtir un Monastere fort somptueux, dans lequel il y avoit de mon temps huit mille ducats dans un coffre pour les dépenses ordinaires, qui sans doute auront beaucoup augmenté depuis ce temps-là.

En cette maniere j'ai conduit le lecteur par toute la Vallée de Mixco & Pinola, & Petapa & Amatitlan, qui ne cede rien en richesses à aucun autre lieu dépendant de Guatimala.

Je ne dois pas encore oublier une double moisson de froment qui se fait en cette vallée.

La premiere est d'un petit blé qu'on appelle-

Trigo

Trigo tremefino, qui eſt un mot compoſé en Eſpagnol de ces deux autres *tres meſes*, où du Latin *tres menſes*, parce que trois mois aprés qu'il eſt ſemé, il eſt meur & bon à cou-per; de ſorte qu'étant ſemé à la fin d'Août, on le moiſſonne ordinairement à la fin de No-vembre.

Et quoi qu'il ſemble à cauſe qu'il eſt petit, qu'il devroit rendre peu de farine, néanmoins il en rend autant que leurs autres eſpeces de fro-ment, & fait du pain qui eſt auſſi blanc; mais il ne ſe garde pas long-temps, & devient bien-tôt raſſis & dur.

L'autre moiſſon, qui eſt de deux ſortes de froment, l'un qu'on appelle rouge, & l'autre blanc comme le blé de Candie, ſuit incon-tinent aprés celle de ce blé trimeſtre: car un peu aprés Noël l'on met la faucille dans les champs, où non ſeulement ils recüeillent leur froment, mais au lieu de le mettre en gerbes & de le ſerrer en des granges, ils le font fouler aux pieds par des cavalles dans des aires qu'on fait tout exprés.

Lors que le blé eſt battu & ſorti des épis à force d'être foulé par les cavalles, qu'on foüette inceſſamment pour les faire tourner tout autour des aires & fouler le blé ſans s'arrêter, on fait aprés cela ſortir les cavalles des aires, & l'on vanne le blé, que l'on em-porte dans des ſacs pour le ſerrer dans les greniers, laiſſant la balle & la plus grande partie de la paille dans les champs, où elle ſe pourrit & l'eſtiment auſſi bonne que du fient pour fumer la terre.

Ils

Ils mettent aussi le feu dans les champs, pour faire brûler le chaume & le reduire en cendres, un peu avant le temps des premieres pluyes, qui détrempent ces cendres & engraissent la terre par ce moyen, qu'ils estiment le meilleur & le plus grand ménagement qu'ils puissent avoir pour fumer leurs terres.

Les autres qui veulent cultiver une nouvelle piece de terre qui est pleine de bois, font abattre les arbres, & quoi qu'ils soient propres à faire de la charpente ou du merrain, ils n'en vendent pas un pied, & ne se soucient pas de le transporter à Guatimala, quoi que bien souvent il y en auroit pour plus de douze mille francs s'il étoit en Angleterre; mais il y en a tant là que le port leur coûteroit plus que ce qu'ils en tireroient.

Aprés que les arbres sont abattus ils les laissent secher, & avant que les pluyes de l'Hiver commencent, ils mettent le feu par tout le champ pour faire brûler ce bois, dont les cendres rendent la terre si grasse & si fertile, qu'au lieu qu'en Angleterre nous semons trois boisseaux ou plus de froment dans un arpent de terre, un boisseau & bien souvent moins y suffit; car autrement il viendroit trop épais & touffu, & ils perdroient leur recolte.

Ils font aussi la même chose dans les pâturages de la Vallée: car sur la fin de Mai que l'herbe est courte & se flêtrit en sorte qu'elle devient seche, ils y mettent le feu, ce qui fait paroître cette Vallée toute noir & desagreable; mais aprés que la pluye a tombé dessus deux ou trois fois, la terre reprenant sa premiere verdu-

re, invite le bétail, que pendant ce temps-là on
avoit mené paître ailleurs, à y venir prendre
une nouvelle nourriture, & à se reposer à son
aise sur ces beaux tapis verds.

Mais il est temps que je retourne à l'autre côté de cette Vallée à la riviere des Vaches, d'où
j'ai commencé à faire le tour, & fait cette longue digression de l'Est à l'Ouest jusques au Village d'Amatitlan qui en est le plus éloigné, afin
de faire voir au lecteur le peu de chemin qui reste jusques à Guatimala.

Il est bien vrai que depuis l'hermitage de No-
tre-Dame, il y a un chemin étroit au milieu de
la Vallée, qui va presque jusques à Amatitlan,
& puis en tournant remonte sur une montagne
à main droite.

Mais parce qu'il y a plusieurs montées & descentes, & divers fonds ennuyeux à passer, ce
n'est pas le chemin ordinaire & le plus frequenté en venant de l'hermitage à main droite de
Mixco, qui n'est qu'à cinq milles de Guatimala.

De Mixco le chemin va en montant sur un
côteau, & conduit à un Village, qui est un peu
plus grand que Mixco, nommé S. Luc où il
fait froid, de sorte que cette température d'air
a rendu ce lieu-là riche, & on en a fait le grenier
de toute la Ville de Guatimala.

Car au lieu que le froment de la Vallée ne se
garde pas long-temps sans qu'il se gâte, & qu'il
s'y engendre de certains vers qu'on appelle
Gurgoies, le climat est si tempéré en ce lieu de
S. Luc, que le froment s'y garde deux ou
trois ans après être battu, pourvû qu'on ait

le

le foin de le tourner de fois à autre ; & s'il eft
bien ferré, il s'augmente de telle forte, comme
je l'ai vû par experience fur le lieu, qu'à la fin
de l'année, s'il y avoit deux cens boiffeaux, de
blé dans un grenier, l'on en trouvera prés de
deux cens vingt.

C'eft pourquoi l'on porte en ce Village la
plûpart de la moiffon de la Vallée, & il eft tout
pleins de granges qu'ils appellent *Trojas*, qui
n'ont point d'aires à terre, mais dans lefquel-
les il y a un plancher fait avec des ais, élevé de
terre environ d'un pied ou deux & couvert de
nattes, fur lequel on met le blé, où les riches
Marchands de la Ville le gardent deux ou trois
ans, jufques à ce qu'ils en trouvent le prix qu'ils
defirent.

De ce lieu-là à Guatimala il n'y a que trois
petites lieuës, & qu'une feule Baranca ou
qu'un fonds ; & fur le chemin on rencontre de
cofté & d'autre de petits Villages qu'ils appellent *Milpas*, où il y peut avoir environ vingt
cabanes.

Au milieu du chemin il y a un côteau ; d'où
l'on voit toute la Ville, & lui commande de
forte, qu'avec deux piéces de canon l'on pourroit tenir tout Guatimala en crainte.

Mais outre ce cofteau où eft le grand chemin
ordinaire, il y a encore au delà à droite & à gauche d'autres montagnes qui s'avancent plus vers
la Ville ; & fans doute l'on pourroit incom-
moder cette Ville avec du canon, au cas
que le haut de ce cofteau fe trouvat trop éloigné.

Lorsqu'on eft defcendu au bas de la montagne,

gne, on trouve un fort beau chemin & fort large ; mais dans le fort il est retressi entre les montagnes environ la longueur d'un trait d'arc, &
en cet endroit-là il est facheux, à cause des pierres & quelques petits rochers qui se trouvent
dans un courant d'eau qui descend des montagnes & se rend vers la Ville.

Mais à l'endroit d'un petit hermitage nommé l'hermitage de S. Jean, le chemin s'élargit
peu à peu & découvre Guatimala, qui fait une
agréable perspective aux voyageurs qui ont
dessein d'y aller trouver le repos, par la douceur
d'un chemin sablonneux, & par l'agreable verdure des allées qu'ils rencontrent jusqu'à-ce
qu'ils entrent dans la Ville, qui est toûjours
libre à tous allans & venant, soit du costé du
Monastere des Jacobins, soit du costé de l'E-
glise & du Couvent des Religieuses de la Conception.

Aprés avoir ainsi conduit le lecteur depuis le
Golphe jusqu'à Guatimala, & lui avoir montré
tout ce qu'il y a de plus remarquable, je ne dirai rien en cet endroit des autres lieux qui dépendent de cette Ville vers Nicaragua du costé
du Midy, ayant déja décrit le chemin jusqu'à
Realejo, jusqu'à ce que je vienne à parler de
mon retour que je fis de ce costé-là.

Mais il reste encore à décrire le pays de Vera-
Paz, & le chemin par lequel on y va.

CHA-

CHAPITRE V.

Description de Vera-Paz, & d'une Nation que les Espagnols n'ont encore pû subjuguer, l'histoire d'un Religieux qui y fit un voyage, avec plusieurs autres particularitez de cette contrée.

VEra-Paz s'appelle ainsi, parce que les Indiens de ce pays-là ayant appris comme les Espagnols avoient conquis Guatimala & tout le pays aux environs, se soumirent paisiblement & sans resistance aux Espagnols.

Autrefois ce pays-là faisoit un Diocese, où il y avoit un Evêque en particulier ; mais à present il est uni à celui de Guatimala.

Il est gouverné par un Alcalde Major, ou President qu'on envoye d'Espagne, qui dépend de la Chambre de Justice ou de l'Audience Royale de Guatimala.

La Ville capitale de cette Province s'appelle Coban, où il y a un Monastere de Religieux de l'Ordre de S. Dominique, & l'Alcade Major y fait sa residence ordinaire.

Les Espagnols n'ont pas encore achevé de conquerir cette Province, quelques combats qu'ils ayent donnez pour cela, contre ces peu-

ples

ples barbares & infidelles qui font entre cette Province & celle de Jucatan.

Ils font tout ce qu'ils peuvent pour en venir à bout, afin d'aller par leur pays à une Ville nommée Campin qui dépend de Jucatan, afin d'établir le commerce par terre avec cette Province-là, qu'on croit être fort avantageux au pays & à la Ville de Guatimala, & une voye plus affurée pour conduire leurs marchandifes à la Havane que par le Golphe, parce que bien fouvent les navires qui partent du Golphe pour aller à la Havane, font pris en chemin par les Hollandois.

Mais jufqu'à prefent les Efpagnols n'ont pû venir à bout de ce deffein : car ils ont toûjours trouvé tant de refiftance en ce peuple barbare, qu'il leur a été impoffible de l'affujettir.

Néanmoins il y eut un Religieux de mes amis nommé Frere François Maron, qui fe hazarda d'aller parmi ces barbares, & avec deux ou trois Indiens paffa au travers de leur pays jufqu'à Campin, où il trouva quelques Efpagnols qui s'étonnerent bien fort de fa hardieffe, & comme il avoit ofé hazarder fa vie par ce chemin-là.

Il retourna enfuite à Coban, & de là à Vera-Paz où il fit le recit de fon voyage ; & dit que ces peuples voyant qu'il parloit leur Langue, & le trouvant doux & civil en leur endroit, le traiterent auffi fort humainement ; craignant, difoit-il, que s'ils lui oftoient la vie, les Efpagnols pour s'en venger, ne les laifferoient jamais en repos qu'ils ne les euffent entierement détruits.

De

De plus que leur pays étoit beaucoup meilleur que celui de Vera-paz, où les Espagnols sont les Maitres, & qu'il y avoit une fort belle Vallée où il y avoit un grand lac, & sur le bord de ce lac une Ville d'Indiens, où il y avoit pour le moins douze mille habitans, dont les cases étoient separées les unes des autres.

Ce Religieux a fait depuis la description de ce pays-là, & a passé en Espagne pour insinuer à la Cour le dessein d'en faire la conquête, par la consideration de l'utilité qui reviendra à la Ville de Guatimala, & à la Province de Jucatan, si l'on peut une fois établir un chemin pour passer d'une Province à l'autre au travers de ce pays-là.

Mais quoi que de ce costé-là les Espagnols & la Province de-Vera-Paz soient encore limitez par ce peuple barbare, ils ont néanmoins le passage libre de l'autre costé pour aller au Golphe, où ils trafiquent avec les navires qui y abordent, à qui ils portent des volailles & d'autres vivres du pays, & en rapportent des vins & autres marchandises d'Espagne en la Ville de Coban.

Ce pays-là est fort montagneux & inégal, & quoi qu'il y ait quelques Villages assez grands, il n'y en a pourtant que trois ou quatre qui soient considerables.

Les principales denrées qui s'y trouvent, sont de l'achiotte, qui est le meilleur de tout le pays de Guatimala, du cacao, du coton, du miel, de la casse, de la salsepareille, & du mahis en grande quantité ; mais il n'y a point de froment.

Il

Il y a aussi beaucoup de cire, de volaille & de gibier, & des oyseaux de diverses couleurs, dont les Indiens employent le plumage à faire plusieurs ouvrages curieux; mais qui n'égalent pas pourtant ceux de Mechoacan. L'on y trouve aussi beaucoup de perroquets, de singes & de guenons, qui se nourrissent dans les montagnes.

Le chemin de Guatimala en ce païs-là, est le même dont j'ai parlé ci-dessus, qu'on tient en venant du Golphe jusqu'au Village de S. Luc, & de-là s'étend sur les côteaux & les montagnes qui sont à côté de la Vallée de Mixco.

L'on les appelle les montagnes de Sacatepeques, d'un nom composé de Sacate & Tepec, dont le dernier signifie une montagne, & le premier de l'herbe; de sorte que la jonction de ces deux mots signifie des montagnes d'herbes.

Il y a quatre Villages considerables; le premier se nomme S. Jacques où il y a cinq cens familles; le second S. Pierre où il y en a six cens, le troisiéme S. Jean où il y en a aussi autant; & le quatriéme S. Dominique de Senaco, où il peut y avoir environ trois cens familles.

Ces quatre Villages sont fort riches; le climat est fort froid dans les deux premiers, mais il est plus chaud dans les deux autres; & il y a plusieurs fermes aux environs, où l'on recueille beaucoup de blé & de bon froment, aussi bien que du mahis.

Ces Indiens-là ont beaucoup plus de courage que ceux des autres Villages, & de mon

temps

temps ils furent sur le point de se rebeller contre les Espagnols, parce qu'ils les traitoient mal.

Les Eglises y sont extrêmement riches ; & lors que j'étois en ce païs-la il y eut un Indien du Village de S. Jacques, qui par une pure avidité de gloire donna six mille ducats à l'Eglise du lieu ; & néanmoins l'on découvrit aprés, que ce miserable étoit un devineur & un idolâtre.

Ces Indiens gagnent beaucoup à loüer de grands pennaches de plumes, dont ils se servent dans les dances qu'ils font aux fêtes de la dédicace de leurs Villages ; car il y a de ces pennaches qui auront soixante plumes de diverses couleurs, & pour le loyer de chaque plume on leur donne une demi reale qui est deux sols six deniers, outre la valeur de chaque plume, si quelqu'une vient à se perdre par hazard.

Depuis le Village de S. Jean qui est le plus avancé, le chemin est uni & agréable jusqu'à un petit Village d'environ une vingtaine de cases qu'on appelle S. Raymond, d'où il y a une bonne journée de chemin qu'il faut monter & descendre dans des fondrieres, jusqu'à ce qu'on arrive à une loge qui est sur le bord d'une riviere, qui est celle là même qui passe à Acasabastlan dont j'ai parlé ci devant.

Delà on rencontre une montagne qui est fort pierreuse & pleine de rochers, qu'on nomme là montagne de Rabinal, où l'on a taillé des marches dans le roc pour la commodité des mulets, qui, s'ils glissoient tant soit peu à côté, tomberoient le long des rochers & se briseroient en mille pieces.

Mais

Mais ce danger ne dure qu'environ une lieuë & demie, & l'on rencontre une fort belle Vallée qu'on appelle la Vallée de faint Nicolas, à caufe d'une ferme qui porte ce nom là, & appartient au Couvent des Jacobins de Coban.

Quoi que cette Vallée ne foit pas à comparer à celle de Mixco & de Pinola, elle eft pourtant remarquable par trois chofes qui s'y rencontrent ; dont la premiere eft un moulin à fucre nommé S. Jerôme, qui dépend du Couvent des Jacobins de Guatimala, & furpaffe celui d'Amatitlan, non feulement en la recolte du fucre, qu'ils envoyent par des mulets au de là de la montagne à Guatimala, & dans le nombre des efclaves qui y font commandéz par deux Religieux ; mais particulierement à caufe des bons chevaux que l'on y éleve, qui font les meilleurs de tout le pays de Guatimala, & qui font fort eftimez par toutes les perfonnes de qualité, qui prennent plaifir de les monter en allant par la Ville.

La feconde eft la ferme de S. Nicolas, qui eft auffi renommée pour les mulets, que celle de Jerôme pour les chevaux.

La troifiéme eft un Village d'Indiens nommé Robinal, où il y a pour le moins huit cens familles, & où l'on trouve tout ce que l'on pourroit defirer pour la commodité de la vie.

Le climat y eft plûtôt chaud que froid ; mais la chaleur eft moderée & beaucoup temperée par le grand nombre des belles allées ombrageufes qui y font.

L'on y trouve non feulement tous les fruits des Indes ; mais auffi ceux d'Efpagne, comme

oran-

oranges, limons, citrons doux & aigres, gre-
nades, raisins, figues, amandes, & dattes.

Le deffaut de froment en ce lieu-là n'est
pas considerable à ceux qui en aiment mieux le
pain que celui de mahis, parce qu'en deux
jours on leur en apporte aisément des Villages
de Sacatepeques.

Pour ce qui est de la viande, l'on y trouve
du bœuf, du mouton, du chevreau, des volailles, des cocqs-d'inde, des cailles, des per-
drix, des faisans, & des lapins.

Il y a aussi la riviere qui passe proche de leurs
maisons, qui leur fournit une grande quantité
de poisson de diverses sortes.

Les habitans de ce Village sont fort semblables à ceux de Chiapa des Indiens, qu'ils imitent en galanterie à monter à cheval, & en
toutes sortes de divertissemens.

Ce fut dans ce Village que mon ami frere
Jean Baptiste voulut établir sa demeure pour y
vivre en repos le reste de ses jours, aprés avoir
été Prieur de divers lieux, & particulierement
de Chiapa & de Guatimala, & où il me rega-
la si somptueusement qu'on eût pû l'en blâmer,
comme n'étant pas bien seant à des Religieux
mendians de vouloir imiter la magnificence des
Princes.

Depuis cette Vallée jusques à la vraye paix,
ou à Coban qui est la capitale, il n'y a rien de
considerable qu'un seul Village nommé Saint
Christophle, où il y a à present un grand lac
dont on ne peut trouver le fonds à ce qu'on
dit.

Autrefois il n'y avoit point de lac; mais
pen-

pendant un grand tremblement de terre, la terre s'étant entr'ouverte & ayant englouti plusieurs maisons, laissa ce lac qui a toûjours continué d'être depuis en ce lieu-là.

De-là jusqu'à Cobon les chemins son mauvais & pleins de montagnes, néanmoins les mulets du païs ne laissent pas d'y passer aisément quoi qu'ils soient chargez.

Enfin nous avons parcouru toute l'étenduë du païs de Guatimala, où il y a beaucoup plus de Villages & mieux peuplez qu'en aucun autre endroit de l'Amerique, & si les Indiens étoient exercez en l'art militaire & bien munis d'armes, il n'y a point d'endroit en toute l'Amerique qui fût si fort en peuple que Guatimala.

Mais parce que les Espagnols les avilissent & les maltraitent, jusqu'à ne leur laisser pas seulement leurs arcs & leurs fléches, bien loin d'avoir des armes à feu, des piques & des épées; cela leur a non seulement ôté le courage; mais aussi l'affection qu'ils auroient pû avoir pour les Espagnols; de sorte que ceux-ci ont sujet d'aprehender que si l'on faisoit des descentes pour envahir ces païs-là, cette grande multitude d'Indiens seroient autant de gens qui se tourneroient du côté de leurs ennemis, ou qui en demeurant fidelles ne leur serviroient de rien.

CHA-

CHAPITRE VI.

*Description de l'état où font à prefent le[s]
Indiens du Païs de Guatimala, de leurs
mœurs & maniere de vivre depuis la
conquête, & particulierement de leurs
fêtes annuelles.*

L'Etat ou la condition des Indiens du païs
de Guatimala eft auffi lamentable & digne
de pitié, qu'aucun autre de tous les peuples de
l'Amerique.

Car je puis en quelque maniere dire d'eux,
ce qui eft dit du peuple d'Ifraël au premier
chapitre de l'Exode verfet feptiéme ; qu'ils
étoient fertiles & croiffoient & multiplioient
abondamment, en forte qu'ils devenoient puiffans & rempliffoient le païs ; c'eft pourquoi
Pharon dit à fes fujets au verfet dixiéme ; il
faut fe gouverner fagement avec eux, de peur
qu'ils ne viennent à multiplier & que lors qu'il
arrivera quelque guerre ils ne fe joignent à nos
ennemis, & combattent contre nous. Et ce
fut pour cela qu'ils établirent des gens fur eux
pour les faire travailler à faire de la brique & du
mortier & autres ouvrages, avec tant de rigueur
& de févérité, que cette fervitude leur rendit

la vie amere, & les obligea d'implorer l'affiftance du Ciel pour les en délivrer.

Quoi qu'il y ait quelque forte de diftinction
entre le peuple d'Ifraël & les Indiens, néanmoins la comparaifon a du rapport en l'oppref-
fion des uns & des autres, & en la manière
dont on les a traitez, afin qu'ils ne puffent pas
multiplier plus qu'on vouloit.

Il eft certain que les Indiens fouffrent beaucoup fous la fervitude des Efpagnols, & que
néanmoins ils multiplient tous les jours en enfans, & accroiffent en richeffes; de forte qu'on
craint qu'ils ne deviennent trop puiffans, & ne
fe foulevent d'eux-mêmes, ou ne fe joignent
aux étrangers contre ceux qui les tyrannifent.

Car foit par crainte ou par jaloufie, l'on ne
leur permet pas l'ufage d'aucune forte d'armes, non pas mêmes des arcs & des fléches,
dont fe fervoient autrefois leurs ancêtres.

De forte que, quoi que par ce moyen-là les
Efpagnols n'ayent rien à crainde de leur côté,
parce qu'ils font defarmez; auffi lors qu'une
Nation étrangere fera deffein de conquerir ce
pays-là, elle n'aura pas fujet de les apprehender par la même raifon, & par confequent
la politique dont les Efpagnols fe font fervis
pour affoiblir les Indiens, tournera toute à
leur ruyne & deftruction.

Car cette grande multitude d'Indiens defar-
méz leur étant inutile à la guerre, & eux
mêmes, à la referve de ceux qui demeurent
dans les Villes, fe trouvant écartez çà & là
dans cette vafte étenduë de pays, ne paroîtront
qu'une

qu'une poignée de gens contre une armée mediocre.

Et encore parmi ces gens-là il y en aura peu
qui foient propres à porter les armes, & ce petit
nombre ne fera pas capable de faire une grande
refiftance, n'ayant point d'artillerie.

Que fi encore avec cela les Negres & les Indiens qu'ils ont fi maltraitez, & qu'ils ont
toûjours apprehendé à caufe de cela, viennent
à fe joindre contr'eux avec les étrangers, il eft
certain qu'ils ne fçauroient éviter leur ruyne,
étant attaquez de la forte au dedans & au
dehors.

Par là l'on peut voir combien font mal fon-
dez, ceux qui difent qu'il eft beaucoup plus difficile de conquerir l'Amerique à prefent que
du temps de Cortez, parce que l'on a aujour-
d'hui les Efpagnols & les Indiens à combattre,
& en ce temps là il n'y avoit que de pauvres Indiens tout nuds.

Je foûtiens que ce fondement eft faux : car
alors les Indiens étoient aguerris par le moyen
des guerres qu'ils avoient les uns contre les autres, & fçavoient fort bien fe fervir de leurs
arcs, de leurs fléches, & de leurs dards, & autres fortes d'armes, & paroiffoient extrêmement hardis & courageux dans les combats,
comme il paroît par leurs hiftoires.

Mais à prefent ils font devenus fans cœur,
en forte qu'ils treffaillent de peur lors qu'ils entendent tirer un moufquet ; ce qui vient de ce
qu'ils font defarmez & opprimez par les Efpagnols, qui les font mêmes trembler par un regard ou par une grimace ; de forte qu'il n'y a au-

cun lieu de les apprehender en l'état qu'il sont aujourd'hui.

L'on ne doit non plus craindre les Espagnols, qui dans toute la vaste étenduë des Etats de Guatimala, ne sçauroient faire une levée de cinq mille hommes qui soient propres à la guerre.

Ils ne sçauroient non plus deffendre tant de passages & tant d'entrées qu'il y a en divers endroits de ce païs là, qui d'autant plus qu'il est grand, il est d'autant plus aisé à conquerir, parce que pendant que l'Espagnol sera occupé dans un endroit, son païs pourra être attaqué, & même enlevé en d'autres lieux par les mêmes Etrangers.

Leurs Esclaves même se ligueront contr'eux en cette occasion, afin d'être mis en liberté ; & enfin les Crioles qu'ils maltraitent aussi extrêmement, se réjouïront de pouvoir s'affranchir de leur tyrannie, aimeront beaucoup mieux vivre en liberté sous un peuple étranger, que d'être plus long-temps opprimez par ceux de leur propre Nation.

La condition des Indiens de ce païs là est si miserable, que, quoi que les Rois d'Espagne n'ayent jamais voulu consentir à les rendre Esclaves, comme ils en ont été souvent sollicitez, néanmoins leur vie est aussi miserable que celle des Esclaves.

Car j'en ai connu quelques uns qui après être revenus du service des Espagnols, dont ils n'avoient reçu pour tout salaire que des coups & des blessures, venoient se mettre au lit, resolus de mourir plûtôt que de mener

plus

plus long temps une vie si pleine de miseres, &
refusoient tous les alimens que leurs femmes
leur presentoient, aimant mieux se laisser
mourir de faim, que de mener une vie si mal-
heureuse.

Il est vrai qu'il y en a eu quelques-uns qui par
mes exhortations se sont laissé persuader de vivre, plûtôt que de se faire mourir eux mêmes ;
mais il y en a eu aussi d'autres qui ont rejetté
toutes sortes de remontrances, & se sont fait
mourir ainsi miserablement.

CHAPITRE VII.

De la méthode que les Espagnols observent à
l'égard du service qu'ils tirent des Indiens,
& quelle est leur conduite envers eux.

LEs Espagnols qui demeurent en ce païs-là,
& particulierement les Fermiers de la Vallée de Mixco, Pinola, Petapa, Amatitlan,
& ceux des Sacatepeques, ont representé que
tout leur commerce & leur labeur tendant au
bien de l'Etat, & n'y ayant pas assez d'Espagnols pour faire tous les ouvrages qui sont nécessaires dans un si grand païs, tous n'ayant pas
aussi les moyens d'acheter des Esclaves & des
Negres, qu'ils avoient besoin nécessairement du

D 2

ser-

ſervice des Indiens en leur donnant un ſalaire raiſonnable.

C'eſt pourquoi il fut ordonné qu'on partâgeroit un certain nombre de laboureurs Indiens tous les Lundis ou les Dimanche l'aprèsdinée, qui ſeroient diſtribuez entre les Eſpagnols ſelon la qualité de leurs fermes, ou de leurs emplois; ſoit pour travailler à la culture de leurs terres, ſoit pour conduire leurs Mulets, & les aider en ce que chacun en peut avoir beſoin en ſa vacation.

De ſorte qu'en chaque reſſort ou détroit il y a un Officier pour cela, qu'ils appellent *Inez Repartidor*, qui ſelon la liſte qu'il a des maiſons & des fermes des Eſpagnols, eſt obligé de leur fournir un certain nombre d'Indiens toutes les ſemaines.

Ce qui ſert d'un moyen commode au Preſident de Guatimala & aux autres Juges pour avancer leurs domeſtiques, à qui ils donnent ordinairement ces charges là.

Ils nomment le Village ou le lieu où ils ſe doivent aſſembler le Dimanche ou le Lundi, où ils ſe trouvent avec tous les Eſpagnols de ce reſſort.

Les Indiens des Villages doivent auſſi de leur côté tenir tous prêts le nombre des gens de travail qu'ils ſont obligez de fournir chaque ſemaine par l'ordre de la Cour de Guatimala, qui ſont conduits au lieu de l'Aſſemblée générale par un Officier Indien de leur même Village.

Et lorsqu'ils ſont arrivez en ce lieu-là avec tous leurs outils pour travailler, comme beſ- ches, pelles, pics & haches; & des vivres

pour

pour se nourrir une semaine, qui sont pour l'ordinaire des gâteaux secs de mahis, des boudins,
des frixolles ou des faseols, un peu de chile ou
de poivre long, & quelques morceaux de viande froide pour un jour ou deux, avec leur lit sur
leur dos, qui n'est autre chose qu'une mante
de grosse laine, qu'ils envelopent autour d'eux
pour se coucher sur la terre, puis on les ren-
ferme dans la Maison de Ville en donnant à
l'un quelques coups de bâton, & aux autres des
soufflets ou des coups de pied, s'ils ne veulent
pas entrer.

Après qu'on les a tous rassemblez, & que la
Maison de Ville en est remplie, le Inez Repartidor ou l'Officier appelle les Espagnols selon l'ordre de sa liste, & à même temps autant
d'Indiens que la Cour lui en a ordonnez.

Il y en a quelques-uns qui en doivent
avoir trois ou quatre, d'autres quinze ou vingt,
selon leur vacation & le travail qu'ils ont à
faire.

En cette maniere il distribuë à chacun des
Espagnols les Indiens qu'il doit avoir jusqu'à
ce qu'il n'en reste plus à distribuer.

Ce partage étant fait les Espagnols prennent une mante on un outil à chacun de leurs
Indiens pour leur servir de gage, de peur qu'ils
ne s'enfuient, & donnent à l'Officier qui a fait
ce partage là pour ses droits une demi réale
de cinq sols pour chaque Indien, ce qui lui vaut
beaucoup par an : car il y a des Officiers qui auront trois ou quatre cens Indien à distribuer
chaque semaine.

Si un Espagnol vient à se plaindre que quel-

qu'un de ses Indiens s'est échapé, & ne l'a pas
servi toute la semaine entiere ; l'on le fera chercher jusqu'à-ce qu'on l'ait trouvé, & puis on
l'attachera par les bras à un poteau dans la place du Marché, où il sera fustigé publiquement
sur le dos.

Mais si un pauvre Indien se plaint que les Espagnols l'ont trompé, & lui ont dérobé sa
pelle, sa hache, son pic, sa mante, ou ses
gages, l'on ne fera aucune justice de l'Espagnol
qui aura volé ou trompé le pauvre Indien, quoi
que l'équité veuille que l'on rende également la
justice aux uns & aux autres.

En cette maniere l'on vend les Indiens chaque semaine comme des Esclaves pour deux
sols six deniers chacun, sans qu'on leur per-
mette le soir d'aller voir leurs femmes, quoi
que leur ouvrage ne soit pas à mille pas du
Village où ils demeurent ; mais il y en a d'autres qu'on mene à trois & quatre lieües au de-
là, & n'oseroient s'en retourner, que le Samedy au soir, après avoir executé tout ce qu'il
aura plû à leur Maître de leur commander.

Les gages qu'on leur donne sont tels qu'à
grande peine les peuvent-ils nourrir ; car pour
tout salaire ils n'ont pas cinq sols par jour,
n'ayant que vingt-cinq sols par semaine en
tout.

Cet ordre s'observe dans la Ville de Guatimala, & dans les Villages des Espagnols, où
l'on donne à chaque maison les Indiens dont elle a besoin, pour apporter de l'eau ou du bois,
& les autres choses nécessaires, & pour cet
effet

effet les Villages voisins sont obligez de leur
fournir des Indiens comme j'ai déja dit ci-
dessus.

Il n'y a point de bon Chrêtien qui ne fût
touché de douleur, de voir comme ces pauvres miserables sont mal-traitez par certains
Espagnols pendant la semaine qu'ils sont à
leur service.

Il y en a qui vont abuser de leurs femmes,
lors que leurs pauvres maris sont occupez à
labourer la terre, d'autres qui leur donnent le
foüet, parce qu'ils leurs semblent trop paref-
feux à travailler, ou qui leur donnent des
coups d'épée, ou leur cassent la tête pour s'ê-
tre voulu excuser contre leurs reproches, ou
leurs derobent leurs outils, ou les privent d'une
partie ou du total de leurs gages, en disant qu'ils
payent une demi réale pour le service qu'ils leur
doivent rendre, & néanmoins qu'ils n'ont pas
fait leur ouvrage.

J'en connoissois quelques-uns qui avoient
accoûtumé, lors qu'ils avoient semé leur froment, & qu'ils n'avoient presque plus affaire des Indiens, de retenir chez eux tous
ceux qui leur avoient été donnez pour leur
ferme, & sçachant bien l'affection que ces
pauvres gens avoient de retourner en leur
famille, aprés leur avoir fait couper du bois
le Lundi & le Mardi, leur demandoient le
Mecredi ce qu'ils leur vouloient donner
pour les laisser aller, & ainsi en exigeoient
des uns une réale, & des autres deux ou
trois; de sorte qu'ils se faisoient non seulement fournir de bois pour leur maison; mais

ils

ils en tiroient auſſi aſſez d'argent pour acheter
de la viande & du chocolatte pendant quinze
jours, vivant de la ſorte oiſivement aux dépens
de ces pauvres Indiens.

Il y en a d'autres auſſi qui les louent à leurs
voiſins qui en ont affaire pour cette ſemaine,
pour une réale chacun ; mais qu'ils ſont bien
aſſurez de déduire ſur leurs gages.

Ils ſont auſſi aſſujettis à une ſervitude pareille à celle-là dans tous les Villages, où tous
les voyageurs qui paſſent par là, peuvent demander au prochain Village tous les Indiens
dont ils ont beſoin pour conduire leurs mulets,
& porter leurs hardes, & à la fin du voyage
leur font une querelle d'Allemand, & les ren-
voyent la plûpart du temps avec des coups pour
toute recompenſe.

Ils font porter à ces pauvres miſerables, un
jour ou deux ſur le dos des malles qui peſent
cent livres, en les attachant avec des cordes dé
chaque côté à la ceinture, & paſſant ſur le
front une large courroye de cuir attachée à la
malle, qui fait que toute la peſanteur de ce fardeau tombe ſur leur front au deſſus des ſourcils,
qu'ils ont la plûpart du temps tellement
marqué, qu'ils ſont aiſez à diſtinguer des autres habitans dans les Villages, & parce auſſi
que cette ceinture de cuir leur mange tout
le poil & les rend chauves ſur le devant de
la tête.

En cette maniere ce pauvre peuple tâche de
gagner ſa vie parmi les Eſpagnols ; mais c'eſt
avec tant de douleur & d'angoiſſe, que bien ſouvent ils implorent la juſtice divine pour les mettre

tre en liberté, & n'ont point d'autre consolation que celle que leur donnent les Prêtres, de
souffrir tout cela pour l'amour de Dieu & pour
le bien de l'Etat.

Et quoi que ceux qui les commandent les
fassent travailler & marcher en toutes saisons,
soit qu'il fasse chaud soit qu'il fasse froid, dans
les plaines ou dans les montagnes, dans les
beaux ou mauvais chemins, leurs habits ne servent qu'à couvrir leur nudité, & bien souvent
ils sont si déchirez qu'ils ne couvrent pas la moitié de leurs corps.

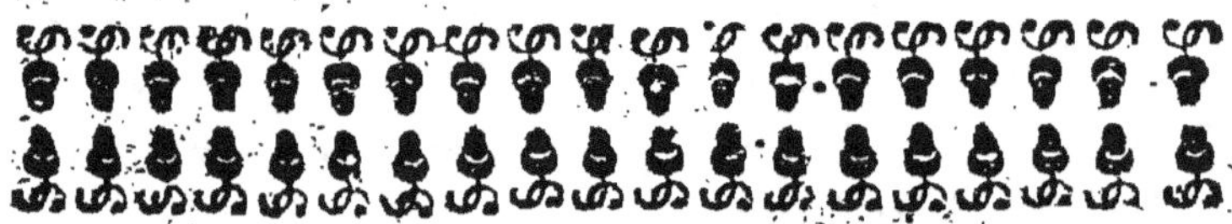

CHAPITRE VIII.

Des habits des Indiens, de leurs logemens,
de leurs ouvrages, de leurs occupations
domestiques, de leur police, de leurs ma-
riages, &c.

LEurs habits ordinaires ne sont autre chose
qu'une paire de calçons de laine ou de toile qui descendent jusqu'aux genoux, marchant
nud pieds la plûpart du temps, si ce n'est quelques-uns qui portent des sandales de cuir dans
leurs voyages pour se conserver les pieds, ou
quelques paires de chausses sans pourpoint;
qu'une chemise fort courte avec une mante
de laine ou de toile par dessus qu'on nomme

 Ajate,

Ajute, qui est nouée sur une épaule, & pend presque jusqu'à terre de l'autre côté, & un méchant chapeau de quinze ou vingt sols, qui prend l'eau comme du papier, & aprés la pluye leur tombe sur le nez & sur le col.

Ils portent aussi quelquefois leur lit autour d'eux, qui est cette mante de laine, dont ils s'envelopent le soir ; & ôtent leur chemise & leurs calçons, qu'ils mettent sous leur tête pour leur servir de chevet.

Il y en a quelques-uns qui porteront aussi une natte fort legere pour se coucher ; mais ceux qui n'en portent point, ou n'en peuvent pas emprunter de leurs voisins, se coucheront librement sur la terre envelopez de leurs mantes, & dormiront aussi bien aprés avoir travaillé, ou marché tout le jour avec un fardeau de cent livres pesant sur le dos, que s'ils étoient couchez dans un bon lit.

Ceux qui sont plus considerables & plus riches que ceux-là, qui ne sont point employez comme les Tamemez à porter des fardeaux, ou comme les laboureurs à travailler pour les Espagnols, mais qui demeurent dans des fermes qui leur appartiennent, qui trafiquent à la campagne avec leurs mulets, ou ont des boutiques dans les Villes & dans les Villages, & enfin ceux qui sont employez en qualité d'Officiers de la Justice ou de la Police, sont un peu mieux vétus.

Car il y en a quelques-uns qui portent du ruban au bas de leurs calçons, ou y font faire quelque sorte d'ouvrage en broderie de soye ou de fil, comme aussi sur la mante qu'ils portent

au-

autour d'eux, ou bien ils l'enrichiſſent de quelques ouvrages de plumes de diverſes couleurs.

Il y en a auſſi quelques-uns qui portent
des pourpoints de toille découpée, & des ſou-
liers; mais il y en a fort peu qui portent des
bas à leurs jambes, ou des colets autour de leur
col.

Mais pour ce qui eſt des lits où ils couchent,
le plus conſiderable des Gouverneurs Indiens,
ou le plus riche d'entr'eux qui pourra avoir
quatre ou cinq mille ducats, ne ſera gueres
mieux couché que les pauvres l'amemez ou por-
teurs de fardeaux.

Car ils ſe couchent ſur des ais ou ſur des
roſeaux liez enſemble un peu élevez de terre, ſur quoi l'on poſe une natte fort large &
fort propre, avec deux petits billots de bois
pour ſervir de chevet à l'homme & à la femme, en mettant leur chemiſe & leur mante deſſus, ou d'autres hardes pour ſervir de couſſin,
& puis ſe couvrent d'une autre ſorte de mante
blanche, mais plus groſſiere que celle qui leur
ſert de manteau.

Dom Bernard de Guzman Gouverneur de
Petapa n'étoit pas mieux couché que cela, &
les principaux d'entre les Indiens ne le ſont pas
mieux non plus.

Les habits des femmes ne leur coûtent pas
beaucoup & ſont bien-tôt mis ſur le corps; car
la plûpart vont nud-pieds, à la reſerve de celles
qui ſont riches & de qualité qui portent des ſou-
liers nouez avec un ruban fort large.

Au lieu de jupe elles portent une mante de
laine qu'elles lient au deſſaut du corps, qui d'or-

D 6   dinaire

dinaire eſt enrichie de broderie de diverſes couleurs; mais tout d'une piece ſans aucune coûture, & rempliée en dedans autour d'elles.

Elles ne portent point de chemiſes, mais elles couvrent leur nudité avec une eſpece de ſurplis qu'on nomme *Guaipil*, qui pend depuis leurs épaules juſques un peu au deſſous de la ceinture, avec des manches ouvertes fort larges qui ne leur couvrent que la moitié du bras, & d'ordinaire ce Guaipil eſt orné de quelque ouvrage curieux de coton ou de plumage, particurement à l'endroit du ſein.

Les plus riches portent des bracelets & des pendans d'oreilles, & leurs cheveux ſont retrouſſez avec des bandelettes; ſans coiffe ni rien pour les couvrir, ſi ce n'eſt les plus riches, qui portent quand elles vont à l'Egliſe ou en viſite une eſpece de voile de toile d'Hollande, ou de quelqu'autre toile fine qu'on apporte d'Eſpagne ou de la Chine, qui leur couvre la tête & deſcend preſque juſqu'à terre, qu'elles lient autour d'elles avec un ruban, & c'eſt ce qu'il y a de plus cher en leurs habits.

Lors qu'elles ſont retirées dans leurs maiſons & s'appliquant à leurs ouvrages, elles ôtent ordinairement leur Guaipil ou ſurplis, de ſorte que leur ſein & tout le haut du corps demeure découvert.

Elles ſe couchent auſſi comme leurs maris, envelopées ſeulement d'une couverture, ou d'une mante.

Leurs maiſons ne ſont que de pauvres cabanes couvertes de chaume, ſans aucune chambres hautes; mais ſeulement une ou deux cham-

bres.

bres baſſe, en l'une deſquelles ils aprêtent leurs viandes, faiſant le feu au milieu entre deux ou trois pierres, ſans qu'il y ait de cheminée ni de tuyau pour conduire la fumée hors de la maiſon; de ſorte que comme elle s'épand par tout, la ſuye s'attache auſſi de tous côtez au chaume de la couverture, ce qui fait que toute la maiſon ne ſemble être qu'une cheminée.

La chambre qui joint à celle-là n'eſt pas non plus exempte de fumée & de noirceur, où bien ſouvent il y a quatre ou cinq lits ſelon la grandeur de la famille.

Mais ceux qui ſont pauvres n'ont qu'une chambre, où ils apprêtent leur viande, où ils mangent, & ſe couchent.

Il y en a fort peu qui ayent des ſerrures à leurs portes; car ils n'aprehendent pas qu'on les dérobe, n'ayant pour tous meubles que des pots, des cruches, & des plats de terre, avec des coupes pour boire leur chocolatte.

Il n'y a preſque point auſſi de maiſon qui n'ait un bain dans la cour, où ils ſe baignent dans de l'eau chaude, qui eſt toute leur medecine lors qu'ils ſe trouvent tant ſoit peu indiſpoſez.

Dans chaque village ils ſont diviſez entr'eux par Tribus, qui ont chacune un Chef, à qui s'adreſſent tous ceux qui ſont de la Tribu, lors qu'il s'agit de quelque affaire importante & difficile, & il eſt obligé de les proteger & conſeiller en tout, & de comparoître pour eux devant les Officiers de la Juſtice, demander reparation des torts qu'on leur a faits ou repreſenter l'injure qu'on leur veut faire.

Lors

Lors qu'il s'agit de marier quelqu'un d'entr'eux, le pere du garçon qui veut prendre une femme d'une autre Tribu, s'en va trouver le Chef de sa Tribu, afin de lui donner avis du mariage de son fils avec une telle fille, & ensuite les Chefs des deux Tribus s'assemblent & conferent sur les conditions du mariage.

Ces conferences durent ordinairement trois mois, pendant lesquels les parens du garçon ou de l'homme doivent acheter la fille par presens, & acquiter la dépense qui se fait à boire & à manger, lors que les Chefs des Tribus conferent ensemble avec les parens du garçon & de la fille, ce qui dure ordinairement un jour tout entier jusqu'à la nuit.

Aprés avoir passé de la sorte plusieurs jours & plusieurs nuits, & aprés avoir bien examiné l'affection qu'un des partis peut avoir pour l'autre, s'il arrive qu'ils ne s'accordent pas sur le mariage, les parens de la fille sont obligez de restituer aux parens du garçon tous les frais qu'ils ont faits, & tous les presens qu'ils ont donnez.

Leurs filles ne partagent point dans leurs biens; mais lors qu'ils meurent tout ce qu'ils ont de meubles & d'immeubles est partagé par portions égales entre leurs fils.

S'il y a quelqu'un d'entreux qui n'ait point de maison, ou qui veuille faire recouvrir la sienne, l'on en donne avis aux Chefs des Tribus, qui avertissent tous les habitans du Village de s'y rendre pour assister à cet ouvrage, & chacun est obligé d'apporter une botte de paille ou d'autres materiaux; de sorte que

dans

dâns un jour ils ont achevé une maison par l'affiftance qu'ils reçoivent de plufieurs perfonnes.

De plus il ne leur en coûte rien que du chocolatte, qu'ils donnent à boire en de grandes coupes qui tiennent plus d'une pinte; mais il n'y
mettent pas des ingrediens de fi grand prix que
font les Efpagnols, mais feulement un peu d'a-
nis & de chilé ou poivre long.

Ou bien ils rempliffent la coupe jufqu'à moitié d'atolle, & achevent de la remplir avec du
chocolatte.

CHAPITRE IX.

L'Auteur continuë à décrire la maniere de
vivre des Indiens, leur manger ordinaire,
leurs diverfes fortes de bruvages.

POur leur manger, la plûpart du temps les
pauvres n'ont qu'un plat de frixoles ou fafeols blancs & noirs; dont il y a grande quantité, que l'on conferve fecs pour toute l'année,
qu'ils font bouillir avec du chilé: avec quoi ils
s'eftiment affez bien raffafiez.

Ils les apprêtent encore d'une autre maniere, en faifant un peu bouillir les fafeols, &
aprés cela les mêlant avec une maffe de mahis, comme nous mêlons en Angleterre des
raifins de Corinthe dans nos gâteaux, &
puis

puis ils les font encore bouillir derechef enſemble, & les mangent aprés cela lors qu'ils ſont encore tout chauds, ou bien ils les gardent tout froids.

Mais ſoit qu'ils mangent de cela ou de quelqu'autre choſe, ils le mangent ou avec du chilé verd, ou bien ils le trempent dans de l'eau & du ſel où il y a un peu de ce chilé pilé.

Mais s'ils n'ont pas le moyen d'avoir des frixolles, leur portion ordinaire eſt des torrilles, qui ſont de petits gâteaux ronds faits avec de la pâte de mahis, qu'ils mangent tout chauds en ſortant d'une terrine où ils les font cuire tout ſur le champ, en les tournant un peu ſur le feu, & les mangeant aprés cela tout ſeuls, ou bien avec du chilé & du ſel, ou en les trempant dans de l'eau où il y aura du ſel & un peu de chilé pilé.

Lors que leur mahis eſt encore verd & tendre, ils font bouillir la tige avec les épis & les feuilles qui ſont autour, & les mangent enſuite avec un peu de ſel.

J'en ai ſouvent mangé, & les ai trouvez auſſi délicats & nourriſſans que nos pois, lors qu'ils ſont verds; mais ils engendrent beaucoup de ſang.

Lorsque ce mahis eſt verd ils en font encore une eſpece d'orge mondé, en le faiſant bouillir avec le lait qu'ils en tirent par expreſſion aprés l'avoir pilé.

Les plus pauvres des Indiens n'en manquent jamais; ils s'eſtiment aſſez contens quand ils en ont ſuffiſamment.

Mais les pauvres qui demeurent dans les Villages,

lages où l'on vend de la viande, épargnent tout
ce qu'ils peuvent lors qu'il viennent de leur
travail le Samedi au soir, afin d'acheter pour
une reale ou demi reale de viande fraîche pour
manger le Dimanche.

Quelques uns en achettent une bonne quantité à la fois, & l'accommodent avec le temps en
Paßajos, qui sont des morceaux de chair rou-
lez & liez bien fort, qu'ils font en cette maniere.

Aprés qu'ils ont coupé toute la chair de la
cuisse d'un bœuf, & qu'ils l'ont separée des os
en forme de petites cordelettes ; ils la salent &
l'exposent au vent dans leurs cours huit jours
durant, & puis la mettent encore autant de tems
à la fumée, puis la mettent en petits roule-
aux qui deviennent durs comme une pierre,
& quand ils en ont affaire, ils les lavent,
puis les font bouillir, & les mangent aprés
cela.

C'est le bœuf salé de l'Amérique, qu'ils appellent Taßajo, dont j'ai mangé fort souvent,
& les Espagnols en mangent aussi beaucoup,
particuliérement ceux qui vont à la campagne
trafiquer avec leurs mulets.

Ce Taßajo est une fort bonne marchandise,
dont plusieurs Espagnols se sont enrichis, par
le moyen du trafic qu'il en ont fait dans les villages où l'on ne vend point de chair, & en le
troquant avec d'autres marchandises contre
les Indiens, qui leur donneront bien souvent
pour un double ou un liard de ce Taßajo, pour
plus de cinq sols de cacao.

Mais les riches vivent beaucoup mieux : car
s'il

s'il y a de la chair ou poisson, ils font tout
leur possible pour en avoir, & en mangent de
grand appetit, & n'épargnent pas non plus leurs
cocqs d'Inde ni leurs volailles pour faire bonne
chere.

De fois à autre ils vont aussi à la chasse,
où ils tuent quelque daim à coups de fléches,
& quand ils l'ont tué ils le laissent sous des
feüilles d'arbres pendant une semaine, jusqu'à
ce qu'il commence à sentir & soit plein de vers;
alors ils l'emportent chez eux & le coupent en
pieces, puis le font bouillir avec une herbe qui
croît en ce pays là, qui ressemble à la Tenasie
de ce pays ici, qui lui ôte la mauvaise odeur
à ce qu'ils disent, & rend cette chair aussi tendre & aussi blanche que la chair d'un cocq
d'Inde.

Lors qu'il est à demi-cuit ils en mettent les
pieces à la fumée quelque temps, puis le font
bouillir derechef lors qu'ils en veulent manger,
& l'apprêtent ordinairement avec un peu de
poivre rouge.

C'est là la venaison de l'Amerique, dont j'ai
mangé diverses fois, & trouvé que la chair en
étoit courte & blanche; néanmoins je n'en
mangeois pas beaucoup, non pas à cause du
mauvais goût, mais parce que le souvenir des
vers que j'y avois vûs me faisoit mal au cœur.

Ces mêmes Indiens qui n'ont pas grande affaire chez eux, & qui ne sont point employez par
les Espagols à la chasse toutes les semaines,
aiment extrêmement les herissons, qui sont tout
à fait semblables à ceux de l'Europe, quoi que
les nôtres ne se mangent point parmi les Chrétiens.

Ceux-

Ceux-ci sont pleins d'aiguillons & piquans comme les nôtres, & se trouvent dans les bois & dans les champs où ils se retirent dans des trous; & à ce qu'on dit ne vivent que de fourmis & de leurs œufs, de bois pourri, d'herbes & de racines; leur chair est blanche & d'aussi bon goût que celle d'un lapin, & aussi grasse que celle d'une poule engraissée au mois de Janvier.

J'en ai aussi goûté & trouvé que c'étoit un manger fort délicat; mais je ne voudrois pas dire la même chose des herissons de ce pays ici; car ce qui peut être un poison de par-de-çà, peut être un fort bon aliment en ce pays là, par quelques proprietez accidentales en l'animal même, dans les choses dont il se nourrit, & dans la temperature du climat.

Les Indiens n'en mangent pas seulement, mais mêmes les plus grands d'entre les Espagnols; & l'on en fait tant d'estime, que parce qu'on les trouve ordinairement au temps du Carême, les Espagnols qui n'en veulent pas être privez, afin d'en pouvoir manger en ce temps-là, disent que ce n'est pas de la chair, quoy qu'il en ait le goût & les autres qualitez, parce qu'il ne vit que de fourmis & de bois sec.

C'est une chose qui est fort disputée parmi leurs Theologiens; car il y en a quelques-uns qui disent qu'il est permis d'en manger en Carême, & d'autres qui soûtiennent que non.

Il y a aussi une sorte de lezards dont ils mangent beaucoup, qu'ils appellent *Iguana*, dont les uns se trouvent dans l'eau & les autres sur la terre.

Ils

Ils font plus longs qu'un lapin, & reſſemblent à un ſcorpion, ayant des écailles vertes & noires ſur le dos.

Ceux qui ſont ſur la terre, courent auſſi vîte que nos lezards, grimpent ſur les arbres comme des écurieux, & percent mêmes les racines des arbres dans les murailles.

Ils ſont hideux à voir, mais lors qu'on les a aprêtez à l'étuvée avec un peu d'épices, ils rendent du jus qui eſt ſi excellent; leur chair eſt auſſi blanche que celle d'un lapin, & le rable en eſt fait tout de même.

C'eſt une viande qui eſt fort dangereuſe quand elle n'eſt pas aſſez cuite; j'en ai failly à mourir pour en avoir trop mangé, parce qu'ils n'étoient pas aſſez cuits.

Il y a auſſi beaucoup de tortuës d'eau & de terre, dont les Indiens mangent, & que les Eſpagnols trouvent auſſi fort bonnes.

Les Indiens en général aiment tous à boire, & boivent de leur ſimple chocolatte ſans ſucre ni autres ingrediens, ou bien de l'atolle juſqu'à crever.

Mais s'ils peuvent avoir de quelque bruvage qui enyvre, ils boiront tant qu'ils auront un ſol dans leur bourſe, & n'en laiſſeront pas une goute.

CHA-

CHAPITRE X.

Description d'une boisson étrange des Indiens,
& de la maniere dont les Espagnols abu-
sent de leur inclination à l'yvrognerie.

ILs font entr'eux de certains bruvages qui
sont plus forts que du vin, qu'ils font
en de grandes cruches ou pots de terre qu'on
apporte d'Espagne, où ils mettent un peu
d'eau, puis remplissent le vaisseau de melasse
ou jus des cannes de sucre, ou d'un peu de
miel, pour le rendre doux, & pour lui donner de la force ils y mettent des racines & des
feüilles de tabac, & d'autres racines qui croissent en ce païs-là, qu'ils sçavent être propres à
cette operation.

J'ai vû même en quelques endroits qu'ils y
mettoient un crapaut tout vivant.

Aprés cela ils ferment le vaisseau, & laissent
fermenter tout cela ensemble pendant quinze
jours ou un mois, jusqu'à ce que le tout soit
bien maceré & fermenté, que le crapaut soit
consumé, & que ce bruvage ait acquis la force
qu'ils desirent.

Alors ils ouvrent le vaisseau, & invitent leurs
amis pour en boire, ce qu'ils font d'ordinaire
pendant la nuit, de peur d'être découverts par

le

le Prêtre de Village, & ne ceſſent de boire juſqu'à-ce qu'ils ſoient tous à fait yvres.

Ils nomment ce bruvage le *Chicha*, qui ſent
extrêmement mauvais, & cauſe ſouvent la mort
à pluſieurs perſonnes, particuliérement dans
les endroits où ils y mettent des crapaux.

Lors que je demeurois à Mixco, l'on me
donna avis qu'il ſe devoit tenir une grande aſſemblée chez un Indien pour boire de ce bruvage ; ce qui fit que je pris avec moi les Officiers de la Juſtice du lieu, & me tranſpor-
tai en la maiſon de cet Indien, où nous trouvâmes quatre de ces cruches ou pots de terre, tous
pleins de ce bruvage qu'on avoit débouchez,
que je fis tranſporter dans la rüe, où je les fis
mettre en pieces & épandré ce vilain chicha,
qui m'envoya une odeur ſi puante au nez qu'il
m'en prit un vomiſſement, & j'en fus malade
preſque pendant huit jours.

Les Eſpagnols qui connoiſſent le naturel des
Indiens, l'inclination qu'ils ont à l'yvrognerie
les trompent ſur ce ſujet en diverſes manieres;
car quoi qu'il ſoit expreſſement deffendu,
même à peine de confiſcation & de l'amande
de vendre du vin dans les villages des Indiens, cela n'empêche pas que pluſieurs Eſpagnols qui ſont pauvres ou de baſſe condition, &
qui conſiderent plûtôt le lucre que l'autoritépu-
blique ne tranſportent du vin hors de la Ville de
Guatimala, pour le vendre dans les Villages des
Indiens, à cauſe du grand profit qu'ils y trouvent.

Car d'un pot de vin ils en feront deux pour
le moins, en le faiſant bouillir avec de l'eau &
du miel, & d'autres ſortes de drogues pour

lui

lui donner de la force, qui ne leur coûtent gueres, mais qui enyvrent puissamment ces pauvres Indiens, à qui ils vendent ce breuvage mixtionné pour vrai vin d'Espagne au pot & à la
pinte, mais toûjours à fausse mesure.

Avec ce vin là ils ont bien-tôt enyvré ces
pauvres Indiens, qu'ils trompent encore plus
facilement lors qu'ils sont yvres, leur faisant
payer le double du prix; & enfin lors que le
sommeil les surprend, ils fouillent cependant
en leurs pochettes.

Ce crime là est fort commun entre les Espagnols de Guatimala, qui abusent ainsi des Indiens lors qu'ils viennent dans la Ville pour vendre & acheter quelque chose.

Ceux qui tiennent des Bodegones, qui sont
leurs cabarets, & ressemblent à des boutiques
de Chandeliers, parce qu'ils ne vendent pas
seulement du vin, mais aussi des chandelles, du
poisson, du sel, du fromage & du lard, attirent
ordinairement ces pauvres Indiens chez eux, &
quand ils les ont enyvrez ils fouillent en leurs
pochettes, & les chassent aprés à coups de bâtons ou à coups de poings, s'ils ne s'en veulent
pas aller d'eux mêmes.

Lors que j'étois à Guatimala il y avoit un
de ces cabaretiers nommé Jean Ramos, qui
par ces sortes de tromperies avoit amassé pour
plus de deux cens mille ducats de bien, & en
donna huit mille à une sienne fille en mariage;
aussi n'y avoit il point d'Indien qui passât devant sa porte qu'il n'appellât, & aprés être
entré chez lui qu'il ne le traitât comme j'ay dit
ci dessus.

L ors

Lorsque j'étois à Mixco., il y avoit un Fermier Espagnol qui étoit voisin du mien dans la Vallée, qui ayant envoyé ses serviteurs Indiens à Guatimala avec une demi-douzaine de mulets chargez de froment; pour délivrer ce blé à un marchand avec qui il étoit convenu du prix, & qui en devoit donner l'argent à l'un de ces serviteurs qui l'avoit servi pendant six années, & qu'il avoit toûjours reconnu pour fidelle; Ce blé ayant été délivré au marchand, & l'argent reçû, qui se montoit à cent huit livres, chaque mulet portant six boisseaux, à un écu le boisseau.

Comme cet Indien passoit devant la boutique ou le cabaret de ce Jean Ramos avec un de ses compagnons, il fit si bien qu'il les fit entrer, aprés les avoir fait boire du vin mixtionné & les avoir enyvrez, il fouilla dans la pochette de celui qui portoit cet argent & le prit, puis les chassa de la maison; de sorte qu'étant encore tous deux yvres ils furent obligez de monter sur leurs mulets & de s'en retourner au logis; mais en chemin l'Indien qui avoit reçû l'argent se laissa tomber de son mulet & se cassa le col; l'autre arriva au logis sans camarade & sans son argent.

Le Fermier poursuivit Jean Ramos aprés cela, & intenta action contre lui à la Cour pour ravoir son argent; mais Ramos qui étoit plus riche & plus en état de faire des presens que lui, se tira facilement d'affaire, comme il avoit fait plusieurs fois auparavant.

Les Espagnols n'appellent ces choses-là par moquerie que des peccadilles, c'est à dire de
pe-

petits pechez, parce qu'ils n'en font pas de
compte, & ne font nulle conscience non seulement d'enyvrer & de voler les Indiens, mais
aussi de les tuer ; la mort de ces pauvres gens
n'étant non plus consideree ni vengée entr'eux,
que celle d'une brebis ou d'un veau qui sera
tombé dans un puits.

CHAPITRE X.

Du Gouvernement des Indiens, & de la Justice qui s'exerce entr'eux.

APrés avoir parlé de leurs vétemens, de leurs
maisons, de leur boire & de leur manger, il
ne reste plus qu'à dire quelque chose des mœurs,
du gouvernement, & de la Religion de ceux
qui dépendent des Espagnols.

Ils ont emprunté la forme de leur gouvernement civil des Espagnols, & dans tous les Villages ils ont un ou deux Alcades, & autant ou
plus de Regidors, qui sont à peu prés comme
les Maires & les Echevins parmi nous, ou les
Jurats en Guienne, & quelques Alguasils qui
sont des Sergens ou Huissiers, pour faire executer les ordres de l'Alcade ou du Maire, & des
autres Magistrats.

Dans les Villages où il y a trois ou quatre

cens familles ou plus, il y a ordinairement deux Alcades, six Regidors, deux Alguasils Majors, & six autres qui dépendent d'eux.

Il y a aussi quelques Villages qui ont le privilége d'avoir un Gouverneur Indien, qui est au dessus des Alcades & de tous les autres Officiers.

L'on change ces Officiers là tous les ans, & l'on en élit d'autres qui sont choisis par les Indiens mêmes, qui nomment tour à tour les uns aprés les autres, de chaque Tribu ou lignage par où ils sont distinguez entr'eux.

Ils entrent en Charge le premier jour de l'an, & aprés ce jour-là l'on fait sçavoir leur élection à la Cour de Guatimala s'ils en dépendent, ou bien s'ils ne sont pas de sa Jurisdiction, aux principaux Magistrats ou Gouverneurs Espagnols des Provinces, qui aprouvent cette nouvelle élection, & examinent les comptes de la dépense qui a été faite par les Officiers precedens, qui pour cet effet apportent avec eux leurs registres publics.

C'est pourquoi chaque Village a un Greffier ou un Ecrivain, qui d'ordinaire est plusieurs années en charge, parce qu'il se trouve peu d'Indiens qui sçachent écrire, & qui puissent bien exercer cette charge.

Ce greffier a plusieurs droits pour les écritures, les informations, & les comptes qu'il fait, comme ont aussi tous les Greffiers Espagnols; mais ils n'ont pas tant d'argent ni de presens; & bien souvent cela se monte à peu de chose, à cause de la pauvreté des Indiens.

Le

Le Gouverneur est aussi ordinairement continué plusieurs années en sa charge, parce que c'est toûjours un homme de qualité entre les Indiens, si ce n'est qu'on se plaigne de sa mauvaise conduite, & que tous les Indiens en parlent mal.

Ces Officiers qui ont le Gouvernement entre les mains, peuvent faire châtier tous les Indiens de leurs Villages qui commettent quelque crime ou quelque scandale.

Ils ont droit de condamner à l'amande, à la prison, au fouet, & au bannissement; mais non pas jusqu'à la mort, & doivent renvoyer ces causes là aux Gouverneurs Espagnols.

De même si un Espagnol qui passe par leur Village ou qui y demeure, commet quelque action insolente ou vit mal, ils peuvent l'arrêter prisonnier, & l'envoyer à la Chambre de Justice la plus proche, avec une ample information de son crime; mais ils ne peuvent pas le condamner à l'amande, ni le garder plus de vingt-quatre heures en prison.

Il est bien vrai qu'ils ont ce pouvoir sur les Espagnols, mais ils n'oseroient le mettre en execution; car un Espagnol fera trembler tout un Village, & quoi qu'il soit criminel, qu'il blaspheme, & qu'il blesse les uns & les autres avec son épée, bien loin de se saisir de sa personne il les fait trembler, en sorte qu'ils n'oseroient le toucher; car ils sçavent bien que s'ils le font il leur en arrivera encore pis, soit par des coups, soit par quelque fausse information qu'il fera contr'eux.

Cela est arrivé souvent: car lors que les In-

diens en vertu du pouvoir qu'ils ont, se sont
mis en devoir d'arrêter les emportemens de
quelque Espagnol en leurs Villages, ils en
ont été battus & blessez, & quand ils en ont
envoyé quelques uns devant un Juge ou un
Gouverneur Espagnol, ils se sont garantis de
la peine, en disant que ce qu'ils en ont fait a
été en se deffendant, ou pour le service du
Roi, que les Indiens commençoient a se sou-
lever contre l'autorité & le gouvernement
d'Espagne, lui refusant les choses dont il avoit
besoin pour son voyage, en disant qu'ils n'é-
toient point esclaves pour le suivre ni les autres
Espagnols, & qu'ils esperoient d'en voir bien-
tôt la fin.

La plûpart du temps l'on a ajoûté foi à
ces fausses informations au préjudice des Indiens, qui en ont été encore plus maltraitez
après cela, & au lieu de leur faire justice,
on leur a répondu que s'ils avoient été tuez
en se rebellant ainsi contre le Roi & ses
bons sujets, ils auroient étre traitez comme
ils le meritoient, & que s'ils ne servoient
les Espagnols qui passeroient par leurs Villages, qu'on reduiroit leurs maisons en cendres, & qu'on les extermineroit eux & leurs
enfans.

Ces réponses qui leur sont faites par les Juges
mesmes & la créance que l'on donne aux plus
miserables Espagnols qui informent contr'eux,
fait qu'ils n'osent se venger de quoi que ce soit
qu'on leur fasse, n'osant attaquer un Espagnol
quelque vicieux qu'il puisse être, ni se servir du
pouvoir qu'ils ont de l'arrêter.

Si

Si l'on fait auſſi quelques plaintes entr'eux contre un Indien, ils n'oſeroient lui rien faire qu'ils n'ayent aſſemblé tous ſes parens, & particulierement le chef de la Tribu dont il dépend, lequel s'il juge avec les autres qu'il merite la priſon, le fouet, ou quelqu'autre châtiment, ce ſera alors aux Alcades ou Maires, & aux autres Juges à le condamner à ſouffrir la peine, dont ces premiers ſeront demeurez d'accord entr'eux.

Mais ils peuvent encore appeller de ce Jugement au Prêtre ou au Religieux qui demeurent en leur Village, à qui bien ſouvent ils ſe ſoûmettent, & à la peine qu'il juge à propos d'ordonner.

Ce qui fait auſſi qu'ils ont ſouvent recours à l'Egliſe pour en avoir juſtice, étant perſuadez que leur Preſtre entend mieux le droit & les loix qu'ils ne font.

Auſſi bien ſouvent ils caſſent les ſentences qui ont été données dans l'Hôtel de Ville, blâment les Officiers de la partialité & paſſion qu'ils ont témoignée contre leurs pauvres freres, & mettent en liberté celui qu'ils ont jugé.

Cela arrive aſſez ſouvent, particulierement ſi quelqu'un de ces Indiens dépend de l'Egliſe, ou a quelque ſorte d'habitude avec leurs Preſtres, ou bien à cauſe de leurs femmes qui blanchiſſent leur linge, ou compoſent leur chocolatte ; & ceux-ci peuvent vivre en aſſurance pendant tout le temps que le Preſtre eſt dans le Village.

Que ſi pendant que le Preſtre eſt abſent,

E 3

ils

ils citent ces gens-là en Justice, & les condamnent au fouet, à l'amande, ou à la prison, ce qu'ils font quelquefois tout exprés, quand il est de retour ils font bien assurez d'en être repris & maltraitez, & bien souvent les Officiers font fustigez dans l'Eglise par l'ordre du Prêtre, contre qui ils n'oseroient dire mot, recevant avec soumission le châtiment qu'il leur a imposé, parce qu'ils s'imaginent que ce châtiment vient de Dieu, & que comme Dieu est au dessus des Princes & Magistrats seculiers, ses Ministres aussi font au dessus des leurs & de toute autre puissance mondaine.

Il arriva lors que je demeurois à Mixco, qu'un Indien ayant été condamné au fouet pour quelques desordres qu'il avoit commis, il ne voulut pas acquiescer à la sentence, mais en appella par devant moi, disant qu'il vouloit être fustigé dans l'Eglise par mon ordre, & que ce châtiment lui seroit profitable comme venant de la main de Dieu.

Lors qu'on l'eût amené devant moi, je ne pus pas casser la sentence que les Indiens avoient donnée, parce qu'elle étoit équitable, de sorte que je lui fis donner le fouet, qu'il souffrit fort patiemment & avec joye, & après cela me baisa les mains, & m'apporta une offrande en argent pour me remercier, disoit il, du bien que j'avois fait à son ame.

,CHA-

CHAPITRE XII.

Des arts & métiers qu'exercent les Indiens,
& de leur exactitude & assistance aux cé-
rémonies de l'Eglise, & ce qu'ils prati-
quent envers leurs Curez & autres Eccle-
siastiques.

Outre ce gouvernement civil qui est établi parmi eux pour le fait de la Justice, ils vivent comme l'on fait dans les autres Etats bien policez.

Car dans la plûpart de leurs Villages, il y a des gens qui font profession des mêmes métiers que les Espagnols.

Il y a des serruriers & des maréchaux, des tailleurs, des charpentiers, des maçons, des cordonniers, & semblables autres artisans.

J'entrepris un ouvrage assez difficile dans une Eglise de Mixco, où je voulois faire bâtir une fort grande voûte au dessus de la Chapelle, ce qui étoit d'autant plus difficile, qu'il falloit élever une circonference ronde sur un triangle.

Néanmoins je ne me servis que d'Indiens pour faire cet ouvrage, dont les uns étoient du lieu même, & les autres des villages voisins,

 qui

qui rendirent cet ouvrage si achevé, que le meilleur ouvrier d'entre les Espagnols n'auroit sçû mieux faire.

La plûpart de leurs Eglises sont voûtées en haut, & toutes bâties par les Indiens.

Ils bâtirent de mon temps un nouveau Monastere dans le Village d'Amatitlan, avec plusieurs arcades de pierre, tant dans les allées d'embas, que dans les galleries d'enhaut, aussi parfait & aussi achevé, qu'aucun autre de ceux que les Espagnols avoient autrefois bâti dans la Ville de Guatimala.

Enfin il est constant que s'ils étoient assistez par les Espagnols, & mieux instruits qu'ils ne sont, qu'ils pourroient faire entr'eux un état bien reglé.

Ils ont une grande inclination à la peinture, & ce sont eux qui ont peint la plûpart des autels & des tableaux qui sont dans les Eglises de la campagne.

Dans la plûpart de leurs Villages il y a des écoles, où on leur apprend à lire, à écrire, & à chanter en musique.

Selon la grandeur du village l'Eglise aura un certain nombre de Chantres, de Trompettes, & de Joueurs de haut-bois; sur lesquels le Prestre du village ordonne un certain Officier qu'ils appellent le Fiscal, qui marche devant eux avec un bâton blanc à la main avec une croix d'argent au bout, pour montrer qu'il est Officier de l'Eglise.

Lors qu'il y a quelque affaire qui doit être jugée par le Prestre du lieu, ce Fiscal ou Greffier est celuy qui doit mettre sa sentence en execution.

Il doit aussi sçavoir lire & écrire, & d'ordinaire il est maître de la musique de l'Eglise.

Les jours de dimanche & des festes il est obligé d'assembler à l'Eglise les jeunes garçons & les filles devant & aprés le service, & leur enseigner les prieres, les sacremens, les commandemens de Dieu, & tous les autres articles du catechisme.

Le matin lui & les autres musiciens sont obligez aussi tôt qu'ils entendent sonner la cloche, de se rendre à l'Eglise pour chanter & officier à la messe, qu'ils celebrent avec des orgues & d'autres instrumens de musique ; aussi bien que les Espagnols.

Ils se doivent aussi rendre à l'Eglise à cinq heures du soir lors que la cloche les y appelle, pour dire complie avec le *Salve Regina.*

Ce Fiscal, qui est ce qu'on appelle l'Official par deçà, est fort considéré dans le village, & marche avec plus d'éclat que les Maires, les Jurats, & leurs autres Officiers de Justice ; mais aussi quand le Prestre veut il est obligé de l'accompagner, d'executer ses ordres, & de regler le nombre de ceux qui doivent l'accompagner quand il sort du village.

Luy & tous ceux qui dépendent de l'Eglise, sont exempts du service que les autres Indiens rendent toutes les semaines aux Espagnols, & d'accompagner les voyageurs, ou servir les autres Officiers de Justice.

Mais ils sont obligez lors qu'il arrive quelque Prestre, ou quelque homme de qualité dans leur village, d'aller au devant de luy & de l'accompagner avec leur musique, leurs trompettes, & leurs haut-bois, & de faire dreſſer des arcs de triomphe avec des branches d'arbres & des fleurs, dans les ruës où ils doivent paſſer.

Outre ces Officiers-là, tous ceux qui dépendent auſſi de la maiſon des Eccleſiaſtiques ſont affranchis du ſervice des Eſpagnols.

Le Prêtre d'un village change de ſerviteurs toutes les ſemaines qui le ſervent les uns aprés les autres; en ſorte qu'ils puiſſent avoir une ſemaine ou deux pour vaquer à leurs affaires.

Si le village eſt grand il doit avoir trois cuiſiniers, & deux ſeulement s'il eſt petit, qui le ſervent chacun à ſon tour, ſi ce n'eſt quand il fait quelque feſtin; car alors ils s'y rendent tous.

Il a auſſi deux ou trois perſonnes qu'ils appellent *Chabals*, qui ſont comme des ſommeliers, qui gardent toutes les proviſions de la maiſon ſous la clef, & donnent au cuiſinier ce que le Prêtre a ordonné qu'on luy apprête pour ſon dîné ou ſon ſoupé.

Ils gardent auſſi les napes, les ſerviettes, les plats & les aſſiettes, & ce ſont eux qui mettent la nape, qui l'ôtent, & ſervent à table.

De plus il a encore trois ou quatre garçons, mêmes juſqu'à ſix ſi le village eſt grand, pour faire ſes meſſages, ſervir à table, & coucher dans la maiſon chacun à leur tour, qui avec les cuiſiniers & les ſommeliers dînent & ſoupent tous les jours dans la maiſon du Prêtre & à ſes dépens.

Il a auſſi quelques vieilles femmes qui le ſervent à inſtruire une demi-douzaine de filles, qui ſe rendent prés de ſa maiſon pour faire des

tor-

tortilles pour luy & pour sa famille, ou des gâteaux de mahis, que les garçons apportent tout chauds, & les servent à la table demi-douzaine à la fois.

Outre ces serviteurs-là, s'il a un jardin on luy donnera encore deux ou trois jardiniers, & pour son écurie pour le moins demi douzaine d'Indiens, qui luy doivent apporter le soir & le matin du *sacate*, c'est à dire de l'herbe pour ses mulets & ses chevaux; mais ceux-là ne mangent pas à la maison, à la reserve du palefrenier, qui se doit rendre au matin lors que le Prêtre veut monter à cheval.

Ceux-là avec les jardiniers dînent & soupent à la maison quand ils travaillent pour le Prêtre, qui dans les grands villages a d'ordinaire pour le moins une douzaine de ces gens là qu'il nourrit à ses dépens.

Il y a encore deux ou trois autres Indiens qui dépendent de l'Eglise, qu'on nomme Sacristains, qui sont aussi exempts, de courvées, ou de servir les Espagnols par semaine.

Ils ont soin des chapes & chasubles des Prêtres, & de tous les ornemens d'Autel, comme aussi d'orner les Autels lors qu'on veut dire la Messe.

De plus il y en a encore deux ou trois autres qu'ils appellent *Major domes*, qui sont les Bedeaux des confrairies de la Vierge ou des Saints.

Leur occupation est d'aller par le village recueillir les aumônes pour l'entretien de la confrairie; d'amasser des œufs pour le Prête toutes les semaines, & sont obligez de luy rendre compte de toutes les aumônes qu'ils ont recueillies, & de luy donner tous les mois ou tous

E 6

les

les quinze jours deux écus, pour faire chanter une Messe pour la confrairie à l'honneur du Saint qui en est le Patron.

S'il y a quelque riviére, ou autre lieu semblable où l'on pêche du poisson proche du village, le Prestre aura trois ou quatre Indiens, & en quelques endroits jusqu'à demi-douzaine, pour le fournir de poisson.

Avec tous ces droits-là, il a encore les offrandes qu'on fait en l'Eglise, & lors qu'on vient à confesse à lui, ou qu'on célébre la fête d'un Saint, ou que les Indiens ont quelque affaire à lui communiquer; car ils ne vont jamais le trouver pour affaire, qu'ils ne lui portent un present selon leur pouvoir.

Outre qu'il a la dixme de toutes choses, on lui donne encore une pension en argent par chaque mois, que les Maires & Echevins lui apportent eux-mesmes, à qui il en donne un reçu sur le registre des dépenses publiques.

Quoy que cette pension soit allouée par les Magistrats Espagnols, & payée au nom du Roi pour prêcher l'Evangile; elle sort pourtant de la bourse des pauvres Indiens, ou procede de leur travail; car on la recueille dans le village des bonnes volontez des habitans, ou l'on la tire du tribut qu'ils payent au Roy, ou bien du revenu d'une certaine portion de terre qu'on séme & cultive en commun, dont l'on vend les fruits pour y satisfaire.

CHA

CHAPITRE XIII.

Des droits que les Indiens payent au Roi d'Espagne, & aux Seigneurs dont ils dépendent.

TOus les villages de l'Amérique qui sont civilisez & sous la domination des Espagnols, appartiennent à la Couronne d'Espagne, ou à quelques Seigneurs particuliers qu'ils appellent Commandeurs, qui sont des descendans des premiers Conquérans, à qui ils payent un tribut annuel en diverses sortes de denrées, & un autre en argent au Roi.

Il n'y a point de village si pauvre, où chaque Indien marié ne paye du moins quatre réales de tribut par an au Roi, & autant au Commandeur.

Mais si le village ne dépend que du Roi, ils payent pour le moins six réales, & mesme en quelques endroits jusqu'à huit réales par tête; car ceux qui dépendent des Commandeurs leur donnent des denrées qui se trouvent sur les lieus comme du mahis qui se paye par tout, du miel, des volailles, des cocqs d'Inde, du sel, du cacao, des mantes de coton, & choses semblables.

L'on estime fort les mantes du tribut, parce qu'on

qu'on les choifit tout exprés, & qu'elles font plus grandes que les autres ; il en eft de même du cacao, de l'achiotte, & de la cochenille, parce qu'on met toûjours le meilleur à part pour payer le tribut ; car fi les Indiens n'apportoient pas leurs meilleures denrées, il eft certain qu'on leur donneroit le foüet, & qu'on les renvoyeroit, afin qu'ils en apportaffent d'autres.

Les Chefs des Tribus ont foin de recueillir ce tribut, & de le mettre entre les mains des Alcades & Regidors, qui le portent à la Chambre des Comptes qui eft dans la ville, ou au plus proche Magiftrat Efpagnol fi le village dépend du Roy, ou bien au Seigneur & Commandeur à qui le village appartient.

Il n'y a qu'une feule chofe en quoy j'aye trouvé que les Efpagnols ont quelque forte de bonté & d'indulgence pour les Indiens, qui eft que fi quelqu'un d'entr'eux eft fi pauvre, fi foible & mal-fain qu'il ne puiffe pas travailler, ou qu'il foit parvenu à l'âge de foixante & dix ans, il eft exempt de payer aucune forte de tribut de quelque maniére que ce foit.

Il y a auffi quelques villages qui en font exempts, qui font ceux qui peuvent montrer qu'ils defcendent de l'Etat de Tlaxcallan, ou de quelques familles de Mexique ou des environs, qui aiderent les premiers aux Efpagnols lors de la conquête de ce pays-là.

CHA-

CHAPITRE XIV.

Des mœurs des Indiens, de leur fidélité, de leur respect envers les Ecclésiastiques, de leur éloquence naturelle, de l'attache qu'ils ont encore à leurs anciennes superstitions ou idolatrie, & de l'opinion qu'ils ont de la Religion.

POur ce qui regarde leurs mœurs & leur conversation, il est constant qu'ils sont fort civils & debonnaires, d'un naturel craintif, & portez à servir, à obeyr, & à faire du bien si l'on leur témoigne tant soit peu d'amitié ; mais dans les lieux où ils sont mal-traitez, ils sont rudes, mal-plaisans, qui ne veulent rien faire, & qui aiment mieux se faire mourir que de vivre en servitude.

Ils sont fort fidelles, & l'on n'a jamais reconnu qu'ils ayent commis aucun vol d'importance ; de sorte que les Espagnols mêmes ne craignent pas de coucher avec eux toute la nuit dans un desert, quoy qu'ils portent des sacs pleins d'or avec eux.

Ils gardent aussi bien le secret, & ne voudroient pas avoir revelé rien qui pût faire tort à la reputation d'un de leurs voisins, ou choquer le credit d'un Espagnol s'il leur porte tant soit peu d'amitié.

Mais

Mais sur tout ils portent un fort grand respect à leur Curé, & lors qu'ils viennent pour lui parler, ils prennent leurs plus beaux habits, & étudient un compliment ou un discours tout exprés pour lui plaire.

Ils sont abondans en leurs expressions, & pleins de circonlocutions, qu'ils enrichissent de paraboles & de similitudes pour exprimer leurs pensées & leurs intentions.

J'ai demeuré quelquefois une heure tout entiére assis à entendre seulement parler une vieille femme, avec tant d'élégance en sa Langue, mais qui n'auroient point de sens ou paroitroient barbares en la nôtre, que j'en étois étonné ; & bien souvent je m'instruisois plus par là en la connoissance de leur Langue, que par toute mon étude particuliére.

Que si je pouvois leur répondre avec des phrases & des expressions qui fussent semblables aux leurs, comme je tâchois de le faire souvent, j'étois assuré de gagner par là leur amitié, & d'en obtenir ce que j'aurois voulu leur demander.

Pour ce qui regarde le culte de Dieu, ils professent en apparence la même Religion que les Espagnols ; mais dans le cœur ils ont beaucoup de peine à croire ce qui surpasse les sens, la nature, & ce qui ne paroît pas visible aux yeux.

Il y en a même encore aujourd'hui plusieurs qui adorent des Idoles de bois & de pierre, qui sont adonnez à la superstition, qui observent la rencontre des bêtes qui traversent les chemins, le vol des oyseaux, & leur

chant

chant auprés de leurs maisons en certain temps qu'ils n'ont pas accoûtumé d'y venir.

Il y en a aussi plusieurs qui sont adonnez au sortilege, & à qui le Diable fait accroire que leur vie dépend de celle de quelque beste, qu'ils gardent auprés d'eux comme leur Esprit famili-er, & s'imaginent que lors que cette bête mourra ils doivent aussi mourir, que lors qu'on les poursuit à la chasse le cœur leur fremit, lors qu'il manque à cet animal-là il leur manque aussi à eux.

Il arrive même que par illusion diabolique, ils paroissent en la figure de cette beste-là, qui d'ordinaire est celle d'un cerf, d'un daim, d'un lion, d'un tigre, d'un chien, ou d'un aigle, de sorte que sous cette figure-là il y en a eu quelques-uns sur qui l'on a tiré des coups de mousquets ou de fusils qui en ont été blessez, comme je montreray dans le chapitre suivant.

Et parce qu'ils voyent qu'on peint divers Saints avec quelque animal auprés d'eux, comme saint Jérôme avec un lion, saint Antoine avec un pourceau & d'autres bêtes sauvages, saint Dominique avec un chien, saint Marc avec un taureau, & saint Jean avec un aigle, ils s'imaginent que ces Saints-là étoient de la même opinion qu'eux, & que ces animaux-là étoient leurs Esprits familiers & qu'ils se transformoient en leurs figures lors qu'ils vivoient, & qu'ils étoient morts à même temps qu'eux; de sorte que quoy que l'opinion qu'ils ont de ces Saints-là soit fausse, elle ne laisse pas de les affermir en la

Re-

Religion Catholique, par la créance qu'ils ont qu'elle a du rapport à ce qu'ils croyent.

C'est aussi une des raisons pour laquelle ils ont une si grande veneration pour ces Saints là, car selon le peu de moyens qu'ils ont, ils font tout ce qu'ils peuvent pour en acheter un Tableau & le faire mettre dans l'Eglise, afin qu'il y soit honoré d'un chacun.

Les Eglises sont pleines de ces Tableaux, que l'on porte au haut de certains bâtons dorez en procession, comme l'on fait les bannieres par de-çà, aux jours de fêtes.

Les Curez ne tirent pas peu de profit de ces choses-là ; car le jour de la fête d'un Saint dont on aura porté le Tableau en procession ce jour-là, celuy à qui le Tableau appartient fait un grand festin dans le village, & donne ordinairement trois ou quatre écus au Curé pour sa Messe & son sermon, avec un cocq-d'Inde, trois ou quatre pieces de volaille, & du cacao suffisamment pour luy faire du chocolat pendant toute l'octave qui suit.

De sorte qu'en quelques Eglises où il y a pour le moins quarante de ces Tableaux ou images de Saints, le Curé en retire pour le moins quatre ou cinq cens livres par an.

C'est pourquoy le Curé a grand soin de ces Tableaux, & de faire avertir de bonne-heure les Indiens du jour de leur Saint, afin qu'ils se mettent en bon état pour bien celebrer sa fête chez eux & dans l'Eglise.

Que s'ils ne contribuent pas assez largement, le Curé les en reprendra, & les menacera de ne point prêcher.

Que

Que si quelque Indien par faute de moyens ne peut pas contribuer, on ne peut pas celebrer la fête en sa maison & à l'Eglise, le Curé le menacera de jetter le Tableau de son Saint hors de l'Eglise, en disant qu'elle ne doit point être remplie de Saints qui sont inutiles au corps & à l'ame, & que ce Tableau-là occupe le lieu d'un autre dont on celebreroit la fête tous les ans à la maison & à l'Eglise.

Que s'il arrive que celui à qui appartient cette Image vienne à mourir & laisse des enfans, ils en doivent prendre le soin comme d'une portion de leur heritage, & faire en sorte que l'on celebre leur fête.

Mais s'il n'a point laissé de fils ny d'heritiers, le Curé fait assembler tous les Chefs des Tribus, & les principaux Officiers de la Justice, à qui il fait une harangue, pour leur faire sçavoir qu'il y a une place en l'Eglise, qui est occupée inutilement par une telle Image & le bâton qui la soutient, que celuy à qui elle appartenoit étant mort sans heritiers pour en avoir le soin, il est obligé de les avertir qu'il a dessein de la mettre entre leurs mains, afin qu'ils la portent à l'Hôtel de Ville, & la gardent jusques à-ce que quelque bon Chrétien la reconnoisse ou l'achete pour luy.

Lors que les Indiens entendent ces paroles, ils apprehendent que le jugement de Dieu tombe sur leur village, & qu'ils les châtie pour avoir souffert qu'un Saint ait été mis hors de l'Eglise; c'est pourquoy ils vont aussi-tôt trouver le Curé, & luy porter des

pre-

prefens, afin qu'il prie le Saint pour eux; & qu'il leur limite un certain temps pour lui pouvoir rendre réponfe fur la difpofition de ce Tableau du Saint.

Car ils croient que c'eft une honte & un affront à tous les habitans de leur village, qu'une chofe qui a été confacrée à l'Eglife en foit ôtée, & mife fous le pouvoir des feculiers.

Aprés qu'il leur a limité le temps qu'ils doivent le venir trouver, ils luy promettent de trouver quelque bon Chrétien, foit des parens ou des amis de celui à qui le Tableau appartenoit, ou bien quelqu'autre perfonne, qui l'achetera du Curé, s'il eft encore dans l'Eglife, ou des Magiftrats, s'il a été mis entre leurs mains; ce qu'ils ne fouffrent qu'avec peine, parce qu'on leur a enfeigné divers exemples des malheurs qui font arrivez à d'autres en pareilles occafions, c'eft pourquoi pour s'en exempter, ils promettent d'apaifer la colere du Saint, par le moyen d'une fefte folemnelle, qu'ils celebreront dans leur village à fon honneur, afin qu'il ne leur veuille point de mal de l'avoir negligé de la forte.

Les Ecclefiaftiques de ce pays-là qui connoiffent la fimplicité des Indiens, n'oublient pas auffi tous les moyens qu'ils ont de s'en prévaloir, & celuy-cy n'eft pas un des moindres pour en tirer de l'argent.

Car comme ils croyent que c'eft un affront à tout leur village, de fouffrir qu'un de leurs Saints foit mis hors de l'Eglife, & qu'il faille l'acheter des feculiers, ils font toute la diligence qui leur eft poffible pour prefenter au Curé un hom-

homme qui prenne le tableau du Saint pour lui, qui non seulement lui donne la valeur de ce qu'il a coûté avec sa bordure dans la boutique du Peintre; mais aussi ce qu'on avoit accoûtumé de donner aux jours de sa fête.

Comme l'on a enseigné aux Indiens que pour honorer davantage les Saints, il faloit qu'ils leur fissent des offrandes au jour de leur feste, les uns apportent une réale ou deux, ou comme c'est l'ordinaire à Guatimala, un cierge de cire blanche, & en d'autres endroits du cacao & des fruits, qu'ils posent devant l'image du Saint pendant qu'on dit la Messe.

Il y en a aussi quelques-uns qui apporteront une douzaine de cierges, de la valeur d'une réale la piéce ou de moindre prix, & s'ils se trouvent seuls sans qu'on y prenne garde, ils les allument & les laissent brûler tous à la fois; de sorte qu'à la fin de la Messe le Curé n'en trouve que le bout.

Mais pour y remédier les Bedeaux ont ordre du Curé d'avoir soin des offrandes, & de ne pas permettre que les Indiens allument plus d'un cierge devant l'image du Saint, & laissent les autres devant sans les allumer, leur disant que les Saints se plaisent autant à voir ces cierges là qu'on leur offre, que ceux qui sont allumez, afin que par ce moyen les autres lui demeurent, & qu'il en puisse tirer de l'argent.

Aprés que la Messe est dite, le Curé & les Bedeaux ôtent toutes les offrandes & les cierges qu'on avoit mis devant l'image du Saint où il se trouve quelquefois jusqu'à vingt réales

en

L

en argent , & une centaine de cierges, qui vaudront pour le moins quinze ou seize francs.

La plûpart des Religieux qui demeurent autour de Guatimala , sont aussi bien fournis de cierges par ce moyen-là , que les boutiques des marchands le sont dans la ville.

Quoi que ces Religieux vendent quelquefois tous ces cierges en gros aux Espagnols, afin d'en tirer une somme tout d'un coup , neanmoins ils ne se soucient pas beaucoup de s'en défaire en cette maniére là , parce que les Indiens lors qu'ils en ont affaire pour quelque fête , ou pour un batême , ou pour une femme qui reléve de ses couches , les vont acheter du Curé, qui par ce moyen revendra jusqu'à cinq & six fois les mesmes cierges à ceux-là mesme qui les ont offerts.

Et parce que les Religieux remarquent que les Indiens ont une grande inclination à ces sortes d'offrandes qui leur sont si utiles , il les leur recommandent particuliérement dans leurs prédications, comme des marques de leur pieté & de leur dévotion.

Mais quoi que ces peuples soient si zélez & si libéraux à faire des offrandes , ils sont neanmoins si ignorans dans les mystéres de la foi, qu'ils ne sauroient rendre aucune raison de leur croyance.

Car les mystéres de la Trinité , de l'Incarnation de Jesus Christ , & de nôtre Rédemption par sa mort , sont trop élevez pour eux , & ne peuvent dire autre choses là-dessus que certaines réponses qu'on leur a enseignées en leurs Catéchismes ; mais si on leur demande ce qu'ils

croyent

croyent de ces articles de la Religion Chrétienne, ils ne répondent jamais affirmativement, mais seulement que cela peut bien être ainsi.

De même lors qu'on leur enseigne que le Corps de Jesus Christ est veritablement & réellement present au Sacrement de l'Eucháristie, & qu'il n'y reste aucune substance du pain, mais seulement les accidens; si l'on demande au mieux instruit des Indiens s'il croit cela, il ne répondra autre chose sinon que cela peut bien être.

Il arriva qu'une vieille femme qu'on estimoit fort dévote dans le village de Mixco, me vint trouver afin que je lui administrasse la Communion, & en l'instruisant, comme je lui demandai si elle croyoit que le Corps de Jesus Christ fût dans le Sacrement qu'elle recevoit des mains du Prestre, elle ne me répondit sinon que cela pouvoit bien être.

Un peu aprés afin de l'éprouver, & la tirer hors de cette maniére ordinaire de répondre, je lui demandai ce qu'il y avoit dans le Sacrement qu'elle recevoit du Prestre à l'Autel, & qui est-ce qui étoit dedans?

Elle fut quelque temps sans répondre; mais comme je la pressai de me répondre affirmativement, elle se mit à regarder toutes les images des Saints qui étoient dans l'Eglise qui est dédiée à Saint Dominique; & ne sçachant que répondre, à la fin comme je la pressois fort de me dire ce qui étoit dans ce Sacrement, elle se mit à regarder le grand Autel, & me répondit que c'étoit Saint Dominique qui étoit le Patron

tron de l'Eglise & du village.

Cette réponse me fit rire de voir sa simplicité, & pour l'éprouver davantage je lui dis qu'elle voyoit que Saint Dominique étoit peint, ayant un chien auprés de lui portant une torche & un globe à ses pieds.

Je lui demandai ensuite si toutes ces choses là étoient dans le Sacrement avec Saint Domini-que? à quoi elle me répondit que cela pouvoit bien être ainsi; ce qui m'obligea de la repren-dre de son erreur, & de l'instruire sur le sujet dont il s'agissoit.

Mais ni mon instruction, ni toutes celles des Prestres Espagnols, n'ont pû encore jusqu'à present les détourner de leurs erreurs, & leur faire comprendre les mystéres de la foi : car ils font grossiers & pesans, & ont de la peine à comprendre la nature de Dieu & des choses célestes, lors qu'elles surpassent le sens ou la rai-son.

Néanmoins ils imitent la maniére de faire des Espagnols, & observent tout ce qui leur est en-seigné par les Ecclésiastiques, & font extréme-ment formalistes, mais peu attachez à la vraye substance de la Religion.

Comme on leur a enseigné qu'ils doivent faire quelque present au Curé lors qu'ils vont à confesse, & que par ce moyen-là leurs pé-chez seront pardonnez, ils font si exacts en ce-la, particuliérement en Caresme, que pas un n'oseroit venir se confesser sans avoir les mains garnies.

Les uns apportent de l'argent, d'autres du miel,

miel, des œufs, de la volaille, du poisson, du cacao, ou quelqu'autre chose semblable; de forte que les confessions valent une bonne moisson au Curé dans le temps du Carême.

On leur a aussi enseigné que lors qu'ils viennent se presenter à la Communion, il faut qu'ils apportent pour le moins une reale au Curé; de forte que j'ay connu quelques pauvres Indiens qui se sont retenus huit ou quinze jours sans communier, jusqu'à ce qu'ils eussent pû mettre à part une reale pour l'offrir en allant à la Communion.

Comme les Curez ne refusent la Communion à personne, & qu'ils obligent tous ceux qui ont passé l'âge de douze ans de se venir confesser, l'on ne sçauroit croire combien cela leur vaut tous les ans, & particuliérement dans les grands Villages, où j'ai vû quelquefois jusqu'à mille communians.

CHAPITRE XV.

De l'application des Indiens a célébrer les fêtes, & comme ils surpassent les Espagnols en les imitant, lors qu'ils se disciplinent en public, à certains jours de l'année.

ILs sont aussi fort exacts à observer les jours de la semaine Sainte, que les Ecclésiastiques sont des reposoirs qu'ils gardent jour & nuit,

& mettent un crucifix au devant avec deux baſ-
ſins aux côtez , pour recevoir les ſimples ou
doubles réales , que chacun y apporte à genoux
& pieds nuds , en venant baiſer les mains , les
pieds , & le côté du crucifix.

L'on fait auſſi une collecte dans toutes les maiſons des Indiens , pour fournir à la dépenſe des
cierges qui ſe brûlent devant le repoſoir en ces
jours-là.

Dans toutes les Egliſes il y a auſſi un tronc
dont le Curé a la clef , où l'on met ce que l'on
veut donner pour faire prier Dieu pour les ames
des trépaſſez qui ſont en Purgatoire ; de ſorte
que quand le Prêtre a beſoin d'argent il en trouve toûjours dans le tronc , & comme j'ay
fait ſouvent ouvrir ces troncs la, j'y ai toûjours
trouvé pluſieurs réales ſimples , & mêmes des
piéces de quatre & de huit réales.

Et parce que les choſes qui ſont perduës , &
que l'on trouve dans les grands chemins doivent appartenir à quelqu'un , ſi l'on ne ſçait pas
qui en eſt le véritable propriétaire , on leur a
enſeigné que ces choſes là appartiennent aux
ames des trépaſſez ; c'eſt pour quoi les Indiens
par vanité, ou afin que le Curé ait bonne opinion
d'eux , s'ils trouvent quelque choſe ils la donneront bien plûtôt au Curé , ou la mettront dans
le tronc de l'Egliſe pour les ames des trépaſſez,
que ne feront pas les Eſpagnols, qui , s'ils trouvent une bourſe perduë , la garderont fort bien
pour eux-mêmes ſans en faire reſtitution.

Il y eut un Indien demeurant à Mixco qui
trouva dans le grand chemin un patagon ou une
piéce de huit réales, & étant venu quelque temps

après

aprés pour se confesser, il me donna la piéce, en me disant qu'il n'oseroit la garder, de peur que les ames se vinssent presenter devant luy & la luy demander.

Ils font aussi beaucoup d'offrandes le jour des trépassez, d'argent, de volailles, de mahis, d'œufs & d'autres choses semblables, qui tournent toutes au profit du Curé.

Il y avoit un Religieux à Petapa, qui pour preuve de cela, me disoit qu'un jour de trépassez il avoit reçû en offrandes cent reales, deux cens pieces de volailles, demi douzaine de cocqs d'Inde, huit boisseaux de mahis, trois cens œufs, seize cens amandes de cacao, vingt fruits de palmites, & plus de cent cierges, sans compter quelques pains & autres petites bagatelles, ce qui tout ensemble se pouvoit bien monter à cent livres selon le prix courant du pays.

Ils celebrent encore avec beaucoup de devotion le jour de Noël & les fêtes qui suivent ce jour là : car un peu auparavant ils bâtissent dans un coin de l'Eglise une petite cabane couverte de chaume comme une étable qu'ils nomment Bethlehem, avec une étoile qui a une queuë qui aboutit à l'endroit où sont les trois Mages d'Orient, & dans cette étable ils mettent une creche avec un petit enfant de bois dedans peint & doré representant Jesus nouveau né, la Vierge qui est d'un côté & saint Joseph de l'autre, avec un âne aussi à l'un des côtez & un bœuf de l'autre ; & en cette maniere ceux qui representent les Mages se mettent à genoux devant la creche & offrent de l'or, de la

mir-

mirrhe, & de l'encens; les bergers viennent
auffi offrir leurs prefens, les uns un chévreau,
un agneau, ou du lait, & les autres du fromage, du caillé, & des fruits.

L'on y voit auffi la reprefentation des champs
avec des troupeaux de brebis & de chévres, &
tout autour de la loge qui reprefente l'étable, il
y a plufieurs figures d'Anges avec des violes,
des luts, & des harpes en leurs mains; ce qui
attire une infinité d'Indiens dans les Eglifes, où
ils fe plaifent à voir ces reprefentations, parce
qu'elles conviennent à leur entendement grof-
fier, qui ne peut comprendre nos myftéres que
par les fens.

Mais comme il n'y a pas un Indien dans le village qui ne vienne voir cette reprefentation de
Bethléem, il n'y en a pas un auffi qui n'y apporte des prefens, foit en argent, foit en quelqu'autre chofe.

Les Prêtres ont encore eu cette adreffe, que
pour exciter davantage la dévotion des Indiens,
& leur libéralité à faire des offrandes par l'exemple des Saints, ils leur ont enfeigné de faire
porter en proceffion les images de leurs Saints
pendant toutes les fêtes jufqu'aux Rois au lieu
où eft cette reprefentation de Bethléem, pour
y prefenter leurs offrandes felon le nombre des
Saints qui font dans l'Eglife, un jour cinq, un
autre huit, un autre dix, & ainfi par ordre jufqu'à-ce que tous y puiffent aller avant le jour
des Rois, pour faire leurs offrandes, foit en
argent, foit en autre chofe.

Celui à qui appartient l'image du Saint, marche devant leftement vétu ce jour là avec tous

ceux

ceux de sa famille, s'il n'y a point de confrairie du Saint, & se met à genoux devant la créche, puis s'étant levé il ôte l'offrande du Saint & la laisse devant la créche, s'en retournant ensuite avec sa compagnie.

S'il y a une confrairie qui dépende de ce Saint là, ce seront les bedeaux ou les principaux officiers de la confrairie qui viendront faire cet hommage & ces offrandes.

Mais le jour des Rois, les Alcades & tous les Officiers de la Justice viennent aussi faire leurs hommages & apporter leurs presens, à l'exemple des Saints & des trois Rois, parce qu'ils representent la puissance & l'autorité du Roi.

Pendant tous ces jours là il y a aussi dans le village une danse de bergers, qui viennent la veille de Noël à minuit danser devant cette Bethléem, où ils offrent une brebis entr'eux.

Il y a aussi d'autres danses de personnes qui sont habillées en Anges avec de grandes aîles au dos, ce qui ne sert pas peu pour attirer le peuple aux Eglises, afin de voir toutes ces choses-là.

La Chandeleur ou le jour de la Purification est aussi observé avec beaucoup de cérémonies car l'on porte en procession l'image de la Vierge jusqu'à l'Autel, où elle offre des cierges, & des pigeons, ou des tourterelles entre les mains du Prêtre.

Tout le village doit imiter son exemple, & chacun y vient aussi apporter des cierges pour les faire benir, mais de quatre ou cinq qu'ils apportent ils n'en remportent qu'un qui est benit, les autres demeurent au Curé, de qui les Indiens

	les

les rachetent aprés, & en donnent beaucoup plus que des autres parce qu'ils sont benits.

A la Pentecôte ils font une autre sorte de representation dans l'Eglise, où pendant que l'on chante l'hymne du Saint Esprit, le Prêtre se tenant devant l'Autel le visage tourné vers le peuple, on laisse tomber sur sa tête une colombe ornée de diverses fleurs, & par de certains trous qui sont faits tout exprés, pendant une demiheure ils jettent incessamment des fleurs sur la tête du Prêtre, pour representer les graces du Saint Esprit sur sa personne, & les Indiens pour imiter cet exemple luy font aussi des presens.

Mais les Espagnols n'ont pas seulement enseigné ces ceremonies, & ces representations aux Indiens, mais aussi leur maniere de se discipliner la semaine sainte; en quoy ils ne les imitent pas seulement, mais les surpassent aussi de beaucoup en rigueur avec laquelle les hommes & les femmes se disciplinent.

Car j'en ay vû quelques-uns non seulement s'évanouir, mais aussi mourir dans l'Eglise pour s'être donné la discipline trop rudement; de quoy les Prêtres ne se soucient pas beaucoup quand cela arrive, parce qu'ils sont assurez que leurs parens feront dire une Messe pour eux, qui leur vaudra trois ou quatre écus sans les autres offrandes.

CHAPITRE XVI.

Divers moyens dont les Espagnols profitent de l'empire qu'ils ont sur les Indiens.

CE ne sont pas seulement les Ecclésiastiques qui s'enrichissent aux dépens des Indiens; mais généralement tous les Espagnols, qui étant la plûpart oisifs, paresseux, & qui n'aiment point à travailler, s'enrichissent du travail de ces pauvres gens, leur font faire tous leurs ouvrages comme j'ay dit cy-dessus, les tondent comme des brebis, & les chargent encore par quantité d'offices inutiles, afin d'avoir toûjours quelque pretexte de rapiner sur eux, & de prendre le peu qu'ils ont acquis avec beaucoup de peine & de labeur.

Le Président de Guatimala, les Juges de la Chancellerie ou de l'Audience Royale, les Gouverneurs & les Présidens des autres Provinces, se servent de ces pauvres Indiens pour avancer aussi & enrichir leurs domestiques.

Il y en a quelques-uns à qui ils donnent charge de visiter les villages, & de voir ce que chaque Indien a semé de mahis pour l'entretien de la famille,

Il y en a encore d'autres qui vont voir la quantité de volailles qu'ils élévent, & d'autres qui ont ordre de visiter leurs maisons, pour voir si elles sont en bon ordre, & si leurs lits sont bien placez selon le nombre des enfans & des serviteurs qu'ils ont chez eux.

Il y en a encore d'autres qui ont pouvoir de les faire assembler pour réparer les grands chemins, ou qui ont la commission de nombrer leurs familles, & sçavoir combien il y a d'habitans dans les villages, afin qu'on puisse donner ordre à ce que leurs Tribus augmentent & ne diminuent pas.

En quoi il faut remarquer, que pas un de ces Officiers là ne vient dans les villages pour exercer sa charge, que chaque Indiens ne lui donne de quoi payer ses dépens; & cependant ils ne dépensent rien, parce qu'ils se font apporter, tant qu'ils sont dans le village, tout autant de volailles & d'autres vivres qu'ils en ont besoin sans rien payer.

Lors qu'ils viennent pour sçavoir le nombre des habitans des villages, ils appellent à tour de rôle tous les Indiens les uns aprés les autres, & font venir tous leurs enfans devant eux, tant les filles que les garçons, afin de voir s'ils sont capables d'être mariez.

Que s'ils se trouvent en âge de cela & qu'ils ne le soient pas, ils font des répréhensions au pere de ne l'avoir pas fait, & d'avoir gardé tant de personnes inutiles sans contribuer au tribut du village; de sorte que l'on augmente le tribut du pere à proportion des garçons & des filles qu'il a qui sont capables d'être mariez, jusqu'à ce

qu'il

qu'il les ait pour vûs ; car alors il en est déchargé, & ils payent le tribut chacun pour soi.

Mais afin que ce tribut aille toûjours en aug-
mentant, il faut que tous ceux qui ont atteint
l'âge de quinze ans se marient, même l'on a ré-
glé le temps du mariage des Indiens à quatorze
ans pour les garçons, & à treize pour les filles ;
parce que les Espagnols disent qu'il n'y a point
de Nation qui soit plûtôt propre à la génération,
ni qui soit plûtôt cruë en connoissance & en
malice, ou plus propre au travail que les Indiens.

Quelquefois ils les obligent même de se marier dés l'âge de douze ou treize ans, s'ils
voyent qu'ils soient bien proportionnez & vigoureux, en expliquant un des canons qui ap-
prouve le mariage à l'age de quatorze & de
quinze ans, avec cette condition, *nisi malitia*
suppleat ætatem.

Lorsque je demeurois au village de Pinola
appartenant à Dom Jean de Guzman, qui étoit
un homme de qualité de Guatimala ; ce village
fut nombré, & le nombre des Indiens tributai-
res fut augmenté de la sorte.

L'on fut huit jours à faire ce dénombrement,
pendant lesquels l'on fit marier environ vingt
garçons avec autant de filles, qui avec ceux qui
avoient déja été mariez depuis le dernier dénombrement, faisoient cinquante familles qui
devoient payer tribut au Commandeur ou Seigneur du village.

Mais c'étoit une chose honteuse à voir,
combien il y en avoit de trop jeunes que l'on
contraignoit de se marier, quelques raisons que

E 5

j'apportaſſe pour l'empêcher, mêmes en pro-
duiſant le regiſtre de leur batême pour montrer
leur âge; de ſorte que l'on en maria quelques-
uns qui n'avoient pas paſſé douze à treize ans,
& un même qui n'en avoit pas encore douze ac-
compli, mais dont la vigueur & la connoiſſan-
ce fut jugée aſſez capable de ſuppléer au deffaut
de ſon âge.

De maniere que dans l'action qui doit être la
plus libre qui eſt celle du mariage, les Indiens
ſont traitez en eſclaves par les Eſpagnols, afin
d'augmenter le tribut qu'ils en tirent, & par ce
moyen-là accroître leurs richeſſes.

CHAPITRE XVII.

Des dances des Indiens & de leurs Instrumens

MAIS quoi qu'ils vivent ſous le joug & la ſervitude, ils ne laiſſent pas d'être d'une humeur gaye, & de ſe divertir ſouvent en feſtins,
en jeux, & en dances, & principalement le
jour de la fête du Saint à qui leur village eſt dédié.

Il n'y a pas un ſeul village dans les Indes,
grand ou petit, quand il ne ſeroit que de vingt
maiſons, qui ne ſoit dédié à la Vierge ou à quelque Saint.

Deux

3. par. fol. 126.

Deux ou trois mois avant la fête, les Indiens du village s'assemblent tous les soirs pour se préparer aux dances accoûtumées en ces jours-là, & dans ces Assemblées ils boivent grande quantité de chocolatte & de chicha.

Il y a une maison ordonnée exprés pour chaque sorte de dance, où il y a un maître qui la va enseigner aux autres, afin qu'ils la sçachent parfaitement avant que le jour de la fête du Saint foit venu.

Pendant tout ce temps-là l'on n'entend autre chose toutes les nuits que des gens qui chantent, qui heurlent, qui frappent sur des coquilles de mer, qui jouent des hauts-bois & des flutes.

Mais quand la fête est venuë, pendant huit jours, on les voit dancer en public, & mettre en pratique tout ce qu'ils ont appris en ces maisons-là pendant trois mois.

Ce jour-là ils s'habillent fort proprement d'étofes de foye, de toile fine, avec quantité de rubans & de plumes felon la nature de la dance, qu'ils commencent dans l'Eglife devant l'Image du Saint qui est le Patron de leur village, ou bien dans le cimétiere : & durant l'octave ils vont dancer de maison en maison, où l'on leur donne à boire du chocolatte, du chicha, ou de quelqu'autre bon breuvage.

De maniere que pendant huit jours l'on ne voit autre chose que des yvrognes dans le village, & si on les reprend de leur excés, ils répondent qu'ils se réjouyffent avec leur Saint qui est au Ciel, & qu'ils veulent boire à lui, afin qu'il se souvienne d'eux.

La

La principale danse qui se pratique entr'eux s'appelle *Toncontin*, que quelques Espagnols qui ont vécu parmy les Indiens ont dansé devant le Roy d'Espagne à Madrid, pour lui faire voir quelque chose des coûtumes de ces peuples-là, & l'on dit que sa Majesté Catholique témoigna en être fort satisfaite.

Voicy comme on la danse ordinairement; les Indiens qui la doivent danser sont du moins trente ou quarante selon la grandeur du village.

Ils sont tous habillez de blanc, tant leurs pourpoints, que leurs calçons, & leurs ajates, qui d'un côté pendent presque jusqu'à terre.

Leurs calçons & leurs ajates sont brodez de soye ou de plumage, ou bordez de quelque beau gallon.

Quelques uns mêmes loüent des pourpoints, des calçons, & des ajates de taffetas tout exprés pour cela.

Ils portent sur le dos de grands bouquets de plumes de toutes couleurs, qui sont colées à une certaine petite machine qui est faite tout exprés, & qui est dorée par le dehors, qu'ils attachent à leurs épaules avec des rubans, afin qu'elle tienne ferme & ne tombe pas, ou se relâche en dansant.

Ils portent encore sur la tête un autre bouquet de plumes, mais moindre que celuy là, qui est attaché à leurs chapeaux, ou bien à une espece de casque qui est peint ou doré qu'ils mettent sur leur tête.

Ils tiennent aussi dans la main un évantail de plumes, & la plûpart en ont aussi aux pieds en

for-

forme de petites aîles ; & quelques-uns portent des souliers & d'autres n'en ont point; mais depuis la tête jusqu'aux pieds ils sont presque tous couverts de fort belles plumes.

L'instrument dont ils se servent pour marquer la cadence est fait du tronc d'un arbre creux, qui est bien arrondi & paré au dedans, & au dehors fort doux & luisant , & qui est environ quatre fois plus épais que nos violes, avec deux ou trois longues fentes du côté d'enhaut, & quelque trous au bout qu'ils appellent *Tepanabaz.*

L'on pose cet instrument sur deux siéges ou sur un banc au milieu des Indiens, & le maître de la danse frape dessus avec deux bâtons, qui sont garnis de laine au bout, & couverts d'un cuir poissé pour tenir la laine.

Quoy que cet instrument rende un son sourd, & pesant, celuy qui en joüe ne laisse pas par la diversité des coups qu'il donne dessus de jouer divers tons, & par les changemens du ton de faire entendre aux danseurs les mouvemens qu'ils doivent faire , soit en s'allongeant, soit en se courbant, ou bien lors qu'il faut qu'ils se mettent à chanter & élever leur voix.

Ils dansent tout en rond autour de cet instrument, les uns suivant les autres, quelquefois tout droit, & quelquefois en tournant tout autour, ou en ne faisant qu'un demy tour, & parfois en se penchant de sorte que les plumes qu'ils portent à la main touchent à terre, & en cette maniere ils chantent la vie du Patron de leur village, ou de quelqu'autre Saint.

Cet.

Cette dance n'est autre chose qu'une espéce de démarche en rond, qu'ils continuent pendant deux ou trois heures dans un mesme lieu, & puis aprés s'en vont faire la mesme chose dans une autre maison.

Il n'y a que les Chefs & principaux du village qui dansent ce Toncontin, qui est la dance qu'ils pratiquoient avant qu'ils fussent Chrétiens, & il n'y a rien de changé, sinon qu'au lieu des loüanges de leurs faux-dieux ils chantent la vie des Saints.

Ils pratiquent aussi fort souvent une autre sorte de danse, qui est une espéce de chasse de beste sauvage, qu'au temps du Paganisme l'on sacrifioit à leurs fausses divinitez, & qu'ils offrent à present au Saint qui est leur Patron.

L'on se sert d'une grande diversité d'airs & de tons en cette dance, avec un petit Tepanabaz & plusieurs coquilles de tortuë, ou bien de pots couverts de cuir sur lesquels ils frappent comme sur le Tepanabaz ; qu'ils accompagnent du son des flutes.

Lors qu'ils dansent cette danse là ils crient & font grand bruit, en s'appellant & se parlant les uns aux autres, comme dans une Comedie, les uns racontant une chose, & les autres une autre, sur le sujet de la beste qu'ils chassent.

Ils sont tous déguisez en bestes, les uns ayant de peaux peintes en forme de Lions, d'autres de tigres & de loups, & ayant sur la teste des bonnets faits comme la teste de ces animaux-là, ou bien d'aigle & d'autres oiseaux de proye.

Ils portent aussi dans la main des batons peints comme des dards, des epées, & des ha-

ches,

ches, avec quoi ils menacent de tuer la beſte qu'ils pourſuivent.

D'autres au lieu de chaſſer une beſte pourſuivent un homme, comme s'il étoit pourſuivy par des bêtes ſauvages dans un deſert pour le devorer.

Celui qui eſt ainſi pourſuivi doit eſtre fort agile & leger à la courſe, comme un homme qui s'enfuit pour ſauver ſa vie, frapant çà & là ſur ces bêtes qui courent aprés luy, mais qui à la fin le prennent & le mangent.

Comme le Toncontin conſiſte la plûpart à marcher & tourner tout à loiſir, & à s'étendre tout doucement le corps, cette danſe-là tout au contraire eſt pleine d'action, tantôt à courir tout autour d'un cercle & quelquefois dehors, tantôt à ſauter & à frapper des inſtrumens qu'ils portent à la main, ce qui fait que ce divertiſſement eſt ennuyeux, plein de bruit, & où je n'ay jamais pris aucun plaiſir.

Ils ſe ſervent encore d'une autre ſorte de danſe à Mexique, où les uns ſont habillez en homme, & les autres en femmes.

Du temps du Paganiſme ils s'en ſervoient pour chanter les loüanges de leur Roy & de leur Empereur, mais à préſent ils appliquent leur chanſons au Roy de gloire ou au Saint Sacrement, ſe ſervant ordinairement de ces paroles, ou d'autres peu differentes.

Salid Mexicanas bailad Toncontin,
Canſalas galanas en cuerpo gentil.
& derechef,
Salid Mexicanas bailad Toncontin,
Al Rei de la gloria tenemos aqui.

Et

Et danſent de la ſorte tous en rond, en jouant de leurs guitarres, en répétant tous enſemble un verſet ou deux de fois à autre, & appellant les Dames de Mexique pour venir chanter avec eux les louanges du Roi de gloire.

Outre ces danſes là ils danſent auſſi nos ſarabandes & celles des Négres avec des caſtagnettes aux doigts.

Mais la danſe qui attire plus le peuple & qui lui donne plus d'étonnement, eſt une tragédie qu'on repreſente en danſant & qui eſt bien ſouvent la mort de S. Pierre, ou celle de S. Jean-Baptiſte.

L'on y repreſente l'Empereur Neron ou le Roi Hérode avec leurs femmes, vétus magnifiquement ; & un autre perſonnage avec une longue robe qui repreſente auſſi Saint Pierre ou Saint Jean Baptiſte, qui pendant que les autres danſent marche au milieu d'eux tenant un livre en ſes mains comme s'il liſoit des priéres, & tous ceux qui danſent ſont équipez comme des capitaines & des ſoldats avec des épées, des poignards, & des halebardes en leurs mains.

Ils danſent au ſon d'un petit tambour & de quelques flutes, quelquefois en rond, & quelquefois en devant, & parlent ſouvent à l'Empereur ou au Roi, & puis aprés entr'eux, ſur le deſſein de prendre & de faire mourir le Saint.

Le Roi & la Reine s'aſſeient quelquefois pour les entendre plaider contre le Saint, & pour ouïr auſſi ſes deffenſes, & puis ils danſent avec les autres.

Mais

Mais la fin de leur danſe tend à crucifier Saint Pierre la tête en bas, & à couper la tête à Saint Jean-Baptiſte, ayant toute preſte une teſte peinte dans un plat qu'ils preſentent au Roi & à la Reine, qui de joye danſent aprés tous enſemble, & finiſſent en ôtant de la croix celui qui a repreſenté la perſonne de Saint Pierre.

La plûpart des Indiens ont quelque ſorte de ſuperſtition & d'attache à ce qu'ils font en cette danſe, comme s'il y avoit quelque réalité ou quelque choſe au de là de la repreſentation de l'Hiſtoire.

Lors que j'étois parmi eux, celui qui avoit repreſenté Saint Pierre ou Saint Jean Baptiſte, avoit toûjours accoûtumé de ſe venir confeſſer le premier, diſant qu'ils devoient être purs & ſaints comme le Saint qu'ils avoient repreſenté, & qu'ils ſe devoient préparer à mourir.

De même celui qui avoit fait le perſonnage d'Hérode ou celui d'Hérodias, & ceux des ſoldats qui dans la danſe avoient accuſé ou parlé contre les Saints; venoient auſſi enſuite confeſſer leur crime & en demander l'abſolution.

Je dirai encore dans le chapitre ſuivant force choſes remarquables des Indiens, que j'ai appriſes pendant que je demeurois parmi eux.

CHAPITRE XVIII.

Comme l'Auteur sortit de la ville de Gua-
timala pour aller demeurer avec
les Indiens.

APrés avoir enseigné pendant trois ans un
cours entier de Philosophie dans l'Univer-
sité de Guatimala, & ayant commencé celuy de la Theologie, il me vint en pensée de
retourner en Angleterre.

C'est pourquoy je m'adressay au Provincial
& au Président de Guatimala, & les priay de
me vouloir donner la permission de retourner
en mon pays; mais ny l'un ny l'autre ne me le
voulutent pas accorder, parce qu'il y avoit un
ordre exprés du Roy Catholique & de son Conseil, par lequel il étoit deffendu de laisser retourner en Espagne aucun Prêtre qui eût été
envoyé par sa Majesté dans les Indes, qu'aprés
dix ans passez.

Me voyant donc reduit à estre comme prisonnier en ce pays-là, & sans espoir de retourner
de long-temps en Angleterre, je me resolus de
ne demeurer pas plus long-temps à Guatimala; mais de quitter la ville & m'en aller demeurer à la campagne, pour apprendre le langage Indien, & prescher en quelque village,
où j'étois assuré de gagner plus d'argent,

pour

pour m'aider à m'en retourner quand le temps
seroit venu, que dans les Monasteres de Guatimala.

Cependant je crus qu'il ne seroit pas mal
à propos d'écrire en Espagne à un de mes
amis qui étoit un Religieux Anglois demeurant à saint Lucar nommé frere Paul de Londres, pour le prier d'obtenir pour moi une
permission de la Cour, & du General de nôtre
Ordre à Rome, afin que je pusse retourner en
ma patrie.

En ce mesme temps-là le Prieur de Coban
de la Province de Vera Paz nommé François
Moran, vint à Guatimala, pour representer
au President & à tous les autres Magistrats
de la Ville la necessité qu'il y avoit qu'on
l'assistât, pour découvrir un chemin pour aller
de cette Province-là en celle de Jucatan, &
pour détruire les barbares qui empêchoient le
passage, & venoient par fois piller les villages
des Chrêtiens.

Ce Moran qui étoit mon amy particulier,
& qui avoit été élevé dans le Monastere de
Saint Paul de Vailladolid en Espagne où j'a-
vois pris l'habit de Religieux, souhaitoit fort
que je fusse avec luy, afin de pouvoir plus facilement convertir ces payens idolatres au Christianisme, il me disoit que sans doute on trouveroit de grandes richesses en ce nouveau pays,
dont je pouvois m'assurer que j'aurois bonne
part aussi bien que luy.

Je ne fus pas fort difficile à me laisser persuader, parce que sur toutes choses je souhaitois
de pouvoir travailler à la conversion de quelque
peu-

peuple qui n'eût jamais oui parler de Jesus Chrift ; de forte que je me réfolus à quitter la charge que j'avois dans l'Univerfité, pour aller prêcher le nom de Jefus Chrift à ce peuple infidelle.

Le Provincial eut beaucoup de joye de la réfolution que je lui témoignai, & aprés m'avoir fait quelques prefens & donné de l'argent pour mes néceffitez, il m'envoya avec Moran à la Vera-Paz, avec cinquante foldats Efpagnols que le Préfident nous avoit donnez pour nous efcorter en ce voyage.

Lors que nous arrivâmes à Coban, nous nous pourvumes de toutes les chofes qui étoient néceffaires pour une entreprife auffi difficile & dangereufe que celle où nous allions.

De Coban nous vinmes à deux grands villages de Chrêtiens nommez Saint Pierre & Saint Jean, où l'on joignit avec nous cent Indiens pour fortifier nôtre efcorte & nous fervir pendant le voyage.

A deux journées au delà de ces villages nous voyageâmes fur des mules avec beaucoup de facilité, dans un pays peuplé de Chrêtiens qui demeurent dans de petits villages.

Mais aprés ces deux journées-là comme nous approchions des frontiéres de ces payens, nous ne trouvâmes aucun chemin où nous puffions paffer avec nos mules, de forte qu'il nous falut aller à pied.

Pendant deux jours nous ne fimes que monter & defcendre des montagnes parmi les bois ; de forte que ces bocages & la difficulté du chemin nous ôtoient l'efpérance de rencontrer le

peu-

peuple que nous allions chercher· Nous fimes
portant bonne garde toute la nuit de peur d'ê-
tre surpris par les ennemis, & résolûmes de paſſer encore plus outre le lendemain.

Nous trouvâmes diverſes ſortes de fruits en
ces montagnes là, & pluſieurs fontaines & ruiſ-
ſeaux dans les fondriéres, avec divers arbres de
cacao & d'achiote.

Le troiſiéme jour nous nous mîmes à marcher, & vinmes à une vallée où il y a une riviére peu profonde qui paſſe au milieu, où nous vîmes quelques milpas & champ de mahis.

Cela nous fit connoître qu'il y avoit des Indiens proche de là, & nous obligea de nous raſ-
ſembler & tenir ſur nos gardes, pour les repouſ-
ſer s'ils nous venoient attaquer.

Pendant que nous marchions nous rencontrâmes inopinément une demi-douzaine de pauvre
Caſes couvertes de branches d'arbres & de feuilles de palmites, où nous trouvâmes deux hommes, trois femmes, & cinq petits enfans, qui
étoient tout nuds & qui euſſent bien voulu
s'enfuyr, mais il leur fut impoſſible.

Nous nous repoſâmes dans leurs caſes, &
leur donnâmes de nos vivres, qu'ils refuſoient
au commencement ne faiſant que criailler, juſqu'à ce que Moran les eut un peu conſolez par
ſes paroles qu'ils entendoient en partie.

Nous leur donnâmes des habits, & les emmenâmes avec nous, dans l'eſpérance qu'ils nous
aideroient à trouver quelque treſor, ou une habitation plus grande que la leur; mais ils furent tout ce jour-là de ſi mauvaiſe hūmeur que
nous ne pûmes rien ſçavoir d'eux.

Nous

Nous continuâmes à marcher de la sorte, suivant les traces des Indiens que nous trouvions çà & là, jusqu'à ce qu'il fût presque nuit, que nous rencontrâmes une douzaine de cases où il y avoit environ vingt personnes, tant hommes que femmes & enfans, de qui nous prîmes quelques arcs & des Flèches, & nous y trouvâmes aussi une assez bonne quantité de palmites, de poisson, & de venaison, avec quoi nous nous rafraîchîmes.

Ils nous dirent qu'à deux journées de là il y avoit un grand village, ce qui nous obligea de faire bonne garde toute la nuit.

Je me trouvai malade & fatigué en ce lieu-là, aussi bien que quelques autres de nôtre compagnie; & le lendemain il me fut impossible de passer plus outre, ce qui nous fit résoudre à nous camper en cet endroit-là, & d'envoyer quelques Indiens & Espagnols pour découvrir le pays.

Ils trouvèrent encore quelques cabanes, & des champs semez de mahis, de chilé, de faseols, & de coton; mais tous les habitans s'en étoient fuis.

CHA-

CHAPITRE XIX.

L'Auteur continüe la Relation de son
Voyage.

NOs gens étant retournez nous donnérent
envie de passer outre, par le recit qu'ils
nous firent de la beauté du pays; mais ils
nous avertirent aussi de nous tenir bien sur nos
gardes, parce que la fuite des Indiens étoit une
marque que tout le païs étoit averti de nôtre venuë.

Le lendemain nous fimes dessein de nous
avancer jusqu'à cette habitation que nos gens
avoient vûë, parce que c'étoit un lieu plus découvert, & plus propre pour connoître les dangers qui nous pourroient menacer.

Toutes ces habitations sont situées proche de
la riviere ou le Soleil étoit si chaud que cela
nous causa la fiévre, & le flux de ventre parmi
nos gens.

Tout las & fatigué que j'étois je ne laissay pas
d'aller avec les autres; mais ce ne fut pas sans me
repentir de ce que je m'étois engagé à ce voyage
& d'aller à pied, commençant d'apprehender
qu'il ne nous arrivât quelque malheur inopiné,
parce que les Indiens étoient avertis de nôtre
venuë.   Les

Les prifonniers que nous avions commencérent à fe familiarifer avec nous, & nous
dirent que par fois ils trouvoient de l'or en cette riviére-là, & que plus avant dans le pays
il y avoit un grand lac, autour duquel habitoient un grand nombre d'Indiens qui étoient
vaillans & adroits à fe fervir de l'arc & des fléches.

L'efpérance de trouver de l'or donnoit du
courage aux uns; mais la crainte d'avoir affaire
à cette multitude d'Indiens, fit que les autres
euffent bien voulu être hors de ces bois & de ces
lieux inconnus, & commencérent à murmurer
contre Moran qui les avoit engagez dans ce
grand péril.

Comme la nuit fut venüe je m'en allai coucher, comme firent auffi les autres Efpagnols
qui étoient malades, les uns fur la terre, &
d'autres avec moi en des *hamacs*, qui font des
lits de rezeau qu'on attache à deux pieux ou à
deux arbres, & qui pendent en l'air, où par le
moindre mouvement du corps l'on fe berce de
côté & d'autre, & l'on s'y endort auffi doucement que dans un berceau.

Je me repofai donc jufqu'à environ minuit,
que les fentinelles donnerent l'alarme, & nous
avertirent que les ennemis approchoient, &
qu'on croyoit qu'il y avoit plus de mille hommes.

Ils s'approchérent de nous comme des défef-
perez; mais lors qu'ils virent qu'ils étoient découverts, qu'ils entendirent le fon de nos tam-
bours, & qu'ils oüirent tirer nos fufils & nos
moufquets, ils fe mirent à heurler & à faire

des cris si épouvantables, que tout tremblant
de la fiévre je fuyois encore de crainte & de
frayeur.

Mais Moran qui vint se confesser à moi,
& se préparer à la mort ou à recevoir quelque blessure mortelle, me consola, me disant
que je ne devois rien craindre, que j'eusse à
me tenir en repos ne leur pouvant servir de
rien, en l'état où j'étois, que le peril étoit
moindre que je ne croyois, parce que nos soldats s'étoient placez tout autour de moy ; de
sorte que ces infidelles ne pouvoient entrer
par aucun endroit au lieu où j'étois, & que
nous ne pouvions pas nous enfuir sans courir
tous risque de la vie.

Le combat ne dura pas plus d'une heure ; car
les ennemis aprés cela prirent la fuite : nous en
primes dix, & le lendemain matin nous en
trouvâmes treize de morts sur la terre ; il y en
eut aussi cinq des nôtres qui furent blessez, dont
l'un mourut le lendemain.

Le matin nos soldats se mutinerent, témoignant qu'ils avoient dessein de s'en retourner,
parce qu'ils craignoient encore une attaque plus
forte & plus dangereuse que celle là la nuit ou
le jour suivant.

Car quelques-uns des Indiens que nous a-
vions pris leur dirent nettement que si nous
ne nous en retournions pas, nous étions assurez d'avoir six ou sept mille Indiens sur les
bras.

De plus, qu'ils sçavoient bien que les Espagnols possedoient tout ce pays là à la réser-
ve de ce petit canton où ils demeuroient, &

dont ils vouloient joüir en paix fans avoir rien à démêler avec nous ; mais que fi nous voulions voir leur pays & y paffer comme amis, qu'ils nous y laifferoient aller fans nous faire aucun mal.

Mais que fi nous venions pour les combattre & pour les rendre efclaves, comme nous avions fait leurs voifins, qu'ils étoient tous réfolus de mourir en combatant plûtôt que de fe rendre.

Ces paroles là mirent la divifion entre nos foldats. Car les uns étoient d'avis avec Moran d'éprouver les Indiens, & de paffer paifiblement au travers de leur pays, jufqu'à-ce qu'on fût arrivé à quelque village de Jucatan. Il y en avoit d'autres qui vouloient qu'on allât combattre les Indiens ; & d'autres qui s'en vouloient retourner, parce qu'ils n'étoient pas affez forts pour refifter à tant de gens qu'il y avoit dans le pays. Mais l'on ne conclud rien ce jour-là, parce qu'on ne pouvoit pas décamper à caufe des malades & des bleffez.

De maniere que nous y demeurâmes cette nuit-là pendant laquelle environ à la même heure que la precedente les ennemis vinrent nous attaquer pour une feconde fois, mais comme ils virent que nous étions fur nos gardes en les attendant, ils prirent bien-tôt la fuite.

Le matin nous prîmes la refolution de nous en retourner, & Moran envoya dire aux Indiens que s'ils le vouloient laiffer paffer dans leur pays paifiblement pour découvrir les terres

res de Jucatan, que dans peu de mois il revien-
droit les trouver n'ayant qu'une demi-douzaine d'Indiens avec luy, & leur confieroit sa vie,
sçachant bien que s'ils luy faisoient tort, tous les
Espagnols des environs s'armeroient contr'eux
& les extermineroient tous.

A quoy ils firent réponse que s'il venoit avec
le petit nombre d'Indiens qu'il leur avoit man-
dé, il seroit le bien venu, & qu'ils le traite-
roient amiablement avec ceux de sa suite, ce
que Moran & eux accomplirent depuis fort exactement l'année suivante.

En cette maniere nous commençâmes à
nous en retourner dés ce jour là, par le même chemin que nous étions venus, & je commençai aussi à me mieux porter, & ma fiévre me
laissa.

Nous emmenâmes avec nous quelques-uns
de ces enfans que nous avions pris, afin de les
presenter au President de Guatimala.

Lors que nous fûmes arrivez à Coban, le
Prieur Moran crût qu'il rendroit un grand
service à Dieu, s'il batisoit ces petits enfans,
disant qu'ils pouvoient devenir saints, & qu'à
l'avenir leurs prieres pourroient avoir assez
d'efficace pour convertir leurs parens; & tous
les autres habitans du pays à la Religion Chrê-
tienne.

Quoy que je m'y opposasse, luy disant
qu'il falloit auparavant les instruire dans les
articles de la foy, pour les rendre fideles & capables de recevoir le Sacrement du Batême,
& ne pas faire comme faisoient les Religieux du temps de Cortez, qui se contentoient

G 2

de

de faire mener les Indiens aux rivieres, & de
leur jetter un peu d'eau sur le visage en faisant le
signe de la Croix, sans aucune instruction pré-
cedente.

Il se resolut de les batiser, & les ayant bati-
sez & imposé des noms de Chrêtiens, il les fit
bien habiller , & les envoya au Président de
Guatimala qui commanda qu'on les nourrît, &
qu'on les instruisift dans le Couvent des Religieux de l'Ordre de S. Dominique.

Je demeuray aprés cela quelque temps dans
Copan & dans les Villages qui sont aux environs jusqu'au temps que les navires aborderent
au Golphe, où je fus avec Moran pour acheter
des vins , de l'huile, du fer, du drap, & les
autres choses qui étoient necessaires au Couvent.

Et comme il s'y trouva aussi une fregate qui
étoit prête à partir pour aller à Truxillo, où
Moran avoit quelques affaires qui l'y appelloient, je m'embarquay avec luy.

Nous ne demeurâmes pas plus de huit jours
en ce port là qui est foible & sans resistance,
comme il paroît par la facilité avec laquelle les
Anglois & les Hollandois l'ont pris ; mais aprés
ce temps-là nous nous resolumes de nous en retourner par terre à Guatimala, & de passer par
le pays de Comayagua qu'on apelle commune-
ment les Hondures.

Ce pays là est plein de bois & de montagnes,
fort mauvais & incommode aux voyageurs, &
de plus fort pauvre : car il n'y a point d'autres
marchandises que des cuirs, de la casse, & de la
salsepareille.

De

De plus ils ont si peu de pain, qu'autour de Truxillo ils sont obligez de se servir de cassave, qui est une racine qui étrangle presque les personnes en la mangeant quand elle est seche; c'est pourquoy on la trempe dans du bouillon, de l'eau, du vin, ou du chocolatte, afin qu'elle soit plus facille à avaller.

Dans le pays & particulierement autour de la Ville de Comayagua qui est le lieu de l'Evêché, quoy que le lieu soit petit, & qu'il n'y ait pas plus de cinq cens habitans, il s'y trouve une plus grande quantité de mahis, à cause qu'il y a un plus grand nombre d'Indiens qui se sont rassemblez, & qui demeurent en plusieurs villages grands & petits.

Je trouvay que ce pays-là étoit le plus pauvre de toute l'Amerique : l'endroit le plus sain & où il fait meilleur vivre est la vallée qu'on nomme *Gracias à Dios*, où il y a quelques riches fermes de bétail & de froment.

Mais parce qu'elle est aussi proche de Guatimala que de Comayagua, & que les chemins sont beaucoup plus commodes du côté de Guatimala que de l'autre, cela fait que la plûpart de ce bled est transporté à Guatimala, & dans les villages circonvoisins, plûtôt qu'à Comayagua ou à Truxillo.

De Truxillo à Guatimala il y a environ quatre vingts ou cent lieuës, & quoy que ce pays-là soit assez sterile, nous fimes pourtant ce voyage là sans manquer de guides ny de vivres, parce que les pauvres Indiens n'épargnoient rien pour nous servir, soit de leurs personnes, soit de leurs biens, & ne trou-

G 3

voient

voient rien de trop bon pour nous en faire present.

Nous retournâmes de la sorte à Guatimala,
où nous fûmes reçûs avec grande joye par les
Religieux : Le Président nous donna aussi une
récompense considérable, & par toute la ville
l'on nous appelloit de vrais Apôtres, parce que
nous avions hazardé nôtre vie pour aller chercher ces Payens, que nous avions ouvert le
chemin à leur conversion, trouvé le lieu de leur
principale habitation , & que nous avions aussi
envoyé devant nous ces enfans, qui servoient
d'un témoignage évident de la peine que nous
avions prise.

Moran étoit si enflé de gloire des faveurs qu'il
recevoit du Président, & des applaudissemens
du peuple, qu'il se résolut de hazarder encore
une fois sa vie, & suivant le traité qu'il avoit
fait avec ces Indiens idolâtres, de passer paisiblement par leur pays avec une demi-douzaine
d'Indiens.

Il eut bien voulu que j'eusse été encore avec
lui, mais je craignois que ces Barbares ne se
mutinassent contre nous, à cause de ces enfans
que nous avions emmenez ; & de plus le pays
ne me plaisoit pas, parce qu'il paroissoit
pauvre, & que je n'y voyois pas de lieu où
je pusse amasser un fonds suffisant pour retourner en Angleterre, qui étoit mon principal dessein.

C'est pourquoi je me résolus de quitter mon
ami Moran, & d'abandonner toutes ces nouvelles découvertes d'infidéles, & ces sortes
d'entreprises difficiles où ma vie & ma santé
cou-

couroient beaucoup de hazard , fans autre utilité qu'un peu de crédit & de vaine gloire en ce
pays-là.

CHAPITRE XX.

*Comme j'appris la Langue des Indiens, & ce
qui m'arriva de plus remaquable pendant
le féjour que je fis parmi eux ; avec un détail particulier de ce en quoi confifte le revenu des Curez de ces Pays-là.*

APrés avoir renoncé aux nouvelles découvertes par les raifons que j'en ai dites, je crus
que je ne pouvois mieux faire que d'employer
mon temps à apprendre quelqu'unes Langages
Indiens aux environs de Guatimala, où je con-
fiderai la richeffe des villages & la bonne volonté des Indiens, à fuppléer aux néceffitez de
leurs Curez, & finalement leur ignorance en
quelques articles de la foi, où je crus que je les
pouvois inftruire en leur enfeignant une doctrine folide, & en leur prêchant Jefus Chrift cru-
cifié comme l'Auteur de leur falut.

J'avois une fi grande confiance en mes amis,
que je fçavois bien qu'il ne me feroit pas bien
difficile de choifir tel lieuque je voudrois autour
de Guatimala, où je pourois difpofer les chofes

G 4

né-

néceſſaires pour retourner en Angleterre & pour écrire en Eſpagne, d'où je pouvois avoir réponſe tous les ans beaucoup plus facilement qu'ailleurs.

Je découvris ma penſée au Pére Provincial qui étoit alors à Guatimala, qui tout auſſitôt accorda ma requête, & me conſeilla d'apprendre le langage *Poconchi*, dont j'avois déja eu quelques commencémens lors que j'étois en la Province de Vera-Paz, & qui eſt en grand uſage aux environs de Guatimala, & dans les Provinces de Vera-Paz & de ſaint Salv dor.

Il me promit de m'envoyer dans le village de Petapa, pour y apprendre la Langue avec un de ſes particuliers amis nommé frere Pierre Molina; qui étoit fort âgé & qui avoit beſoin d'une perſonne qui fût plus jeune que luy pour le ſoulager en ſa charge, parce que le village étoit fort grand, & qu'il y paſſoit pluſieurs perſonnes qui voyageoient.

Il ſembloit que le Provincial avoit connu ma penſée en me nommant ce lieu là, parce que c'étoit là particulierement où j'avois deſſein d'aller.

De ſorte qu'environ quinze jours avant la S. Jean-Baptiſte, je partis de Guatimala pour aller à Petapa qui eſt à ſix lièües de là où je m'établis afin d'y apprendre la langue Indienne.

Les Religieux de ces quartiers qui entendent les langages Indiens, ont compoſé des Grammaires & des Dictionnaires pour aider à ceux qui pourroient remplir leurs places aprés leur mort; mais pendant qu'ils vivent ils ne veulent pas enſeigner

seigner ces Langages-là à d'autres, de peur que les écoliers aprés s'y être perfectionnez, ne les supplantent & ne leur ôtent le profit qu'ils retirent dans les villages des Indiens, où ils sont établis en qualité de Curez.

Neanmoins ce vieillard Molina voyant qu'il étoit déja avancé en âge, & pour l'amour de son bon amy le Provincial, ne refusa pas ma compagnie, ny de me donner la connoissance qu'il avoit acquise pendant plusieurs années du langage Poconchi.

Il me donna donc un abregé de tous les rudimens de cette Langue-là, qui consistoient la plûpart à décliner les noms & conjuguer les verbes, ce que j'appris aisément quinze jours aprés que je fus avec luy, puis il me donna un dictionnaire des mots Indiens pour les apprendre par cœur & pouvoir étudier sans livre, jusqu'à-ce que je fusse capable de prêcher aux Indiens; ce que je fis aisément aprés en discourant & conferant souvent avec eux, outre l'étude que je faisois encore en mon particulier.

Six semaines aprés cela Molina composa une petite exhortation en ce Langage-là, qu'il m'exposa & voulut que je l'apprisse par cœur, ce que je fis & la recitai publiquement le jour de la fête de S. Jacques.

Il me composa encore une autre exhortation en Espagnol pour le quinziéme d'Août suivant, qu'il me fit traduire en la langue Indienne, & corrigea ce qu'il y trouva à propos de changer: ce qui m'ayant donné du courage je commençay de-là en avant à ne plus craindre de me presenter en public devant les Indiens.

G 5

Je

Je continuay ces exhortations trois ou quatre fois jufqu'à la S. Michel, prêchant ce que j'avois traduit de l'Efpagnol avec fon affiftance, jufqu'à ce que je puffe converfer tout feul avec les Indiens, & compofer mes fermons moy-même.

Aprés la faint Michel, Molina étoit extrémement fatisfait de l'inftruction qu'il m'avoit donnée, & de me voir fi fort avancé en cette Langue en fi peu de temps, n'y ayant que trois ou quatre mois que j'avois commencé de l'étudier fous luy.

Il écrivit au Provincial pour luy faire fçavoir la peine qu'il avoit prife à m'inftruire, & le bon fuccés de fon labeur, l'affurant que j'étois à prefent capable de gouverner les Indiens & de prêcher tout feul, le priant de me donner quelque village des Indiens ou quelque benefice, où je puffe en continuant à prêcher mettre en pratique ce que j'avois appris, & me fortifier de plus en plus en l'ufage de cette Langue que j'avois apprife avec tant de facilité.

Le Provincial qui avoit toûjours été mon amy, n'eut pas befoin d'être fort pouffé pour me témoigner la bonne volonté qu'il avoit pour moy, & m'envoya auffi-tôt ordre d'aller dans les villages de Mixco & de Pinola, prendre la charge des Indiens de ces lieux-là, & rendre compte tous les trois mois de tout ce que je recevrois, au Couvent de Guatimala à qui toute cette vallée appartient.

Tous les villages des Indiens & les Religieux qui y demeurent dépendant tous de quelque Couvent, & il faut que ces Religieux rendent

compte

compte à leur Supérieur de tout l'argent qu'ils ont épargné, aprés ce qui est nécessaire pour leur entretien & celui de leurs serviteurs, & ce qui en revient est employé par le Supérieur aux nécessitez du Couvent.

Cet ordre n'est pas encore observé dans le Péru : car tous les Religieux qui ont des bénéfices dans les villages des Indiens, ne dépendent d'aucun Couvent, & gardent pour eux tout ce qu'ils peuvent amasser ; mais aussi ils ne reçoivent rien de leurs Couvents, & sont obligez de s'habiller & de s'entretenir à leurs propres dépens, des offrandes & des autres droits qu'ils reçoivent des Indiens ; ce qui fait que les Religieux du Péru sont les plus riches de tous ceux qui sont aux Indes, où ils vivent comme des Seigneurs, & jouent publiquement aux cartes & aux dez sans que personne les en empêche.

Mais quoi que ceux de Guatimala, de Guaxaca, & de Mexique, ayent assez de quoi, & même plus qu'il n'est convenable à leur profession, ils n'ont pourtant pas le pouvoir de disposer du revenu de leurs bénéfices comme ceux du Péru : car ils sont obligez de donner à leur Supérieur, ce qui est au de là de leurs dépenses ; & il leur envoye tous les mois un pot de vin qui contient un arrobe & demi, & tous les ans un habit neuf avec les autres choses nécessaires pour se vétir.

Nonobstant tout cela je ne voudrois pas dire que les Religieux de Guatimala n'ayent pas assez de liberté & de richesses : car ils n'en ont que trop, & jouent & se divertissent aussi bien

G 6

que

que les autres, & au lieu qu'ils pourroient rendre cinq cens écus au Couvent par an, ils n'en rendent pas trois cens, & gardent le reste pour eux, trafiquant aussi sous-main avec les marchands contre leur vœu de pauvreté.

Ce fut donc à ces conditions là & cette dépendance du Prieur & du Couvent de Guatimala, que je fus envoyé pour prêcher aux Indiens de Mixco & de Pinola; d'où à cause de moi l'on ôta un vieux Religieux qui avoit prés de quatre-vingts ans, & on le fit revenir au Couvent pour se reposer, parce qu'il ne pouvoit plus s'acquiter de cette charge, ayant deux villages qui dépendoient de luy, & qui étoient éloignez de trois lieuës l'un de l'autre.

Le revenu dont je jouïssois en ces deux villages, avec les offrandes & les autres droits que je recevois des Indiens, étoit tel qui s'ensuit.

Je recevois tous les mois vingt écus à Mixco, & quinze à Pinola, qui m'étoient payez fort ponctuellement par les Alcades & Regidors avant que le mois fût fini.

Pour faire ce payement les habitans semoient une piece de terre en froment ou mahis, & écrivoient dans leur registre public la quantité de la recolte, & l'argent qu'ils en avoient reçû; j'étois aussi obligé d'y écrire tous les mois ce que je recevois d'eux pour leur servir de quitance, & à la fin de l'année ils portoient leur Registre pour être examiné par un Officier ordonné par la Cour de Guatimala.

Outre cette pension par mois, je recevois des confrairies des trepassez toutes les semaines

deux

deux écus en chaque village , pour dire une Messe pour ceux qui sont en Purgatoire ; deux écus tous les premiers dimanches du mois à Pinola de la confrairie du Rosaire de la Vierge , & à Mixco autant tous les mois de chaque confrairie des Indiens , des Espagnols , & des Negres.

De plus j'avois encore deux écus tous les mois de chaque confrairie de la vraye-Croix , & autant à Mixco d'une autre confrairie d'Espagnols de S. Nicolas de Tolentin , & deux écus aussi par mois de la confrairie de S. Blaise à Pinola , & deux autres écus par mois à Mixco de la confrairie de S. Jacinthe , outre les offrandes d'argent , de volailles , & de cierges qu'on faisoit aux jours que l'on celebroit ces Messes-là , ce qui montoit à soixante-neuf écus par mois , dont j'étois toûjours bien assuré d'être payé avant la fin du mois.

Sans compter encore ce que j'ay dit des images des Saints qui dépendent des Eglises , qui rapportent continuellement de l'argent , de la volaille , des cierges , & d'autres offrandes ce jour-là au Curé.

De sorte que le revenu que j'avois en ces deux villages n'étoit pas peu considerable : car il y avoit dix-huit images de Saints à Mixco , & vingt à Pinola , qui me rapportoient chacune quatre écus le jour de leur feste , pour dire la Messe & le Sermon & faire la Procession ; outre les volailles , les cocqs-d'Inde , le cacao , & les offrandes qu'on faisoit devant les Saints , qui valoient du moins trois écus à chaque fête , & revenoient chaque

que année à plus de deux cens soixante & six
écus.

Les quatre confrairies du Rosaire, dont il y
en avoit trois à Mixco & une à Pinola, dans les
jours des cinq principales fêtes de l'année m'apportoient chacune quatre écus, sçavoir deux
écus pour dire la Messe ce jour-là, & deux autres pour celle du lendemain, qu'ils appellent
l'anniversaire, pour ceux qui avoient été de la
confrairie ; qui outre les offrandes & les presens de volailles & de cacao, faisoient plus de
quatre-vingts écus par an.

Les deux confrairies de la vraye Croix aux
temps de leurs fêtes, dont l'une est le quator-
ziéme de Septembre, & l'autre le troisiéme de
Mai, me rapportoient quatre écus chacune
pour dire la Messe ce jour-là, & autant pour
celle de l'anniversaire, & encore deux écus tous
les vendredis du Carême, qui se montoient au
bout de l'an à quarante-quatre écus, & tout ce
que j'ai dit cy-dessus m'étoit comme une rente assurée en ces deux villages.

Mais ce seroit une chose trop ennuyeuse de
calculer tout ce qui me venoit casuellement outre cela ; les offrandes qu'on faisoit à Noël en
ces deux villages me valoient ordinairement
quarante écus ; celles qui se faisoient le Jeudi &
le Vendredi Saint, cent écus ; celle de la
Toussaint, quatre-vingts écus, & quarante
écus celles qui se faisoient ordinairement à la
Chandeleur.

Outre encore ce qui étoit offert aux jours de
la fête de chaque village, par tous ceux de la
campagne qui y venoient faire leurs dévotions,

ce

ce qui me valut une année à Mixco en argent &
en cierges quatre vingts écus, & plus de cinquante à Pinola.

Les communians donnant chacun une reale
faisoient du moins mille reales dans les deux
villages, & les confessions du Carême en valoient bien encore autant ; outre les autres
offrandes d'œufs, de miel, de cacao, de volailles, & de fruits ; outre aussi que l'on donne deux reales pour chaque batême, deux
écus pour chaque mariage, autant pour chaque enterrement, & même il y en avoit quelques-uns qui en mourant laissoient dix ou douze écus pour dire cinq ou six Messes pour le repos de leurs ames.

L'on peut juger comme les Ecclésiastiques
sont à leur aise, & ont moyen de s'enrichir
en ces pays-là, par le revenu que j'avois en
ces deux villages de Mixco & de Pinola, qui
sont pourtant beaucoup moindres que Petapa
& Amatitlan qui sont dans la même vallée,
& où il s'en faut beaucoup qu'il ne se fasse
tant d'offrandes qu'il s'en fait en beaucoup
d'autres lieux, ce qui me rendoit pourtant,
avec les offrandes qu'on mettoit dans les troncs,
& ce que les Indiens m'aportoient quand ils me
venoient voir, & d'autres Messes extraordinaires, plus de deux mille écus monnoye d'Espagne, ou du moins six mille livres par an.

Je crus donc que ce benefice étoit une demeure plus commode & plus utile pour moy que
le Couvent de Guatimala, où je ne pouvois
faire autre chose que me rompre la tête
sur des questions de Theologie, & avoir l'an-
plau-

plaudiſſement des écoliers, mais peu de profit, à quoy je devois pourtant penſer auſſi-bien que ceux de mon Ordre ; & d'autant plus qu'ayant deſſein de retourner en Angleterre, je recevrois peu d'aſſiſtance pendant ce long voyage, & que laiſſant mes amis en ce lieu-là je devois croire que je ne trouverois point de meilleur amy que l'argent pour m'accompagner par mer & par terre.

La premiere choſe que je fis, fut de m'inſtruire par le moyen des regiſtres de la recepte & de la dépenſe dans le Couvent de Guatimala, quels étoient les comptes que mon predeceſſeur & les autres avant lui avoient rendus tous les ans au Couvent de Mixco & de Pinola, afin que je me puſſe gouverner en ſorte & ſi bien regler ma dépenſe, que je puſſe vivre avec honneur, & neanmoins que ceux du Couvent me remerciaſſent en leur donnant plus qu'aucun n'avoit fait avant moy.

Je trouvay que mon predeceſſeur n'avoit pas donné plus de quatre cens écus pour ſes comptes, & qu'ordinairement avant lui l'on n'en avoit gueres donné davantage pour ces deux villages.

Sur quoy je pris une fois occaſion de demander au Prieur de Guatimala en parlant avec lui, ce qu'il deſiroit que je luy donnaſſe tous les ans pendant que je demeurerois en ces deux villages ? Il me repondit que ſi je donnois autant qu'avoit fait mon predeceſſeur il me remercieroit, & ne m'en demanderoit pas davantage, & que je pourrois retenir tout ce que je pourrois avoir en ces deux villages, pour m'acheter

des

des livres, des tableaux, du choctalote, des mules, & des serviteurs.

Mais je luy répondis que j'esperois vivre avec honneur en ce lieu-là , & neanmoins donner au Couvent plus qu'aucun autre n'avoit fait avant moy , & que je me soumettois à être depossédé de ce benefice , si je ne donnois tous les ans quatre cens cinquante écus au Couvent,

Sur quoy le Prieur me remercia fort affectueusement, & m'assura qu'il ne me laisseroit point manquer de vin ; mais qu'il auroit soin de m'en envoyer tous les mois , & de me donner des habits tous les ans , ce qui étoit une grande épargne pour moy ; de sorte que je me trouvay pourvû de tout ce que j'avois besoin pendant tout le temps que je demeuray dans les Indes.

L'on peut voir par là comme un Religieux qui est pourvû d'un benefice dans l'Amerique, y peut vivre avec quatre ou cinq mille livres de rente, sans que ses habits & son vin luy coûtent rien ; outre les presens de volailles qu'on luy fait, & le vil prix de la viande , où l'on a treize livres de bœuf pour deux sols six deniers ; & s'il n'a pas assez de quoi se divertir & acheter des mules , des tapisseries, des tableaux, des cabinets , & mêmes les remplir de pistoles & de pieces de huit , pour negocier à Madrid , & avoir ensuite un bon Evêché, comme ils font pour la plûpart.

Aprés que je fus établi en ces deux villages , le premier soin que j'eus fut d'acheter une bonne mulle , pour me porter aisément

d'un

d'un village à l'autre lors que l'occasion s'en offriroit.

J'en trouvai bien-tôt une qui me coûta quatrevingts êcus, & qui me servit bien à traverser
promptement la vallée, & faire les trois lieuës
qu'il y a d'un village à l'autre.

Quoi que mon étude principale en ce lieu-là
fût de me perfectionner en la Langue Indienne,
afin que je pusse prêcher aux Indiens & me bien
faire entendre, je ne laissai pourtant pas de continuer le dessein que j'avois de retourner en Angleterre, & pour cet effet de travailler à avoir
mon congé de Rome ou d'Espagne, par le
moyen d'un Capitaine nommé Isidore de Zepeda, qui étoit un marchand de Seville, & maître d'un des navires qui la premiére anné que je
fus établi à Mixco, apportérent des marchandises pour la ville de Guatimala.

J'écrivis par ce Capitaine qui passoit souvent
par la vallée de Mixco, à mes amis en Espagne,
dont j'eus réponse, mais avec peu de satisfaction sur ce que j'attendois d'eux.

L'amitié que j'avois liée avec ce Capitaine
Zepeda étoit si grande, que je lui déclarai mon
dessein & le priai de m'emmener en Espagne
dans son vaisseau ; mais il le refusa, me representant le danger où il se mettroit si l'on en faisoit plainte au Président de Guatimala, me
conseillant de demeurer où j'étois, & de me
munir d'argent, afin que je pusse m'en retourner avec honneur aprés avoir eu mon congé.

Me voyant donc obligé de demeurer en ce
païs-là, je me résolus de me laisser conduire

à

3. par. fol. 159.

à la providence de Dieu, qui sçauroit bien trouver les moyens pour m'en tirer, quand il feroit néceſſaire pour ſa gloire & pour mon bien.

Cependant, je demeurai cinq ans entiers en ces deux villages de Mixco & de Pinola, où il ſe preſenta à moi des occaſions beaucoup plus favorables pour profiter, qu'à pas un de tous ceux qui m'y avoient précédé.

Car la premiére année que j'y demeurai, Dieu y envoya une des ſept playes d'Egypte qui étoit celle des ſauterelles, n'en ayant jamais vû auparavant.

Elles étoient ſemblables aux ſauterelles de l'Europe, mais plus groſſes, & s'envoloient toutes enſemble par troupes, & en ſi grand nombre qu'elles rendoient l'air obſcur, & empêchoient le Soleil de faire paroître ſa lumiére.

Par tout où elles s'attachoient en deſcendant de l'air, l'on n'y voyoit autre choſe que des marques de ruïne & de deſolation; car elles ne mangeoient pas ſeulement les bleds, mais auſſi les feuilles & les fruits des arbres, où elles tomboient en ſi grand nombre, que de leur peſanteur elles rompoient les branches où elles s'arrêtoient, & les ſeparoient du tronc de l'arbre.

Les grands chemins en étoient tout couverts, de ſorte qu'elles faiſoient treſſaillir à tout moment les mulets qui alloient par le païs, en ſifflant autour de leurs oreilles, & en leur chatouillant les pieds.

Je me ſouviens même qu'en allant par le païs
j'en

j'en étois si incommodé, que si je n'eusse eu un masque avec des lunettes devant mes yeux il m'auroit été impossible de pouvoir continuer mon chemin.

Les fermiers qui demeuroient sur la côte du Sud, se plaignoient que leur Indigo qui étoit encore en herbe, étoit sur le point d'être rongé par ces sauterelles.

Ceux qui cultivoient le sucre se plaignoient aussi que les cannes de sucre qui étoient encore tendres couroient le même peril ; mais sur tout c'étoit une chose pitoyable d'entendre les plaintes des laboureurs de la vallée où je demeurois, qui apprehendoient que tout leur bled ne fût devoré dans une nuit par cette armée de sauterelles.

Comme cette affaire regardoit le public, cela obligea les Magistrats d'y apporter tous les remedes dont on se peut aviser pour les chasser du pays.

Pour cet effet l'on faisoit sortir à la campagne tous les habitans des villages, avec des trompettes & autres semblables instrumens, afin de les étonner par le bruit, & les chasser des endroits où ils pouvoient faire plus de dommage, ce qui reüssit heureusement ; car c'étoit une chose étonnante de voir comme elles s'enfuyoient, lorsqu'elles entendoient le bruit que faisoient les Indiens.

Dans tous les endroits où elles descendoient, sur les montagnes & dans les grands chemins, elles y laissoient leurs petits, qui rampoient sur la terre, & la menaçoient d'une seconde playe l'année suivante, mais pour y remédier medier l'on commanda à tous les habitans des villages de faire de longues fosses pour les y enterrer.

Par ce moyen & avec beaucoup de peine & de perte pour ces pauvres Indiens, ces pestilentieux insectes furent chassez en la mer du Sud, où ils trouverent leur tombeau dans les eaux, à même temps que leurs petits le trouvoient dans la terre ; & comme l'on ne put pas tout d'un coup les enterrer tous, il en resta encore quelques-uns ; mais comme le nombre n'en étoit pas grand ; on en vint bien-tôt à bout.

Mais pendant que tout le monde étoit affligé de la sorte, les Prêtres firent bien leurs affaires ; car de tous côtez l'on faisoit des processions, & l'on faisoit diré des Messes pour tâcher d'éloigner cette peste du pays.

Toutes les images des Saints qui étoient à Mixco furent portées à la campagne en procession, & particuliérement celles de la Vierge & de S. Nicolas de Tolentin, à l'honneur de qui l'on a accoûtumé de benir de petits pains où l'image du Saint est empreinte d'un côté, qu'on dit être bons pour chasser la peste, la fievre, & toutes sortes de perils & grands dangers publics.

Tous les laboureurs & fermiers Espagnols de la vallée, vinrent à Mixco apporter leurs offrandes à ce Saint, firent dire des Messes, & benir de ces petits pains, qu'ils emporterent chez eux, & en jetterent les uns parmi leurs bleds, & en enterrérent d'autres dans leurs hayes & buissons, dans la creance qu'ils

avoient

avoient à S. Nicolas, que ces pains benits en son nom empêcheroient que les sauterelles ne vinssent dans leurs champs.

De maniere que quand les sauterelles se furent retirées sans que leurs bleds en eussent été endommagez, ils se mirent tous à crier miracle en faveur de Nôtre-Dame & de Saint Nicolas de Tolentin, & à faire dire des Messes pour s'acquiter des vœux qu'ils leur avoient faits pendant le danger des sauterelles ; de sorte que leur devotion en cette rencontre là m'apporta encore beaucoup plus d'argent, que ce que j'avois accoûtumé de recevoir des confrairies dont j'ay parlé cy-devant.

L'année suivante tout ce pays là fut generalement infecté d'une certaine maladie presque aussi contagieuse que la peste, qu'ils appellent *Tabardillo*, qui étoit une certaine fiévre dans les entrailles qui à grand peine duroit jusqu'au septiéme jour ; car ordinairement elle faisoit mourir les personnes le troisiéme ou le cinquiéme jour.

La mauvaise odeur & la puanteur qui sortoit du corps des malades suffisoit pour infecter non seulement ceux de la maison, mais aussi tous ceux qui les venoient voir.

Elle leur faisoit pourrir la bouche & la langue, & les rendoit aussi noirs que du charbon avant que de mourir.

Il y eut bien peu d'Espagnols infectez de cette maladie contagieuse, mais les Indiens le furent tous generalement.

L'on disoit qu'elle avoit commencé aux environs de Mixco, d'où elle s'étoit épanduë de

village

village en village jusqu'à Guatimala , & ensuite avoit passé au de là , comme les sauterelles avoient fait l'année auparavant , qui étoient parties de Mixco , & ensuite avoient couru par tout le pays.

Je visitai diverses personnes qui moururent de cette maladie , sans me servir d'autre antidote que de sentir un mouchoir trempé dans du vinaigre , avec quoi , moyennant la grace de Dieu , je me tirai de ce danger au lieu que plusieurs autres en moururent.

J'enterrai dans Mixco quatre-vingts dix personnes , & plus de cent à Pinola , dont j'eus deux écus de chacun de tous ceux qui étoient au dessus de l'âge de huit ans , afin de dire une Messe pour delivrer leurs ames de Purgatoire ; de sorte qu'en moins de six mois j'en tirai prés de quatre cens écus , & par ce moyen aussi bien que par les sauterelle. j'eus de quoi m'enrichir pendant deux ans , comme tous les autres Curez qui étoient mes voisins.

Mais il ne faut pas s'imaginer que parce qu'il mourut plusieurs personnes en ce village-là , les offrandes que j'avois accoûtumé de recevoir fussent diminuées ; les Seigneurs de ces deux villages prirent le soin d'y remédier en cette maniére.

Afin de ne rien perdre du tribut qu'on avoit accoûtumé de leur payer avant la maladie , aprés qu'elle fut cessée ils firent nombrer les Indiens , & obligérent tous ceux qui avoient passé douze ans à se marier , ce qui étoit encore un nouveau moyen de m'apporter de l'argent , car j'avois deux écus de chaque mariage sans

com-

compter les offrandes, & il se trouva qu'en cette occurence je fis pour le moins quatre-vingts mariages, de sorte que j'en retiray une bonne somme.

Ce ne fut pas là tout le malheur de ce pays-là: car aprés cette maladie contagieuse les pluyes furent si grandes, que les laboureurs n'en appréhendoient pas moins que la perte de tous leurs biens.

Car tous les jours à midi pendant un mois l'air se trouvoit couvert de nuages si épais & si sombres, que non seulement la lumiére du Soleil en étoit obscurcie; mais il en tomboit des pluyes si violentes, qu'elles ruïnérent beaucoup de bleds, & abbattirent quantité de pauvres cases des Indiens; mais ce qui étoit encore plus étonnant, c'est que parmy la pluye il faisoit des tonnerres qui sembloient menacer de ruïne tout ce pays là.

Deux hommes qui voyageoient ensemble dans la vallée de Mixco en furent frapez tous deux à mort & renversez de leurs mules à terre.

La Chapelle de Nôtre Dame de Mont Carmel en la même vallée en fut brûlée rez pied rez-terre, & deux autres maisons à la riviere des Vaches.

Un autre éclat de tonnerre tomba aussi à Pétapa sur le grand Autel de l'Eglise, dont il fit fendre les murailles courant d'un Autel à l'autre, où il effaça toutes les peintures & dorures sans pourtant y faire de mal.

Un Religieux qui dormoit sur son lit aprés dîné dans le Couvent des Cordeliers de

Gua-

Guatimala en fut frappé à mort, & son corps demeura aussi noir que s'il avoit été brûlé au feu, & néanmoins il n'y avoit aucune apparence de blessure sur lui.

Il arriva divers accidens cette année-là 1632. dans tout le Pays; mais Dieu m'en garantit toûjours par sa grace comme par une espece de miracle.

Car étant un Samedy à Mixco tout tremblant & rempli de crainte, comme je faisois mes prieres dans ma chambre, le tonnere tomba sur la muraille de l'Eglise joignant ma chambre, & tua deux veaux qui étoient attachez à un pieu dans la cour, qui devoient être tuez le lendemain pour l'usage du Couvent.

L'éclair étoit si proche & si terrible que ma chambre parut toute en feu, & il me jetta par terre avec tant de violence que je demeurai quelque temps comme mort, & étant revenu à moi je trouvai plusieurs Indiens autour de ma maison, qui y étoient venus croyant que le feu y devoit être ou bien dans l'Eglise.

Ces orages m'apporterent aussi beaucoup de profit; car comme j'ai dit ci-dessus, les Espagnols de la Vallée & les Indiens firent faire plusieurs processions où l'on porta les Images des Saints, ce qui ne se fit pas sans argent; car chacun y apportoit des offrandes & des aumônes à l'ordinaire.

L'Eté suivant il fit des tremblemens de terre extraordinaires, qui furent si grands dans le Peru, que la Ville de Truxillo fut abîmée dans la terre qui s'ouvrit en divers endroits, & engloutit presque tous les habitans qui étoient en prieres à l'Eglise.

Le dommage qu'il fit autour de Guatimala fut beaucoup moindre qu'en d'autres endroits; car il ne fit qu'abattre quelques murailles de terre, & faire trembler les Eglises; ce qui ne laissa pas de jetter une si grande apprehension parmi les habitans qui craignoient encore un malheur pareil à celui du tremblement de terre qui étoit arrivé un peu avant que je vinsse en ce pays-là, que pour l'éviter tous se mirent en devotion, & firent dire quantité de Messes pour éloigner le danger dont ils étoient menacez.

Ces tremblemens de terre sont plus frequens que de longue durée; car ils ne durent pas long-temps, faisant trembler la terre de trois mouvemens differens, dont l'un la remüe à gauche, l'autre à droite, & le troisiéme semble la remettre derechef dans son lieu.

Il est constant que s'ils duroient long-temps, il n'y a point de clochers, de tours, ni d'edifices si grands & si bien bâtis qu'ils ne renversassent rez-pied rez-terre.

Il en arriva un à Mixco qui fut si fort, qu'il fit sonner les cloches & pancher le clocher d'un côté; mais je m'y étois si fort accoûtumé que je ne prenois plus la peine de quitter mon lit pour cela.

Mais cette année-là ils me donnerent de si fortes apprehensions, que je puis dire que j'étois perdu si Dieu ne m'eût assisté.

Car un matin comme j'étudiois dans ma

cham-

chambre, il arriva un tremblement de terre si soudain & si violent, qu'il me fit quitter la table pour me refugier sous une fenêtre, craignant qu'avant que j'eusse décendu les degrez toute la maison seroit tombée & m'auroit écrasé.

La fenêtre étoit dans une muraille fort épaisse & voutée en arcade, qui est l'endroit que les Espagnols tiennent pour le plus assuré au cas qu'une maison vint à tomber.

Aussi-tôt que je me fus retiré sous cette fenêtre le tremblement de terre cessa; mais comme je deliberois en moi-même si je demeurerois où j'étois ou si je décendrois en la cour, il en vint un second encore plus fort que le premier, de sorte que cela me fit apprehender d'être écrasé à la fin par ces secousses si violentes; car je voyois que bien que si la maison tomboit, cette fenêtre ne me pouvoit pas sauver, & que je serois jetté à terre par l'ouverture, qui étoit large & assez élevée, sans vitres & fermée de bois, comme c'est la mode de ce pays là.

De maniére que cela arrivant je ne courrois pas moins de risque que de me casser la tête, une jambe ou un bras; que si je sautois à terre de moi-même, je pouvois me sauver la vie, mais je ne pouvois manquer de m'estropier.

L'étonnement dans lequel j'étois m'empêchoit de prendre aucune resolution; mais au milieu de cette perplexité un troisiéme tremblement de terre étant survenu aussi violent que les autres, m'ôta tellement le jugement que je mis un pied fur la fenêtre pour me jetter en bas ; mais Dieu me retint, & à même temps fit cesser tous ces tremblemens de terre.

En cette maniere-là Dieu me sauva la vie par deux fois dans Mixco ; mais dans Pinola je me vis aussi en danger de perdre une jambe par un petit animal qui est beaucoup moindre qu'une puce.

Ce Village de Pinola s'appelle dans la langue Indienne *Pancan* ; Pan signifie dedans ou parmi, & Cac signifie trois choses, la premiere le feu, la seconde un fruit, qu'on nomme autrement *guiava*, & la troisiéme une petite vermine, que les Espagnols appellent *nigua*, qui est commune dans toutes les Indes, mais plus en certains endroits qu'en d'autres, & particuliérement où il y a quantité de pourceaux.

Les Espagnols disent qu'il y eut plusieurs soldats de François Drac qui en moururent, lors qu'ils mirent pied à terre aux environs de Nombre de Dios, & monterent sur les hautes montagnes de S. Paul vers Panama.

Car comme ils sentoient que les pieds leurs démangeoient & qu'ils en ignoroient la cause, ils se mirent à les grater si fort qu'il y vint des apostumes qui les firent mourir.

Quelques uns disent qu'elles s'engendrent par tout, haut & bas, sur les tables & sur les lits aussi bien que sur la terre ; mais l'experience montre qu'elles ne s'engendrent que sur la terre, & particulierement où les maisons sont sales & peu souvent baliées.

Elles s'attachent ordinairement aux pieds & entrent dans les souliers, mais fort peu souvent

aux

aux mains & aux autres parties du corps, ce qui fait voir qu'elles s'engendrent sur la terre & non ailleurs.

Elles sont beaucoup moindres que les plus petites puces ; de sorte qu'on a de la peine à les voir, & lors qu'elles entrent dans les pieds, l'on y sent une chaleur & une demangeaison extrême.

Elles paroissent noires en ce temps là, & ne sont pas plus grosses que la pointe d'une épingle, & l'on les peut tirer facilement toutes entieres avec une épingle ; mais s'il en reste la moindre chose, cela fera autant de mal que si tout le corps y étoit demeuré, & entrera dans la chair.

Lors qu'elles y sont entrées elles y engendrent une petite vessie pleines de lentes, qui grossit peu à peu jusqu'à la grosseur d'un pois, & cause encore une fort grande demangeaison, que si l'on grate cela se convertit en apostume, & met tout le pied en danger.

Quelques uns tiennent que le meilleur est de les tirer dehors quand elles ne font que commencer à demanger & entrer dans la peau ; mais cela est difficile, parce qu'on a de la peine à les voir, & qu'elles sont aisées à rompre.

C'est pourquoi plusieurs n'y touchent point qu'elles ne soient entrées dans la chair, & n'ayent engendré une vessie pleine de lentes qui se fait voir par sa luer au travers de la peau, qu'alors avec la pointe d'une épingle ils égratignent tout autour de la vessie, & là déracinent en sorte qu'ils la puissent enlever toute entiere avec la pointe de l'épingle:

H 3

car

car si on la perce elle repullule tout de nouveau ; mais si on l'arrache toute entiere, &
que l'on mette un peu de matiere d'oreille ou
des cendres sur le trou, dans un jour ou deux
tout est gueri.

Le moyen d'empêcher que cette vermine
n'entre dans les pieds, est de poser les chausses
& les souliers avec les autres habits sur un esca-
beau, ou sur une chaise élevée de terre, & de
ne point marcher nud pieds.

Mais c'est une chose admirable que les Indiens qui vont nud-pieds n'en sont presque jamais incommodez, ce qu'on attribuë à la du-
reté de leur peau, car s'ils l'avoient aussi tendre que ceux qui portent des chausses & des
souliers, ils en seroient aussi bien incommodez
qu'eux.

Penac ou Pinola est fort sujet à cette sorte de
vermine ou à ces niguas, comme je l'ai éprouvé
par une facheuse experience ; car à mon arrivée
en ce lieu ne connoissant pas encore la nature de
ces insectes, j'en laissai croupir un si long temps
dans mon pied en continuant aussi de le grater,
qu'à la fin il s'y fit une telle apostume que je fus
obligé de me mettre entre les mains du Chirurgien, & de garder le lit pendant deux mois,
aprés quoi je fus entierement gueri par la grace
de Dieu.

Mais afin que la posterité puisse connoitre les
graces que la Providence divine m'a faites en ces
Pays si éloignez de ma patrie, avant que de
conclure ce chapitre je veux decrire les autres
perils où je me suis trouvé, la maniere par laquelle Dieu m'en a tiré.

Quoi

Quoi qu'il soit vrai que la plûpart des Indiens ne soient Chrêtiens qu'en apparence &
par formalité, & qu'ils soient adonnez secrettement au sortilege & à l'idolâtrie ; néanmoins comme ils étoient sous ma charge,
je crûs qu'en leur prêchant Jesus Christ,
les caressant & protegant contre la cruauté
des Espagnols, je pourrois d'autant mieux les
instruire en la verité, & particulierement touchant Dieu le Pere & Nôtre Seigneur Jesus
Christ.

C'est pourquoi comme ils avoient beaucoup
de respect & d'affection pour moi, je tâchois
dans toute sorte d'occasions de leur témoigner
de l'amitié en plaignant leur condition, prenant leur parti lors que quelque Espagnol leur
faisoit du tort, & ayant toûjours dans ma
chambre des eaux de vie & du vin pour les
faire boire lors qu'ils me venoient voir, & pour
les fortifier lors qu'ils étoient malades ou affli-
gez, ce qui pourtant pensa presque me couter
la vie dans le Village de Pinola.

Car un Indien de ce Village-là, qui servoit un
Espagnol nommé *Francisco de Montenegro* qui
demeuroit à une demi-lieue de là, fut un jour
tellement battu & meurtri par son maître,
parce qu'il lui dit qu'il me viendroit faire ses
plaintes de ce qu'ils ne lui payoit pas ses gages,
qu'ayant été apporté chez lui, si je n'eusse prom-
tement envoyé un Chirurgien pour le panser
que je fis venir de Petapa, il est certain qu'il en
fût mort.

Je me plaignis au Président de Guatimala du
mauvais traittement que ce pauvre Indien avoit

H 4

reçû,

reçû, qui ayant consideré ma plainte fit venir l'Espagnol dans la Ville, le fit mettre en prison, où il demeura jusqu'à ce que l'Indien fut gueri, & après avoir payé une bonne amande.

De plus je fis un sermon où je représentai cette action aux autres Espagnols mes voisins, les exhortant à ne faire point de tort aux pauvres Indiens, & les avertissant que je ne le souffrirois pas non plus que s'ils le faisoient à moi-même, parce que je les considerois comme des Neophytes & de nouvelles plantes du Christianisme, que l'on ne devoit point choquer, mais qu'on devoit plûtôt par douceur & par amitié tâcher d'amener à Jesus Christ.

Je commandai ensuite à tous les Indiens à qui l'on feroit quelque tort de se venir plaindre à moi, & que je representerois si bien leurs plaintes que je m'assurois qu'on leur feroit justice, comme ils pouvoient bien voir par ce que j'avois déja fait.

Ce sermon toucha de sorte Montenegro, qu'il fit serment à ce qu'on me rapporta de me faire mourir ; j'eus pourtant de la peine à le croire m'imaginant que c'étoit plûtôt une rodomontade Espagnole qu'une véritable resolution.

Quelques uns de mes amis même me conseillerent de prendre garde à moi ; mais je méprisai encore cet avis, jusqu'à-ce que je vis venir tout en courant à la porte de ma chambre les garçons & les Indiens qui servoient dans ma maison, qui me dirent de prendre de garde à moi & de ne point sortir, parce que Montenegro étoit dans la cour avec une épée nuë qui me vouloit tuer.

Je leur ordonnai aussi-tôt d'aller querir les Officiers du Village pour venir à mon aide ; mais cependant cet Espagnol qui étoit en une si grande furie, comme il se vit découvert il s'enfuit du Village.

Cela m'obligea de pourvoir à ma seureté, & pour cet effet je fis venir un Negre nommé Michel Delva qui étoit un homme fort & robuste, pour demeurer auprés de moi jusqu'à ce que j'eusse vû la fin du mauvais dessein de Montenegro.

Le Dimanche suivant comme je devois aller le matin au Village de Mixco, je pris mon Negre avec moi & une demi-douzaine d'Indiens pour m'y accompagner, & passant au travers d'un petit bois qui est au milieu de la Vallée, je rencontrai mon ennemi qui m'y attendoit, qui voyant l'escorte que j'avois n'osant rien faire, sinon de me dire des injures & qu'il esperoit de me rencontrer quelque jour que je serois tout seul.

Cela m'obligea de ne pas differer davantage à faire une seconde plainte contre lui au President, qui la reçut fort bien, & aprés avoir tenu Montenegro un mois dans la prison le bannit à trente lieuës de la Vallée.

Je ne fus pas seulement persecuté par les Espagnols à cause des Indiens pendant que je demeurois en ces Villages là ; mais aussi par des Indiens même qui n'avoient de la Religion qu'en apparence ; mais quoi que je

H 5

je

je me trouvasse en grand peril par la haine des
uns & des autres, Dieu me fit pourtant toûjours
la grace de m'en garantir.

CHAPITRE XXI.

Des sorciers, & de leurs sortileges, avec
trois Histoires remarquables sur ce sujet.

IL y en avoit quelques uns à Pinola qui étoient
fort adonnez au sortilege, & qui par le pouvoir du diable avoient fait d'étranges choses.

Entre les autres il y avoit une vieille femme
nommée Marthe de Carillo, qui avoit déja été
accusée pour avoir ensorcelé plusieurs personnes
du Village; mais les Juges Espagnols la déchar-
gerent ne trouvant point de preuves certaines
contr'elle; ce qui la rendit encore pire qu'elle
n'étoit auparavant, de sorte qu'elle fit beaucoup
plus de mal.

Il y mourut deux ou trois personnes pendant
que j'y étois, qui finirent leur vie en langueur,
& dirent à leur mort que c'étoit cette Carillo
qui les avoit tuez, & qu'ils la voyoient souvent
autour de leur lit qui les menaçoit avec un visage plein de colere & de fureur.

Les Indiens l'apprehendoient si fort qu'ils
n'osoient se plaindre ni avoir affaire avec elle;
ce

ce qui m'obligea de faire dire à Dom Jean de Guzman qui étoit Seigneur de ce Village-là, que s'il n'y mettoit ordre elle détruiroit son Village.

Sur cela il obtint une Commission pour moi de l'Evêque & pour un autre Officier de l'Inquisition, afin de faire une exacte perquisition de sa vie & de ses mœurs; ce qu'ayant fait, les Indiens firent de grandes plaintes contr'elle, la plûspart des habitans du Village témoignant qu'elle étoit notoirement sorciere, & qu'avant qu'elle fût accusée la premiere fois, elle avoit accoûtumé par tout où elle alloit autour du Village de se faire suivre par une canne, qui lors qu'elle entroit dans l'Eglise se tenoit à la porte jusqu'à ce qu'elle fût sortie, & s'en retournoit après avec elle en sa maison, & qu'ils croyoient que cette canne étoit son demon & son esprit familier, parce qu'ils avoient souvent mis des chiens après qui au lieu d'en approcher s'en étoient fuis.

Mais depuis qu'elle avoit été accusée devant la Justice, cette canne n'avoit point paru, ce qu'on croyoit qu'elle avoit fait par adresse, afin qu'on ne la soupçonnât plus de se mêler de ces choses là.

Cette vieille étoit veuve & des plus pauvres du Village en apparence, & néanmoins elle avoit toûjours beaucoup d'argent, sans qu'on pût dire d'où il lui pouvoit venir.

Lors que je faisois cette enquête secrette contr'elle, qui étoit au temps du Carême que tous les habitans du Village se venoient

con-

confeffer, elle y vint auffi comme les autres, &
m'aporta le plus beau prefent que j'euffe receu
entre tous ceux du Village ; car au lieu que c'é-
toit une chofe commune de donner une reale,
elle m'en donna quatre avec un cocq d'Inde, des
œufs, du poiffon & un petit pot de miel.

Elle s'imaginoit que cela me donneroit une
meilleure opinion d'elle, que je n'en avois re-
ceuë par le raport des habitans du lieu.

Je réceus fes offrandes & l'ouïs en confeffion,
où elle ne dit que des bagatelles qu'à grande
peine auroit-on pû mettre au rang des pechez
veniels.

Ce qui m'obligea de l'examiner plus exacte-
ment fur l'opinion commune que tous les Indiens avoient d'elle, & particuliérement de
ceux qui en mourant m'avoient déclaré qu'elle
les avoit enforcelez, & qu'elle les avoit menacez avantqu'ils tombaffent malades, & depuis pendant leur maladie leur étoit apparuë
autour de leur lit, en les menaçant de les faire
mourir, & perfonne ne la voyant qu'eux.

A quoi elle ne répondit autre chofe, finon
qu'elle fe mit à pleurer, & dit qu'on lui faifoit
tort de croire cela d'elle.

Je lui demandai comme quoi étant une pauvre femme veuve, fans avoir aucuns enfans qui
l'affiftaffent, & fans aucuns moyens de gagner
fa vie, elle avoit néanmoins tant d'argent que
de me donner plus que ne faifoient les plus riches du Village; comme quoi elle avoit eu ce
cocq d'Inde, ce poiffon, & ce miel, n'ayant
rien de tout cela chez elle?

A

A quoi elle me répondit que Dieu l'aimoit &
lui avoit donné toutes ces choses là, & qu'elle
avoit acheté le reste de son argent.

Je lui demandai de qui elle l'avoit acheté,
& elle me répondit que c'étoit de ceux du
Village.

Je l'exhortai fort à la repentance, à quiter
le demon, & à n'avoir aucune familiarité avec
lui; sur quoi elle me fit des réponses pleines de
pieté & de devotion, me suppliant instamment
de lui vouloir administrer la Communion avec
tous les autres qui devoient communier le lendemain.

Mais je lui répondis que je n'oserois le faire, me servant même des paroles de Jesus-
Christ, qu'il ne faut point donner aux chiens
le pain des enfans, ni jetter les perles aux pourceaux, & que ce seroit un grand scandale si je
lui donnois la Communion, aprés avoir été
non seulement soupçonnée, mais aussi accusée
d'être sorciere.

Elle prit cela en fort mauvaise part, & me dit
que pendant plusieurs années elle avoit toûjours
receu la Communion, & que ce lui étoit un
grand déplaisir de s'en voir privée en sa vieillesse; en suite de quoi elle se prit à pleurer; mais toutes ses larmes ne me toucherent
point, & je demeurai ferme à lui refuser la
Communion, & lui donnai congé là dessus de
se retirer.

Sur le midi aprés que j'eus achevé mon Offi-
ce dans l'Eglise, j'ordonnai à mes gens d'aller recueillir les offrandes, & de me faire ap-
prêter à dîné le poisson qu'elle avoit apporté;

té ; mais il ne fut pas plûtôt dans la cuisine que le cuisinier le trouva plein de vers & qui sentoit mauvais, de sorte qu'il fallut le jetter.

Cela commença de me donner du soupçon de cette vieille sorciere, & m'obligea d'aller visiter le miel qu'elle m'avoit donné, que je versai dans un plat & le trouvai rempli de vers ; pour ses œufs je ne pus les reconnoître entre les autres, parce que j'en avois reçû environ un cent ce jour-là, mais à mesure qu'on les employoit, l'on en trouva les uns qui étoient pourris, & d'autres où il y avoit des poulets morts dedans.

Le cocq d'Inde fut trouvé mort le lendemain, & quant à ses quatre réales, je ne pus pas m'appercevoir si elle m'avoit ensorcelé de ce côté-là, parce que je les avois mises dans ma pochette avec plusieurs autres qu'on m'avoit données ce jour-là ; néanmoins autant que je me pouvois souvenir de tout ce qui m'avoit été donné, je trouvois qu'il en manquoit quatre reales.

Le soir aprés que mes serviteurs Indiens se furent allez coucher, je demeurai fort tard en ma chambre à étudier, parce que je devois le lendemain faire une exhortation à tous ceux qui devoient communier.

Aprés que j'eus étudié un peu de temps, entre dix & onze heures tout soudain la grande porte de la salle, à côté de laquelle étoit ma chambre & celle de mes serviteurs, & trois autres portes s'ouvrirent avec grand bruit, & j'ouïs quelqu'un qui entra dans la salle & s'y promena quelque temps.

Aprés

Aprés cela jouïs encore ouvrir une autre porte par où l'on entroit dans le lieu où l'on fer-
roit les harnois de mes mulets, ce qui me fit
croire que ce pouvoit être mon Negre Michel
Delva, qui bien souvent se retiroit fort tard,
particulierement depuis la crainte que j'avois
eu de Montenegro, & je m'imaginai que
c'étoit qu'il alloit serrer la selle de son mulet,
ce qui fit que je l'appellai deux ou trois fois
par son nom du dedans de ma chambre, sans
que personne me repondit un seul mot.

Mais au lieu de cela j'ouïs encore ouvrir une
autre porte par où l'on entroit dans le jardin, ce
qui me donna alors une telle frayeur que tout le
corps m'en trembla, & les cheveux m'en
dresserent en la tête; de sorte que je n'avois
pas même le courage d'appeller mes valets tant
j'étois épouvanté.

Cela me fit penser à la sorciere & prier Dieu
de me garder de sa malice; ensuite de quoi
ayant pris courage, & me sentant la parole
libre que la peur m'avoit retenuë jusques alors,
j'appellai mes valets & heurtai avec une ca-
ne afin qu'ils me pussent entendre; car je
n'osois pas ouvrir ma porte ny sortir de ma
chambre.

Le bruit que je fis ayant reveillé mes gens ils
s'en vinrent à la porte de ma chambre, &
aprés l'avoir ouverte je leur demandai s'ils
n'avoient ouï personne dans la salle, & s'ils
n'avoient pas entendu ouvrir toutes les portes.

Ils me répondirent qu'ils dormoient & qu'ils
n'a-

n'avoient rien ouï ; il n'y eut qu'un garçon qui dit qu'il avoit tout entendu, & me raconta les mêmes choses que j'avois ouïes.

Là-dessus je pris ma chandelle à la main, & m'en allai avec eux dans la salle pour visiter les portes, que je trouvai toutes fermées comme les serviteurs me dirent qu'ils les avoient laissées.

Cela me fit connoître alors que la sorciere avoit eu dessein de m'épouvanter, mais qu'elle n'avoit pû me faire de mal.

Après cela je me retirai dans ma chambre & allai me mettre au lit, ayant fait venir deux de mes serviteurs pour coucher auprés de moi.

Le matin j'envoyai querir mon Official, & lui dis ce qui m'étoit arrivé pendant la nuit ; de quoi il se prit à rire, & me dit que c'étoit la veuve Carillo, qui avoit fait souvent de semblables tours dans le Village à ceux qui l'avoient choquée ; c'est pourquoi il m'étoit venu voir le soir avant que de lui donner la Communion, de peur qu'elle ne me fit quelque mal ; ce que je lui refusai comme j'avois fait à elle même ; & ensuite il me dit que je n'avois qu'à me réjouïr, & qu'il sçavoit bien qu'elle n'avoit pas le pouvoir de me faire aucun mal.

Ce jour-là même aprés la Communion quelques uns des principaux Indiens me vinrent trouver, & me dirent que la vieille Carillo s'étoit vântée qu'elle me feroit piece d'une façon ou d'autre, parce que je ne voulois pas lui donner la Communion.

Mais

Mais pour délivrer le Village d'une si méchante creature, je la fis conduire à Guatimala avec toutes les informations & les témoins que j'avois contr'elle, que j'envoyai au President & à l'Evesque, qui la firent mettre en prison où elle mourut deux mois aprés.

Il y avoit encore beaucoup d'autres Indiens dans ce Village là, qu'on disoit qui faisoient d'étranges choses.

Entr'autres l'on disoit qu'il y avoit un certain Jean Gonçalez qui se transformoit souvent en lion, & comme il étoit en cette figure-là il fut blessé au nez par un pauvre innocent Espagnol, qui gagnoit sa vie à chasser des cerfs & d'autre bestes sauvages dans les bois & sur les montagnes.

Un jour ayant apperçû un lion caché derriere un arbre, dont il ne voyoit que le musle, il tira dessus & aussi-tôt le lion s'enfuit.

Le mesme jour Gonçalez se trouva mal, & l'on m'envoya querir pour ouir sa Confession; comme je fus arrivé chez lui, je trouvai qu'il étoit blessé au visage & qu'ils avoit le nez tout cassé, & lui ayant demandé comment cela lui étoit arrivé, il me répondit qu'il étoit tombé d'un arbre, & que peu s'en falloit qu'il ne se fût tué; neanmoins il accusa ensuite ce pauvre Espagnol d'avoir tiré sur lui.

L'affaire ayant été portée devant le Juge, l'on reçût le témoignage que je rendis que Gonçalez m'avoit dit qu'il étoit tombé d'un arbre, l'Espagnol fut interrogé sur son serment, qui dit qu'il avoit tiré sur un lion

dans

dans un bois fort épais, & où l'on n'auroit jamais crû qu'un Indien pût avoir affaire.

L'arbre fut encore trouvé dans le bois marqué des balles du fusil, & Gonçalez avoüa que c'étoit-là l'endroit où il s'étoit blessé, & étant examiné comment il n'étoit point tombé, & n'avoit point été apperçû de l'Espagnol lors qu'il étoit venu chercher le lion qu'il croyoit avoit tué, il répondit, qu'il s'en étoit fuy de peur que l'Espagnol n'achevât de le tuer.

Mais comme la plûpart de ses réponses parurent frivoles, que l'innocence de l'Espagnol fut reconnuë, & le soupçon que l'on avoit dans tout le Village que Gonçalez avoit commerce avec le demon, l'Espagnol fut renvoyé absous de tout ce que l'autre avoit déposé contre lui.

Mais tout cela n'étoit rien au prix de ce qui arriva ensuite à un nommé Jean Gomez, le principal des Indiens de ce Village-là, âge de prés de quatre-vingt ans, Chef & Gouverneur de la plus considerable Tribu qui fût entr'eux, & dont l'avis étoit toûjours preferé à celui de tous les autres, qui paroissoit assez homme de bien, & qui manquoit peu souvent de se trouver le matin à la Messe & à Vêpres l'aprés-dînée, ayant même fait de grands dons à l'Eglise du lieu.

Cet Indien s'étant trouvé malade subitement comme j'étois dans le Village de Mixco, les Bedeaux de la Confrairie de la Vierge craignant qu'il ne mourût sans Confession & d'être repris de negligence, me vinrent trouver

ver

vet à Mixco sur le minuit, pour me prier de venir tout à l'heure pour assister Jean Gomez & le disposer à bien mourir, disant qu'il souhaitoit fort de me voir & que je vinsse pour le consoler.

quoi que ce fût une heure induë & qu'il tombât une grosse pluye, jugeant que c'étoit une œuvre de charité, cela ne m'empêcha pas de monter à cheval, & de faire trois lieuës dans l'obscurité de la nuit & pendant la pluye.

Lors que j'arrivai à Pinola étant tout percé de la pluye, je m'en allai d'abord à la maison du vieux Gomez qui étoit couché dans son lit la face enveloppée, qui me remercia de la peine que je prenois pour le salut de son ame, me pria de le confesser, & par ses larmes & par sa confession ne me donna que des marques d'une bonne vie & du desir qu'il avoit de mourir & d'aller à Jesus Christ.

Je le consolai & le preparai à la mort, mais avant que de partir je lui demandai comme il se portoit? il me répondit que son mal n'étoit autre chose que la vieillesse avec la foiblesse qui l'accompagnoit.

Après cela je m'en allai en ma maison, où je changeai de linge & me couchai pour prendre un peu de repos; mais tout aussi-tôt l'on me vint querir pour donner l'Extrême-Onction à Gomez, qui est une chose que les Indiens n'oublient jamais avant que de mourir.

Comme je lui oignois le nez, les lévres, les yeux, les mains & les pieds, je remarquai qu'il étoit enflé & tout livide, néanmons je n'en n'en fis pas de compte croyant que cela venoit de sa maladie.

Je m'en retournai au logis sur le point du jour & aprés avoir un peu reposé, quelques Indiens vinrent fraper à ma porte, qui venoient acheter des cierges pour faire des offrandes pour l'ame de Jean Gomez qui venoit de mourir, & qui devoit être enterré ce jour-là solemnellement aprés la Messe.

Je me levai ayant encore les yeux tout rouges pour n'avoir pas reposé toute la nuit, & m'en allai à l'Eglise où je trouvai que l'on commençoit à faire la fosse.

Je rencontrai deux ou trois Espagnols qui demeuroient proche du Village, qui étoient venus pour entendre la Messe ce matin-là, qui s'en vinrent avec moi dans ma chambre, avec qui j'entrai en conversation touchant Jean Gomez, leur disant que j'avois reçu beaucoup de consolation de le voir si bien mourir, que je ne faisois point de doute qu'il ne fût sauvé, & que tous les habitans du Village perdoient beaucoup en sa mort, parce qu'il étoit leur Chef & Conducteur, qui les avoit toûjours gouvernez avec beaucoup de sagesse & de jugement.

Là-dessus ces deux Espagnols se prirent à rire en se regardant l'un l'autre & me dirent que j'étois bien trompé par tous les Indiens, & particulierement par le défunt Jean Gomez, si je croyois qu'il eût été un saint ou un homme de bien.

Je leur répondis que comme ils étoient ennemis des pauvres Indiens, ils en jugeoient

toû-

toûjours mal ; mais que j'en pouvois rendre un
témoignage plus certain qu'eux , parce que je
sçavois fort l'état de leurs consciences.

Mais l'un d'entr'eux me repliqua, qu'il sembloit que je ne sçavois gueres bien ce qui étoit
de la mort de JeanGomez par la confession qu'il
m'avoit faite avant que de mourir , & qu'il falloit bien que je ne sçeusse pas le bruit qu'il y
avoit dans le Village touchant sa mort ; ce qui
m'étonna si fort que je les priai de me dire la verité de ce qu'ils en sçavoient.

Ils me dirent que le bruit étoit que Jean Gomez étoit le plus grand magicien & sorcier du
Village , & qu'il avoit accoûtumé de prendre la
forme d'un lion , & sous cette forme là de courir par les montagnes.

Qu'il avoit toûjours été ennemi mortel d'un
certain Sebastien Lopez, qui étoit un vieux
Indien & Chef d'une autre Tribu ; qu'il y a-
voit deux jours qu'ils s'étoient rencontrez tous
deux en la montagne, Gomez sous la figure
d'un lion , & Lopez sous celle d'un tigre , où
ils s'étoient battus fort cruellement, jusqu'à-
ce que Gomez qui étoit le plus vieux & le
plus foible, fut lassé & tellement mordu &
moulu de coups qu'il en étoit mort.

Que pour montrer que cela étoit vrai,
l'on avoit mis Lopez en prison à cause de cela ; que les deux Tribus étoient en conteste
tous ensemble sur ce sujet là, que la Tribu &
les parens de Gomez demandoient satisfaction à Lopez & à ceux de sa Tribu & une
grande somme d'argent, & à faute de cela les
me-

menaçoient de mettre l'affaire entre les mains des Magiſtrats Eſpagnols; mais qu'ils ne vouloient pas le faire encore ſi-tôt, du moins s'ils pouvoient pacifier les choſes entr'eux, de peur que cela ne fiſt tort à leur village, & les rendît odieux aux Eſpagnols.

Cela me ſembla ſi extraordinaire que je ne ſçavois plus ce que je devois croire, & me fit reſoudre à ne jamais ajoûter foi à aucun Indien, ſi je pouvois découvrir que Jean Gomez eût été ſi diſſimulé & m'eût trompé de la ſorte.

Je pris congé des Eſpagnols & m'en allai à la priſon, où je trouvai Lopez qui avoit les fers aux pieds.

Enſuite étant de retour chez moi j'envoyai querir un Officier de la ville qui étoit Alguazil-Major & mon grand ami, de qui je m'enquis en particulier pourquoi Lopez étoit ainſi retenu priſonnier.

Il craignoit de me dire l'apprehenſion qu'avoient les Indiens, eſpérant que l'affaire ſeroit accommodée entre des deux Tribus, & qu'on n'en parleroit point dans le pays; parce qu'en ce même temps-là les deux Alcades & Regidors avec les principaux de ces deux Tribus, étoient aſſemblez pour cela dans la Maiſon de Ville.

La retenuë que je voyois en cet Officier augmentoit encore plus le deſir que j'avois d'apprendre ce qui en étoit, & le preſſai de me dire la verité, en lui diſant même quelque choſe de ce que j'avois appris auparavant de ces deux Eſpagnols.

A

A quoi il me répondit que s'ils se pouvoient accommoder entr'eux ; ils n'apprehendoient point que les Espagnols fissent courir aucun mauvais bruit de leur village ; mais je lui répondis que je voulois sçavoir pourquoi ils s'étoient ainsi assemblez si secrettement dans la Maison de Ville.

Sur quoi il me promit que si je lui voulois promettre de ne point parler de lui, parce qu'il craignoit l'animosité de tous les habitans s'ils venoient à sçavoir qu'il m'eût revelé l'affaire, il me diroit la verité.

Je l'assurai là-dessus & lui donnai un verre de vin pour lui donner courage, lui promettant qu'il ne lui arriveroit aucun mal pour tout ce qu'il me pourroit dire.

Alors il me raconta toute l'affaire comme les Espagnols avoient fait, & me dit qu'il ne croyoit pas que les Tribus s'accordassent, parce qu'il y avoit des amis de Gomez qui haïssoient Lopez & tous ceux qui avoient familiarité avec le Diable comme lui, & ne se soucioient pas si la vie dissimulée de Gomez étoit connue d'un chacun ; mais il y en avoit d'autres qui étoient aussi méchans que Lopez & Gomez, qui la vouloient cacher de peur qu'ils ne fussent decouverts & tous les autres magiciens & sorciers du village.

Cela me toucha extrémement le cœur, de voir que j'étois obligé de demeurer parmi un peuple qui dépensoit tout ce qu'il pouvoit gagner par son travail à faire du bien à l'Eglise & des offrandes aux Saints, & qui neanmoins avoit tant de familiarité avec le démon.

J'a-

J'avois un grand déplaisir de voir que je leur prêchois la parole de Dieu inutilement, ce qui me fit résoudre à travailler d'oresnavant contre les ruses de satan, & à leur representer avec beaucoup plus de vigueur que je n'avois fait auparavant, le grand peril où étoient les ames de ceux qui avoient fait quelque sorte de pacte avec le demon, afin de les porter à renoncer à ses œuvres, & à s'attacher à Jesus-Christ par une foi sincere.

Aprés avoir congedié cet Officier Indien je m'en allai à l'Eglise pour voir si le peuple étoit venu à la Messe ; mais je n'y trouvai que deux hommes qui faisoient la fosse de Gomez.

N'ayant donc trouvé personne je m'en retournai dans ma chambre, extrêmement étonné de ce que je venois d'apprendre, & fort incertain si je devois l'enterrer comme un Chrétien, aprés avoir vécu & s'être mort de la sorte qu'on m'avoit dit.

Néanmoins je ne crus pas être obligé de croire un seul Indien contre lui, ni les Espagnols qui à mon avis ne parloient que par ouir dire.

Pendant que j'étois dans l'incertitude de ce que je devois faire, il vint pour le moins vingt des principaux Indiens du Village, avec les deux Maires & Echevins & tous les Officiers de la Justice, qui me prierent de remettre ce jour-là l'enterrement de Jean Gomez, parce qu'ils avoient résolu de faire venir un Officier de la Couronne pour visiter son corps & examiner les causes de sa mort, de peur qu'ils ne reçussent

cuſſent du deplaiſir à cauſe de lui & qu'on le fit
déterrer.

Je fis ſemblant de ne rien ſçavoir de cette affaire, & leur demandai pourquoi ils me faiſoient cette priere?

Alors ils me racontent tout, & me dirent
comme il y avoit des témoins dans le Village,
qui diſoient avoir vû combattre un lion & un tigre l'un contre l'autre, & qu'un moment aprés
ces bêtes avant diſparu de devant eux, ils avoient vû Jean Gomez & Sebaſtien Lopez preſque
dans le même endroit qui s'étoient ſeparez
l'un de l'autre, & qu'auſſi-tôt aprés cela Jean
Gomez s'en étoit venu chez lui tout briſé de
coups, & s'étoit mis au lit d'où il n'étoit point
relevé, & qu'il avoit déclaré en mourant à
quelques uns de ſes amis que Sebaſtien Lopez
l'avoit tué; ſur quoi on l'avoit arrêté & mis
priſonnier.

De plus ils me dirent que quoi qu'ils n'euſſent jamais rien reconnu de la méchanceté de
ces deux hommes, qui étoient les principaux
de leur Village & à qui ils avoient toûjours
porté beaucoup de reſpect, que néanmoins en
cette conjoncture ils étoient veritablement
informez, tant de la part d'une Tribu que
de l'autre, que ces deux perſonnes avoient
toûjours communiqué avéc le demon, ce
qui étoit une choſe honteuſe à tous les habitans de leur Village; mais que pour eux
ils renonçoient à toutes ces méchantes pratiques, & qu'ils me prioient de n'imputer
pas le crime de quelques particuliers à tous
les autres, & qu'ils étoient reſolus de pour-

suivre tous ces malheureux-là, & ne point
permettre qu'ils demeurassent parmi eux dans
le Village.

Je leur dis que j'aprouvois leur zéle, & les
exhortai comme bons Chrétiens de travailler
à bannir le démon de leur Village & qu'ils
avoient bien fait d'envoyer à Guatimala pour
avertir les Magistrats Espagnols de cet acci-
dent, & que s'ils l'avoient caché ils auroient
pû être tous châtiez, comme coupables de la
mort de Gomez, & complices des instrumens
de satan.

Je les assurai de plus que je n'avois aucune
mauvaise opinion d'eux ; mais qu'au contraire je les estimois beaucoup de ce qu'ils avoient
tous ensemble résolu de faire.

L'Officier de la Couronne qu'on avoit envoyé querir arriva ce soir-là, qui visita le corps
de Gomez en ma présence, & le trouva tout
brisé, égratigné, mordu, & blessé en plusieurs endroits.

L'on apporta ensuite de cela plusieurs témoignages & soupçons contre Lopez, tant
des habitans du Village que des amis de Gomez ; sur quoi on le conduisit à Guatimala où
il fut encore examiné par devant les mêmes témoins ; & comme il ne se deffendit pas trop
bien, mais avoua en quelque façon la chose,
il fut condamné à être pendu & fut execute
ensuite ; & Gomez au lieu d'être enterré dans
la fosse qu'on avoit faite pour lui dans l'Eglise,
fut enterré dans une autre qu'on fit dans un
fossé.

Dans Mixco je trouvai aussi quelques Indiens
qui

qui n'étoient pas moins diffimulez que Gomez,
qui étoient quatre freres appellez Fuentes des
principaux & des plus riches du Village, &
plus d'une dixaine d'autres.

Ces gens là en apparence paroiffoient bien
vivans, liberaux envers les particuliers, bien
faifans à l'Eglife, dévots envers les Saints,
& qui avoient un grand foin de celebrer leurs
fêtes; mais qui en fecret étoient de grands I-
dolâtres.

Mais il plût à Dieu de fe fervir de moi comme d'un inftrument pour découvrir & mettre
en lumiere le fecret de leurs œuvres de tenebres, que la folitude d'un bois & d'une montagne avoient cachées aux yeux du monde
pendant plufieurs années.

Quelques-uns de ces gens-là étant un jour
en la compagnie de quelques autres perfonnes
qui étoient meilleurs Chrêtiens qu'eux, où
ils faifoient débauche de leur chicha, fe prirent à fe vanter de leur Dieu, difant qu'il leur
avoit prêché bien mieux que je n'avois fait,
& qu'ils ne devoient rien croire de tout ce
que je leur enfeignerois de Jefus Chrift; mais
qu'ils devoient fuivre l'ancienne Religion de
leurs ancêtres qui adoroient leurs Dieux comme il falloit; mais qu'à préfent par l'exemple
des Efpagnols ils avoient été abufez & portez à
adorer un faux Dieu.

Les autres Chrêtiens qui entendirent ces
paroles commencerent à s'étonner, & leur
demanderent où étoit donc ce Dieu-là, &
avec bien de la peine, en leur promettant de
les imiter & de fervir leur Dieu, ils apprirent

I 2

d'eux

d'eux le lieu & la montagne où l'on le pouvoit trouver.

Quoi que dans la débauche ces bons Chrétiens leur eussent promis de faire comme eux, néanmoins quand ils furent en leur particulier ayant mûrement pensé à leur promesse, ils se moquerent de leur engagement comme d'une chose frivole, & de tous les discours qu'on leur avoit faits.

Ils ne peurent pourtant pas tenir la chose si cachée, qu'elle ne vint à la connoissance d'un Espagnol qui demeuroit dans la vallée, qui croyant qu'il étoit obligé en conscience de la reveler, me vint trouver à Mixco, & me dit qu'il y avoit certains Indiens dans ce Village-là qui adoroient une Idole, & se vantoient qu'elle avoit prêché contre ma doctrine en faveur de l'Idolatrie des anciens Payens.

Je loüai Dieu de ce qu'il renversoit tous les jours les ouvrages de Satan, & priai l'Espagnol de me dire de qui il avoit appris toutes ces choses, ce qu'il fit me nommant celui qui le lui avoit dit, & qui me l'auroit revelé s'il n'eut aprehendé de découvrir ces Indiens-là & de me le dire à cause d'eux.

Là-dessus j'envoyai querir cet Indien pour le confronter à l'Espagnol, devant qui il me confessa ce qu'il en avoit ouï dire, mais qu'il n'avoit osé le declarer, parce qu'il sçavoit bien que s'il découvroit ces Indiens-là qu'ils lui feroient beaucoup de mal par le moyen du diable.

Sur quoi je lui remontrai que s'il étoit vrai Chrêtien il devoit combattre contre

le

le diable & non pas l'aprehender, parce qu'il ne sçauroit lui faire de mal tant que Dieu seroit avec lui & qu'il s'attacheroit à Jesus Christ par la foi ; & que si on découvroit cette Idole ce seroit le moyen de convertir les Idolâtres, lors qu'ils verroient le peu de pouvoir de leur faux Dieu au prix du vrai Dieu des Chrêtiens.

De plus je lui dis ingenument que s'il ne me vouloit pas dire qui étoient ces Indiens & où étoit leur Idole, que je l'envoyerois à Guatimala, & que là on lui feroit bien dire tout ce qu'il sçavoit.

Sur cela il eut peur, & tout tremblant me dit que c'étoient les Fuentes qui s'étoient vantez de cette Idole qu'ils appelloient leur Dieu, & qu'ils avoient donné pour marques du lieu où il étoit une fontaine & un pin qui étoient à l'entrée d'une caverne dans une telle montagne.

Je lui demandai s'il sçavoit le lieu , & quelle sorte d'Idole c'étoit ; sur quoi il me répondit qu'il avoit été souvent sur cette montagne, où il avoit vû deux ou trois sources, mais qu'il n'avoit jamais décendu dans aucune caverne.

Je lui demandai encore s'il voudroit bien venir avec moi & m'aider à découvrir ce lieu-là ; mais il refusa craignant ces Idolâtres , & me dit même de n'y point aller, de peur que s'ils y étoient ils ne me tuassent plûtôt que de se laisser découvrir.

Mais je lui répondis que je menerois une si bonne escorte avec moi, qu'elle seroit bien capable de me deffendre contr'eux, & que la foi que j'avois au Dieu vivant & tout Puiffant me garantiroit contre ce faux Dieu-là.

C'eft pourquoi je me refolus avec cet Efpagnol d'aller chercher cette caverne le lendemain, & de mener avec moi trois ou quatre autres Efpagnols & mon Negre Michel Delva avec cet Indien, que je ne voulus pas laiffer retourner ce jour-là dans fa maifon, de peur qu'il ne découvrit dans le Village le deffein que j'avois, & que les Idolatres le fçachant ne me previnffent pendant la nuit, & ne transportaffent leur Idole hors de ce lieu-là.

L'Indien refufoit toûjours de m'accompagner, jufqu'à ce que je le menaçai d'envoyer querir les Officiers de la Juftice & de le faire arrêter, ce qui l'obligea de me promettre qu'il viendroit avec moi.

Mais afin qu'il ne pût parler à perfonne du Village ni avec mes valets, je pria l'Efpagnol de l'emmener chez lui & de le bien garder pendant le jour & la nuit, avec promeffe que je l'irai trouver le lendemain matin, lui recommandant fur tout d'être fecret, & en cette maniere je le congediai avec l'Indien qu'il emmena avec lui.

Le même jour je m'en allai à Pinola pour faire venir le Negre Michel Delva, que j'amenai avec moi à Mixco fans lui rien découvrir de mon deffein; j'allai auffi trouver quatre Efpagnols de mes voifins que je pria de fe tenir prêts pour le lendemain matin, pour m'accompagner dans une affaire où il s'agif-

foit

soit du service de Dieu, qu'ils se rendissent dans la maison d'un de nos voisins communs, & que s'ils apportoient leurs susils nous pourrions trouver dequoi nous divertir au lieu où nous allions, que du reste je mettrois ordre à ce que nous eussions du vin & de la viande suffisamment.

Ils me promirent tous de venir avec moi, s'imaginant qu'encore que je leur disse que c'étoit pour le service de Dieu, que je n'avois d'autre dessein que de chasser quelque cerf dans les montagnes.

Je fus bien aise de voir qu'ils interpretoient mon intention de la sorte, & là-dessus je m'en retournai à mon logis, où je sis provision ce soir-là d'un bon jambon, & de quelques volailles rôties & d'autres boüillies bien poivrées & salées pour nôtre voyage du lendemain.

Je trouvai toute ma compagnie en la maison où j'avois fait garder l'Indien, & de là nous allâmes tous ensemble au lieu où les Idolatres alloient adorer leur faux Dieu, qui étoit environ à deux lieües de Mixco vers le Village de saint Jean de Sacatepeque.

Lors que nous entrâmes dans le bois nous rencontrâmes d'abord une profonde fondriere où il y avoit un ruisseau; ce qui nous obligea d'y faire une fort exacte recherche par tout, mais nous n'y trouvâmes rien de ce que nous allions chercher.

De-là nous montâmes au haut de la fondriere, & après avoir employé bien du temps encore à chercher nous trouvâmes une fontaine;

I 4

mais

mais quoi que nous regardassions fort exacte-
ment tout autour nous n'y vîmes point de
caverne.

Nous cherchâmes ainsi en vain tout le
jour jusqu'au soir ; de sorte que craignant
de nous égarer si la nuit nous surprenoit, mes
amis commencerent à s'ennuyer & parloient de
s'en retourner.

Mais considerant que nous n'avions pas
encore passé la moitié du bois, & que si
nous retournions au logis pour revenir encore en ce lieu là, nous pourrions être découverts, & nôtre dessein divulgué ; nous jugeâ-
mes que le meilleur étoit de coucher ce soir-
là dans le bois dans la fondrière où nous
avions cherché d'abord, parce qu'il y avoit de
bonne eau pour boire du chocolatte, & qu'il y
faisoit bon coucher sous les arbres, & qu'en
suite de cela nous pourrions facilement faire
nôtre seconde recherche.

Toute la compagnie fut de même avis que
moi, & la nuit qui se trouva calme & serei-
ne favorisa nôtre bonne intention.

Nous fimes du feu pour nôtre chocolatte,
& soupâmes fort bien avec nôtre viande froide,
après quoi nous passames la plûpart de la nuit à
discourir, ayant toûjours l'œil sur nôtre Indien, que j'avois donné en garde à Michel
Delva, de peur qu'il ne nous échapât.

Le matin nous offrîmes nos prieres à Dieu,
le suppliant de nous vouloir conduire ce
jour-là en l'execution du dessein que nous
avions, & de nous vouloir découvrir la caverne de tenebres & d'iniquité où étoit caché cet
inf-

inſtrument de Satan afin que l'ayant découvert l'on donnât gloire au vrai Dieu , & que ſes ennemis fuſſent couverts de honte & châtiez ſuivant leurs merites.

Nous rentrâmes derechef dans le bois en montant une montagne fort rude & droite , où ayant cherché par tout du côté du Sud , nous retournâmes du côté du Nord , où nous trouvâmes une autre deſcente fort profonde que nous commençâmes à deſcendre en regardant de tous côtez , & non pas en vain ; car environ un demi mille du haut de la montagne nous trouvâmes quelques veſtiges d'un chemin où l'on avoit paſſé & qui étoit un peu battu , que nous ſuivîmes juſqu'à-ce que nous trouvâmes une ſeconde fontaine.

Nous nous mîmes à chercher fort exacte-ment aux environs , où nous trouvâmes quel-ques pieces de plats & de pots de terre , & une autre piece d'un réchaut , tels que ſont ceux où les Indiens ont accoûtumé de faire brûler de l'encens dans les Egliſes devant les images des Saints.

Cela nous fit croire , comme il étoit vrai auſſi , que c'étoient des pieces de ces encen-ſoirs avec quoi ces Idolatres encenſoient leur Idole ; en quoi nous fûmes d'autant plus con-firmez , que nous reconnûmes que c'étoit de la poterie qui avoit été faite à Mixco , & le Pin que nous apperçûmes incontinent aprés ache-va de confirmer l'eſperance que nous avions conçuë , que nous étions prés du lieu que nous avions tant cherché.

Lorſque nous fûmes prés de cet arbre , nous

trou-

trouvâmes auffi-tôt la caverne qui étoit tout proche de-là, fort obfcure au dedans, mais claire à fon entrée, où nous trouvâmes encore de ces vafes de terre où il y avoit des cendres dedans, & qui nous firent juger qu'on y avoit brûlé de l'encens.

Comme nous ne fçavions point jufqu'où cette caverne pouvoit aller, ni ce qui pouvoit être dedans, nous fîmes du feu avec un fufil & allumâmes deux chandelles, avec quoi nous entrâmes dans la caverne.

Elle étoit large à l'entrée s'avançant un peu dans la terre ; mais lors que nous y fûmes entrez nous trouvâmes qu'elle tournoit à main gauche vers la montagne, mais non pas fort avant ; car à environ deux toifes de-là nous trouvâmes l'Idole pofée fur un petit fiege & couverte de toile.

Elle étoit faite d'un bois noir luifant comme du jaïet, & comme fi on l'avoit peinte ou enfumée. Elle avoit la tête faite comme celle d'un homme jufqu'aux épaules, mais fans barbe ni mouftaches, ayant le regard affreux, le front tout ridé, & de gros yeux tout égarez.

Sa mauvaife mine ne nous fit pas peur & n'empêcha pas que nous ne l'emportaffions, mais comme on la leva de deffus le fiege où elle étoit pofée, nous trouvâmes au deffous quelques reales fimples que fes favoris lui avoient offertes ; ce qui nous fit chercher encore avec plus de foin dans la caverne, ce qui ne fût pas mal à propos ; car nous trouvâmes encore fur la terre diverfes autres fimples reales, avec quelques palmites & autres fruits, des cierges

ges à demi brûlez, des pots pleins de mahis,
un petit pot de miel, & de petits vases où l'on
avoit brûlé de l'encens.

Ce qui me fit voir que les Idolâtres faisoient
les mêmes offrandes que les Chrêtiens, & si
je n'avois pas appris qu'ils apelloient cette Idole leur Dieu, je n'aurois pas pû les blâmer plus
que tous les autres Indiens des Villages qui offroient les mêmes choses, & se mettoient à
genoux devant les images des Saints, dont il
y en avoit quelques-unes de bois qui n'étoient
guéres mieux faites que cette Idole, qui
n'ayant pas la figure d'une bête comme j'avois
crû, mais celle d'un homme, ils pouvoient
lui donner le nom de quelque Saint, & par-là
s'excuser en quelque façon.

Mais soit qu'ils ne le pussent pas ou ne le
voulussent pas faire, ils persistèrent en cette
erreur que c'étoit leur Dieu qui leur avoit
parlé, & leur ayant aprés cela demandé encore si ce n'étoit point-là l'image de quelque
Saint, comme ceux qui étoient à Mixco &
dans les autres Eglises, ils me répondirent que
non, mais qu'il étoit au dessus de tous les
Saints du pays.

Nous fûmes ravis de voir que nous n'avions
pas perdu nôtre peine, ni mal employé nôtre temps; de sorte qu'aprés avoir tiré cette
Idole hors de la caverne, nous coupâmes
quantité de branches d'arbres que nous jet-
tâmes dedans pour la remplir & en fermer
l'entrée.

Aprés cela nous partîmes de ce lieu-là char-
geant l'Idole sur le dos de l'Indien enveloppée

I 6

d'une

d'une toille, afin qu'on ne la vît point dans les endroits où nous avions à passer.

C'est pourquoi je creus encore qu'il étoit à propos d'attendre qu'il fût nuit pour entrer dans Mixco, afin que les Indiens ne pussent s'appercevoir de rien.

De sorte que je demeurai en la maison de l'un de ces Espagnols jusqu'à ce qu'il fût tard, & le priai d'avertir de ma part tous les Espagnols des environs de se trouver à l'Eglise à Mixco le Dimanche suivant, craignant que les Idolatres étant en grand nombre ne se soulevassent contre moi, & qu'il leur fît entendre que j'avois quelque chose à leur dire & à leurs Negres sur le sujet de leurs Confreries.

Car je ne voulois pas qu'ils eussent aucune connoissance de cette affaire, jusqu'à ce qu'ils en entendissent parler dans l'Eglise & qu'ils vissent l'Idole devant eux, de peur que cela venant aux oreilles des Indiens les Idolatres eussent le moyen de s'en aller & de s'absenter du Village.

Lors que la nuit fut venüe je pris mon Indien avec moi & Michel Delva, & m'en allai à mon logis où je serrai l'Idole dans un coffre jusqu'au Dimanche prochain, & renvoyai l'Indien avec ordre de ne rien dire, parce qu'il sçavoit bien le mal que les Idolatres lui pourroient faire; c'est pourquoi aussi il n'avoit garde de dire qu'il m'eût accompagné.

Je retins Michel Delva avec moi, parce qu'il avoit envie de voir l'issue de toute cette affaire; & me preparai à prêcher le Dimanche

sui.

fuivant fur le troifiéme verfet du vingtiéme chapitre du livre de l'Exode ; *Tu n'auras point d'autres Dieux devant moi* ; que je choifis tout exprés pour cette occafion, quoi que ce ne fût pas l'Evangile de ce jour-là, d'où l'on a accoûtumé de prendre le texte du fermon qui fe doit faire en l'Eglife.

Le Dimanche matin la chaire ayant été pre-parée par celui qui avoit le foin de l'Eglife & des Autels, je fis porter l'Idole à l'Eglife par Michel Delva cachée fous fon manteau, & la fis pofer dans la chaire afin qu'on ne la vît point jufqu'à-ce que je trouvaffe à propos de la faire voir pendant mon fermon, & lui donnai or-dre de prendre garde autour de l'Eglife lors que le peuple viendroit, afin que perfonne ne la vît ni ne l'emportât.

Il n'y avoit jamais eu un plus grand abord de peuple dans l'Eglife que ce jour-là tant des Efpagnols que des Negres des environs du Village, qui à caufe de l'avertiffement que je leur avois fait faire, s'attendoient que j'avois quelque chofe de confidérable à leur dire.

Il y avoit même peu des habitans du Vil-lage qui fuffent abfents, les Fuentes même & tous les autres qui étoient foupçonnez de fervir cette Idole, qui ne penfoient à rien moins que d'apprendre qu'on avoit enlevé leur Dieu de la caverne où il étoit, & qu'il étoit dans la chaire d'où il devoit être expofé en public à leur honte & confufion, fe trouverent auffi tous à l'Eglife ce jour-là.

J'ordonnai enfuite à Michel Delva de fe tenir prés de la chaire pendant le fermon, &

d'averd'avertir les Espagnols qui sçavoient l'affaire, & quelques autres Negres de ses amis, de se tenir aussi prés du degré où l'on montoit dans la chaire.

Aprés que la Messe fut dite je montai en chaire pour dire le sermon ; comme je recitai les paroles de mon texte, je remarquai que les Espagnols & les Indiens se regardoient les uns les autres, n'étant pas accoûtumez à voir faire des sermons sur l'Ancien Testament.

Pour l'exposition de ce commandement je montrai combien l'Idolâtrie étoit un crime horrible devant Dieu ; qu'il n'y avoit aucune Creature qui pût être égalée au Dieu vivant Createur de toutes choses, ni aucune qui pût faire ni bien ni mal aux hommes sans sa permission, & par consequent qu'on ne leur devoit rendre aucune adoration.

Mais beaucoup moins encore à celles qui étoient inanimées comme le bois & la pierre, à qui les hommes pouvoient bien faire une bouche, des yeux, & des oreilles, mais que ce n'étoient pourtant que des Idoles mortes qui ne sçauroient parler, ni voir, ni entendre, & qui quand elles auroient des bras & des mains ne sçauroient se deffendre, ni ceux qui les adoroient & qui se mettoient à genoux devant elles.

Comme je fus à la moitié de mon sermon je me baissai dans la chaire, d'où je levai cette noire & hideuse Idole que je mis à côté de la chaire, en regardant fixement quelques-uns des Fuentes & d'autres, que je remarquai qu'ils changeoient de couleur, rougissoient,

&

& paroiſſoient extrêmement étonnez en ſe regardant les uns les autres.

La-deſſus je priai l'aſſemblée de conſiderer
quel étoit ce Dieu que quelques uns d'entr'eux
adoroient, de le bien remarquer, & voir s'il
y avoit quelqu'un parmi eux qui ſçût quelle
partie de la terre étoit ſous ſa domination, &
qui pût dire d'où il venoit.

Je leur dis de plus que quelques-uns d'entr'eux s'étoient vantez que cette piece de bois
avoit parlé, & avoit prêché contre ce que j'a-
vois enſeigné de Jeſus-Chriſt, c'eſt pourquoi
ils l'avoient adorée comme Dieu, lui avoient
offert de l'argent, du miel, des fruits, &
avoient brûlé de l'encens devant lui dans une
certaine caverne ſecrette & cachée ſous terre,
montrant par là qu'ils avoient honte de le
reconnoître en public, & qu'étant ainſi caché
ſous terre il dépendoit abſolument du Prince
des tenebres.

Je le deffiai alors en public de parler & de
deffendre ſa cauſe, faute de quoi ſon ſilence
couvriroit de honte & de confuſion tous ſes
adorateurs.

Je leur montrai enſuite que ce n'étoit qu'u-
ne piece de bois qui avoit été façonnée de la
ſorte par la main des hommes, & partant que
ce n'étoit qu'une Idole morte.

J'argumentai aſſez long temps contre, &
deffiai ſatan qui s'en étoit ſervi comme de ſon
inſtrument, de l'ôter du lieu où je l'avois mis
s'il étoit en ſon pouvoir, pour montrer que
ſa puiſſance étoit bien foible au reſpect de
ma foi en Jeſus Chriſt.

Aprés

Aprés avoir bien raisonné & disputé selon la capacité des Indiens qui étoient là presens, je leur dis que si ce Dieu avoit le pouvoir de se garantir du supplice où je l'allois exposer, qui étoit de le faire hacher en pieces & de le brûler publiquement, je les dispensois de croire à l'Evangile de Jesus Christ, mais que s'ils voyoient qu'il n'eût aucun pouvoir contre moi, qui étois le plus foible des instrumens du vrai Dieu vivant, que je les suppliois de se convertir à ce vrai Dieu qui avoit créé toutes choses, de mettre l'esperance de leur salut en son Fils Jesus Christ qui étoit nôtre seul Mediateur & Sauveur, & de renoncer dorénavant à toute cette Idolatrie Payenne de leurs ancêtres.

Les assurant au reste que pour ce qui s'étoit passé, j'employerois mon intercession pour eux, & les garantirois du châtiment à quoi l'Evêque & le Président de Guatimala les pourroient justement condamner, & que s'ils vouloient me venir trouver je ferois tout mon possible pour les instruire, & les avancer dans le vrai chemin du Christianisme.

Aprés avoir ainsi conclu sans toutefois nommer personne, je descendis de la chaire & fis apporter l'Idole aprés moi; & ayant fait apporter une hache & deux grands paniers de charbon, je commandai qu'on la mît en petites pieces & qu'on la jettât dans le feu, pour y être brulée devant tout le peuple au milieu de l'Eglise.

Quelques uns des Espagnols se prirent alors crier *victor, victor*; & d'autre disoient, *gloi-*

re soit à nôtre Dieu : mais les Idolatres garde-
rent le silence & ne dirent pas un mot, mais
après cela ils firent tout ce qu'ils pûrent pour
me faire perir.

J'écrivis au Président de Guatimala pour
lui donner avis de ce que j'avois fait, & à
l'Evêque comme Inquisiteur à qui appartenoit la connoissance de ces affaires là, pour
sçavoir comme quoi je me devois gouverner
envers les coupables, dont je n'en connoissois
qu'une partie, & encore étoit-ce par le recit
d'un Indien.

Ils me remercierent tous deux de la peine que
j'avois prise à chercher la montagne & à découvrir le lieu où étoit l'Idole, & pour le zele que
j'avois témoigné en cette affaire.

Quant à la maniere selon laquelle je me
devois gouverner avec les Idolatres, ils me
conseillerent de découvrir tous ceux que je
pourrois, & travailler à les convertir à la
connoissance du vrai Dieu par les voyes de
la douceur, témoignant d'avoir de la compassion de leur aveuglement, & leur promettant d'obtenir le pardon de l'inquisition,
pourvû qu'ils témoignassent se repentir de
leur crime, parce que l'Inquisition les regardant comme de nouvelles plantes ne vouloit pas
les traiter à la rigueur, comme elle feroit les
Espagnols s'ils tomboient en des crimes de
cette nature.

Je suivis donc cet avis, & j'envoyai querir secrettement les Fuentes, que je fis venir
en ma chambre & leur representai la douceur
de l'Inquisition envers eux, dans l'esperance
qu'ils

qu'ils se convertiroient & changeroient de maniere de vivre.

Mais je les trouvai obstinez & tous en colere de ce que j'avois fait brûler ce Dieu qu'ils adoroient, aussi bien que plusieurs autres habitans de ce Village-là & de celui de S. Jean de Sacatepeque.

Et comme je voulus leur faire voir qu'on ne devoit point l'honorer comme Dieu, un d'entr'eux me répondit hardiment, qu'ils voient bien que ce n'étoit qu'une piece de bois qui de soi même ne pouvoit pas parler, mais puis qu'il avoit parlé, comme ils en étoient tous témoins, que c'étoit un miracle qu'ils devoient croire, & qu'ils étoient vraiment persuadez que Dieu étoit en cette piece de bois, puisque par son discours elle avoit montré que ce n'étoit pas un bois ordinaire, Dieu y étant, & par conséquent qui meritoit plûtôt d'avoir des offrandes & de la veneration, que ces Saints qui étoient dans l'Eglise qui n'avoient jamais parlé au peuple.

Je leur repliquai que c'étoit plûtôt le diable que Dieu qui avoit formé ce discours, s'ils en avoient ouï quelqu'un, pour les tromper & les mener aux Enfers, ce qu'ils pouvoient voir aisément par la Doctrine qu'on m'avoit dit qu'il leur avoit prêchée contre Jesus Christ le Fils unique de Dieu & en qui il prenoit son bon plaisir, & contre qui il n'y avoit point d'apparence qu'il voulut parler par cette Idole.

Un autre répondit aussi hardiment que le premier, que leurs ancêtres n'avoient jamais

ouï

ouï parler de Jesus Christ avant la venuë des
Espagnols en ce païs-là ; mais qu'ils sçavoient
bien qu'il y avoit des Dieux, qu'ils les adoroient & leur offroient des sacrifices, & qu'ils
sçavoient bien que ce Dieu-là avoit autrefois
été un des Dieux de leurs ancêtres.

Quoi donc, leur dis-je, il faut que ce Dieu
soit bien foible, puis qu'il a souffert que je l'aye
fait brûler.

Je m'apperçûs alors qu'il n'y avoit plus lieu
de raisonner avec eux, & qu'ils étoient obstinez tout à fait ; de sorte que je fus obligé de les
renvoyer comme ils étoient venus.

Si Dieu ne m'eût protegé contre ces gens-
là il est constant qu'ils m'auroient tué ; car un
mois après avoir brûlé cette Idole, lors que je
m'imaginois que tout étoit oublié & que les
Idolâtres vivoient en repos, ce fut alors qu'ils
commencerent à vouloir executer leur mauvais dessein.

Je m'en apperçus premierement par un bruit
que j'ouïs une fois à minuit, de certaines gens
qui étoient autour de ma maison & à la porte
de ma chambre que j'appellai n'osant ouvrir
la porte, mais personne ne me répondit ; de
sorte que comme ils continuoient à pousser la
porte, cela me fit connoître que c'étoient des
gens qui vouloient entrer par force.

Cela m'obligea de prendre les draps de mon
lit & les lier ensemble par l'un des bouts, &
par l'autre à l'une des barres de la fenêtre,
pour descendre à terre par-là & m'enfuir
pendant la nuit s'ils eussent fait violence
pour entrer.

Là-

Là-dessus comme ils continuoient à pousser la porte sans dire une seule parole, je crûs qu'en criant bien haut ils auroient peur & prendroient la fuite ; c'est pourquoi j'appellai mes gens qui étoient au bout d'une longue gallerie & les voisins à mon secours contre les voleurs.

Mes gens qui s'étoient déja éveillez à ce bruit-là s'en vinrent me trouver, de sorte que comme mes ennemis les ouïrent venir ils s'enfuirent par les degrez de la maison, & l'on ne les ouït plus cette nuit-là.

Mais comme j'eus reconnu par-là jusqu'où alloit leur haine & leur malice, je crûs que je ne devois plus demeurer ainsi tout seul avec des garçons seulement dans une maison aussi grande que celle de Mixco.

C'est pourquoi le lendemain j'envoyai querir Michel Delva en qui je me confiois tout à fait, & qui tout seul pouvoit battre une demi douzaine d'Indiens, avec ordre d'apporter toutes les armes qu'il pourroit pour ma deffense.

Je le tins avec moi pendant quinze jours, & le Dimanche aprés je fis dire à l'Eglise que ceux qui étoient venus chez moi pendant la nuit, pour m'épouvanter ou pour me faire du mal, eussent à prendre garde à eux, parce que j'étois muni d'armes offensives & deffensives.

Quoi que pendant quelque temps ils se tinssent en repos, ils ne cessèrent pourtant pas de continuer leur mauvais dessein ; car sçachant que Michel Delva ne couchoit pas

dans

dans ma chambre, quinze jours aprés environ sur le minuit comme j'étudiois à la chandelle, ils monterent les degrez si doucement que je ne les ouïs pas monter ; mais le Negre qui ne dormoit pas s'apperçût bien qu'ils montoient, & se levant doucement de dessus une table où il étoit couché sur une natte, il prit deux briques en ses mains de celles qui étoient sous la table pour quelque ouvrage que je faisois faire ; comme il ouvrit la porte quoi que fort doucement, le peu de bruit qu'il fit fut cause que pour sauver leur vie ils s'enfuirent aussi-tôt par les degrez où ils étoient venus.

Le Negre courut aussi tôt aprés, mais comme ils étoient déja assez loin devant lui, ne sçachant quel chemin ils pourroient prendre il leur jetta ses deux briques à la tête ; en sorte qu'il y en eut une qui atteignit l'un d'entr'eux ; car le lendemain passant par le Village il rencontra un des Fuentes qui avoit un bonnet sur sa tête, & ayant demandé à quelques Indiens ce qu'il avoit, ils lui répondirent qu'il avoit la tête cassée, mais qu'ils ne sçavoient pas d'où cela lui étoit arrivé.

Les Fuentes voyant que j'étois toûjours gardé par Michel Delva, s'abstinrent depuis ce temps-là de venir la nuit en ma maison ; mais ils n'eurent pas pour cela moins d'animosité contre moi.

Car un mois aprés comme je croyois qu'ils ne songeoient plus à rien, & qu'ils me témoignoient en apparence beaucoup de civilité & de bonne volonté, il vint un homme me trouver

ver de la part de leur frere aîné nommé Paul de
Fuentes, pour me dire qu'il étoit fort malade
& comme prêt à mourir, qu'il me prioit de le
venir voir pour le consoler & l'instruire en la
verité de nôtre Religion, parce qu'il avoit
dessein d'être veritablement converti.

Je reçus cette nouvelle avec beaucoup de
joye croyant qu'elle étoit veritable, de sorte
que sans rien soupçonner du contraire je priai
Dieu serieusement de m'assister en la conversion de cet homme, & tout plein de zele je
m'en allai en diligence à sa maison, où toute ma joye & ma consolation fut bien tôt
changée en chagrin & déplaisir.

Car comme je fus arrivé à la porte de sa
maison, en entrant dedans j'y trouvai tous
les freres de Paul de Fuentes, & quelques
autres soupçonnez d'Idolâtrie qui étoient en
rond dans la place; mais comme je vis que
Paul n'y étoit pas, je me retirai un peu en
arriere & leur demandai où il étoit, soup-
çonnant quelque chose les voyant tous assemblez de la sorte: mais lors que j'apperçus qu'ils
ne se levoient point ni ne me répondoient pas
un mot, & qu'ils ne m'ôtoient pas même
leur chapeau, je commençai à craindre tout
de bon & à soupçonner qu'il y avoit de la tra-
hison; de sorte que je les quittai pour m'en retourner en ma maison.

Mais je n'eus pas si-tôt le dos tourné, que
voici Paul de Fuentes, qui avoit feint d'être
malade & de se vouloir convertir, qui vint
par derriere sa maison avec un gros bâton à la
main en haussant le bras pour m'en fraper; de
sorte

forte que si je n'eusse empoigné son bâton avec les deux mains & n'eusse retenu le coup, il étoit certain que de ce coup-là il m'auroit jetté par terre.

Comme lui & moi disputions à qui seroit maître du bâton, les autres Indiens qui étoient assis dans la maison sortirent dans la cour, qui étant un lieu public & tout ouvert m'étoit bien plus avantageux que si ç'eût été dans la maison.

Ils se jetterent tous sur moi, les uns me tirant d'un côté les autres d'un autre, déchirant mes habits en deux ou trois endroits, & l'un d'entr'eux pour me faire quitter le bâton me donna un coup de coûteau dans la main dont la cicatrice paroît encore aujourd'hui, étant certain que si nous n'eussions pas été dans un lieu public il m'auroit enfoncé son coûteau dans le côté.

Un autre voyant que je ne voulois point laisser aller ce bâton l'empoigna avec Paul de Fuentés, & tous deux ensemble le pousserent si rudement contre ma bouche qu'ils me casserent les dents, en sorte que j'avois la bouche toute en sang, & le coup fut si rude qu'il me fit tomber à terre tout étourdi; néanmoins je repris bien-tôt mes esprits & me relevai aussi-tôt les voyant qui se moquoient de moi, mais qui n'osoient me faire plus de mal, parce qu'ils apprehendoient d'être découverts.

Aussi Dieu voulut que dans le même temps que j'étois tombé à terre, une esclave Mulatre qui servoit un Espagnol dans la Vallée vint à passer par-là; qui m'entendant appeller

ler les voisins à mon secours, qui étoient assez éloignez de là, parce que toutes les maisons proches appartenoient aux Fuentes, entra dans la cour, & me voyant tout en sang
crût que j'étois blessé à mort; de maniere
qu'après leur avoir dit des injures comme
à des meurtriers, elle se prit à courir dans la
rüe en criant au meurtre, au meurtre dans la
cour de Paul de Fuentes, jusqu'à-ce qu'elle fût
arrivée à la place du marché & à la Maison de
Ville, où elle trouva les Maires & les Esche-
vins avec deux Espagnols, qui ayant sçû le danger où j'étois vinrent l'épée nüe à la main tous
en courant avec les Officiers de la Justice dans
la cour de Paul de Fuentes, pour m'assister dans
le peril où j'étois.

Mais les Idolatres ayant oüi les cris de la
Mulatre s'enfuirent d'un côté & d'autre pour
se cacher, & Paul de Fuentes s'en alla aussi
pour fermer sa maison & pour s'absenter; mais
connoissant son intention je fis tout mon possible pour le retenir & l'empêcher de fuir
jusqu'à-ce que quelqu'un fût venu à mon secours.

Lors que les Espagnols furent arrivez & qu'ils
me virent tout en sang, ils se jetterent tous en
furie sur Paul de Fuentes avec leurs épées nües,
& l'auroient tué sans que je les en empêchai,
en leur disant qu'on m'imputeroit tout le mal
qu'on lui feroit.

Mais je priai les Officiers de la Justice de
ne rien apprehender de sa part quoi qu'il fût
riche, & à peine d'en répondre devant le President de Guatimala de se saisir de sa personne

&

& de le mener en prison, ce qu'ils firent aussi
sur le champ.

Je fis faire ensuite une information de
tout ce qui s'étoit passé, où les Espagnols &
la Mulatre furent employez pour témoins
comme ils m'avoient vû blessé à la main, la
bouche toute en sang, & mes habits couverts
de sang & tout déchirez, laquelle information j'envoyai en diligence au President de
Guatimala.

Cette affaire fut aussi-tôt divulguée dans la
Vallée, & tous les Espagnols vinrent m'offrir leur assistance, Michel Delva qui se trouva alors par hazard en la maison d'un de ces
Espagnols vint aussi avec eux, & ils auroient
tous ensemble assurément fait beaucoup de mal
cette nuit-là aux Indiens si je ne les en eusse
empêchez.

Je les priai de se retirer paisiblement chez eux,
en leur disant que je n'apprehendois plus rien,
& qu'il me suffisoit d'avoir Michel Delva avec
moi pour me garder.

Mais ils ne voulurent jamais s'en aller, & me
dirent que cette nuit là étoit plus dangereuse
pour moi que je ne pensois, & que j'avois besoin
d'être gardé par plus d'un homme seul.

Car ils croyoient que ces idolâtres faisant
reflexion sur ce qu'ils avoient fait ce jour-là,
& aprehendant d'être rigoureusement châtiez
par le President de Guatimala, se voyant per-
dus & ruinez pourroient attenter par desespoir de tirer cette nuit-là leur frere de prison, & m'attaquer aprés & prendre la fuite
pour se sauver.

Quoi qu'ils me diſſent je ne pus jamais m'imaginer que ces gens-là euſſent aſſez de hardieſſe pour entreprendre ces choſes-là, ni qu'ils s'en vouluſſent fuir, parce qu'ils avoient tous des maiſons dans le village & des terres aux environs; neanmoins je conſentis pour cette nuit-là qu'ils demeureroient pour me garder avec Michel Delva.

Aprés ſouper ils firent garde tout autour de ma maiſon, juſqu'à-ce qu'ils virent que tout étoit calme & que les Indiens s'étoient retirez, & aprés cela ils poſerent encore des gardes autour de la priſon, afin d'empêcher que perſonne ne vint pour en faire ſortir Paul de Fuentes & le mettre en liberté.

Mais n'étant pas encore contens de toutes ces précautions-là, prétendant qu'ils étoient en danger auſſi bien que moi n'étant qu'environ une douzaine, ſi tous les habitans du Village venoient à ſe mutiner & à ſe ſouleyer contre nous par l'inſtigation des Idolâtres, ils voulurent aller faire lever les deux Alcaldes & deux autres Officiers inferieurs, pour faire perquiſition dans le Village & chercher le reſte des Fuentes & des autres Idolâtres qu'on connoiſſoit, afin de s'aſſurer de leurs perſonnes & les mettre en priſon pour les envoyer à Guatimala, & par ce moyen les empêcher de nous faire du mal, non ſeulement cette nuit-là, mais auſſi à l'avenir.

Avec tout cet empreſſement & le grand ſoin qu'ils prirent de ma perſonne, ils furent la cauſe que je paſſai toute la nuit ſans dormir.

Ils

Ils s'en allerent donc appeller les Alcaldes &
deux autres Officiers qu'ils amenerent chez
moi, & me prierent de leur representer qu'il
étoit necessaire de chercher le reste des autres
Indiens.

Les pauvres Alcades furent tout effrayez de
voir tant d'Espagnols à cette heure-là dans ma
maison avec leurs épées nuës ; de sorte qu'ils
n'avoient garde de refuser de faire ce que l'on
desiroit d'eux, & qui étoit necessaire en cette
conjoncture.

De sorte qu'aprés être sorti de ma maison
sur le minuit, ils furent dans le Village cher-
chant toutes les maisons où ils soupçonnoient
que les Fuentés pouvoient s'être cachez, où
quelqu'un des autres qui les avoient assistez dans l'insulte qu'ils m'avoient faite ce
jour-là.

Ils n'en trouverent pas un chez eux, jusqu'à ce qu'ils vinrent en la maison de Laurens
de Fuentes l'un des quatre freres, où ils les
trouverent tous & ceux qui étoient avec eux
lors qu'ils m'avoient attaqué, qui buvoient &
faisoient débauche.

Comme la maison fut assiegée de tous côtez il n'y avoit pas moyen de s'échaper ni de
s'enfuir, & comme ils virent les épées nues des
Espagnols ils n'oserent faire aucune sorte de
resistance.

Mais sans cette précaution là il est certain,
comme nous en fûmes assurez aprés cela,
qu'ils auroient causé un grand tumulte dans le
Village cette nuit-là, & qu'ils s'étoient tous
assemblez pour mettre Paul de Fuentes en liber-

K 2

té,

té, & me faire une infulte & s'enfuir aprés cela, ne fçachant pas que je fuſſe ſi bien eſcorté par les Eſpagnols.

L'on trouva qu'ils étoient dix en cette maiſon-là, qui à l'heure même ſans qu'il arrivât aucun bruit dans le Village furent tous conduits dans la priſon, où ils furent renfermez & gardez par les Eſpagnols.

Dés le matin Dom Jean de Guzman Preſident de Guatimala, qui étoit un Gouverneur plein de pieté, ayant conſideré ce que je lui avois écrit le jour precedent, & croyant que j'étois dans un grand peril, m'envoya un Officier de Juſtice Eſpagnol avec une fort ample commiſſion, pour amener priſonniers dans la Ville de Guatimala tous les Indiens qui m'avoient attaqué le jour precedent. Et au cas qu'on ne les pût pas trouver, de confiſquer tous les biens qu'on trouveroit leur appartenir dans le Village de Mixco & dans la Vallée.

Mais le ſoin que les Eſpagnols avoient pris la nuit precedente fit qu'il les trouva tous à point nommé, & aprés qu'ils eurent payé les dépens de cet Officier qu'il taxa comme il voulut, & ceux de Michel Delva & de deux ou trois autres Eſpagnols à qui l'on enjoignit au nom du Roi d'aſſiſter cet Officier pour les conduire en ſeureté à Guatimala, on les fit monter à cheval, & ce jour-là même on les mena devant le Preſident.

Auſſi-tôt qu'ils furent arrivez il les envoya en priſon, & aprés cela les condamna à être ſtigez publiquement dans les ruës, &

en

en condamna deux au bannissement de Mixco au Golphe de saint Thomas de Castille, & les eût tous bannis comme ceux-là s'ils ne se fussent pas humiliez, & ne m'eussent pas prié comme ils firent d'interceder pour eux, promettant de vivre mieux à l'avenir, de me donner toute sorte de satisfaction si on leur donnoit la permission de retourner en leur Village, & qu'au cas qu'ils tombassent jamais dans une pareille faute, ils se soûmettoient à être pendus & perdre tous leurs biens.

Sur cela le President aprés les avoir encore condamnez à payer chacun vingt ecus d'amende envers l'Eglise, pour être employez selon que je le trouverois à propos, les renvoya chez eux, où suivant leur promesse ils me vinrent trouver, & en s'humiliant & pleurant à chaudes larmes, témoignerent qu'ils avoient beaucoup de douleur de ce qu'ils avoient fait, rejettant toute la faute sur le demon qui avoit eu beaucoup de pouvoir sur eux, & les avoit tentez jusqu'à ce point que de leur faire commettre cette méchante action; mais qu'ils renonçoient à toutes ses pratiques, & vouloient vivre en bons Chrêtiens à l'avenir & n'adorer qu'un seul Dieu.

Je fus sensiblement touché de leurs larmes & des témoignages qu'ils me donnerent de leur repentir, & comme je remarquai qu'ils étoient à present plus susceptibles d'embrasser Jesus-Christ qu'ils n'avoient été par le passé, je tâchai de les instruire en sa connoissance & de leur enseigner le chemin du salut.

K 3

Je

Je ne demeurai pas long-temps aprés cela
dans ce Village là, mais dans tout le temps
que j'y demeurai je trouvai un si grand change-
ment en leurs mœurs, que cela m'obligea de
croire que leur repentance étoit véritable &
sincere.

Je n'ai pas recité ces Histoires particulieres
de quelques-uns des Indiens pour blâmer tou-
té cette Nation, que j'aime extrêmement &
pour qui je voudrois avoir donné tout mon sang,
si cela pouvoit servir à leur faire du bien & procurer le salut de leurs ames.

Mais plûtôt pour faire qu'on ait de la pitié & de la compassion de ces gens là, qui
aprés tant d'années qu'il y a qu'on leur prê-
che, ne sont encore pour la plûpart que des
Chrétiens en apparence, & en la pratique des
cérémonies.

Ils sont certainement d'un fort bon naturel, aisez à flechir, & faciles à porter à l'a-
doration d'un seul Dieu, si on leur ensei-
gnoit ce qui est particulierement du vrai culte de Dieu.

CHA-

CHAPITRE XXII.

L'Auteur rapporte les raisons qui l'empêcherent de se servir de la permission qu'il reçût de son Général de s'en retourner en Angleterre, & comme la connoissance qu'il avoit de la Langue du pays lui fit accepter la Charge de Vicaire d'Amatitlan & de toute la contrée, dont il fait une exacte description, aussi bien que desmœurs des Indiens, & des avantages de son Vicariat.

LA même année que ce bruit arriva à Mixco, je reçûs de Rome du Général de l'Ordre de Saint Dominique la permission de m'en retourner en Angleterre, dont j'eus beaucoup de joye, parce que je me lassois de vivre entre les Indiens, & qu'il m'ennuyoit de voir le peu de fruit que j'y faisois, n'osant à cause de l'Inquisition * leur prêcher la verité de l'Evangile, qui eût pû les rendre de bons & de veritables Chrétiens dans l'interieur.

Et de plus parce que je voyois qu'Antoine de Sottomajor, qui etoit Seigneur du Village de Mixco, avoit de l'aversion pour moi,

K 4 pour

---

* *Cette reflexion peut faire douter que nôtre Auteur fût vrai Catholique.*

pour avoir fait bannir deux des habitans de son Village, & fait un affront public aux de Fuentes à cause de leur idolâtrie, qu'il prenoit comme s'il avoit été fait à tous les autres Indiens de ce lieu-là.

Aprés avoir donc bien consideré toutes ces choses, j'écrivis au Provincial qui étoit alors à Chiapa, que j'avois dessein de m'en retourner en ma Patrie, suivant la permission que j'en avois reçüe de Rome.

Mais comme il eut appris tout ce que j'avois fait dans le Village de Mixco, où j'avois reduit à la raison les Idolâtres qui y étoient, brûlé leur Idole, & hazardé ma vie pour une si bonne cause que celle-là.

De plus sçachant que j'avois acquis une parfaite connoissance de la Langue Poconchi, il ne voulut jamais consentir que je m'en allasse; mais il fit tout ce qu'il put par belles paroles pour m'obliger à demeurer en ce païs-là, ne faisant point de doute que comme j'avois déja rendu ci-devant service à Dieu, je pouvois lui en rendre encore beaucoup plus à l'avenir.

Et pour m'y engager plus aisément il m'envoya des Lettres Patentes, par lesquelles il me faisoit son Vicaire du Village & du Couvent d'Amatitlan, où l'on bâtissoit alors un nouveau Monastere, pour separer toute cette Vallée du Couvent de Guatimala.

Il me pria de recevoir ce témoignage de l'affection qu'il avoit pour mon avancement, ne faisant point de doute que comme je parlois fort bien le Langage Indien, je ne

pusse.

puſſe contribuer beaucoup plus qu'un autre à faire bien-tôt parachever le bâtiment
de ce nouveau Couvent, ce qui lui donneroit occaſion à l'avenir de me procurer quelqu'autre emploi beaucoup plus utile pour mon
avancement.

Quoi que je ne fiſſe pas beaucoup d'état de
la charge qu'il me donnoit à preſent, ni des
autres honneurs que je pourrois avoir en ſui-
te, je crus que ce n'étoit pas-là encore le
temps que Dieu avoit ordonné pour mon retour en Angleterre; car je voyois bien que ſi
le Provincial & le Preſident de Guatimala ſe
joignoient enſemble pour s'oppoſer à mon départ, comme j'avois remarqué par la lettre
du Provincial qu'ils en avoient le deſſein, il
me ſeroit impoſſible de m'en aller d'un côté
ou d'un autre ſans être découvert & ramené
enſuite.

Ce qui me fit reſoudre d'attendre que le Provincial fût de retour à Guatimala, afin de pouvoir conférer avec lui en particulier, & lui re-
préſenter les raiſons que j'avois de quitter ce
pays-là & de retourner en ma patrie.

De maniere que j'acceptai librement la charge du Village d'Amatitlan, où je pouvois beaucoup plus gagner que dans les deux autres où j'a-
vois déja demeuré cinq ans entiers.

Car outre que ce Village-là étoit plus grand
que Mixco & Pinola enſemble, l'Egliſe bien
plus remplie d'images de Saints que celles de
ces Villages, & qu'il y avoit auſſi beaucoup de
Confréries qui en dépendoient.

Il me revenoit encore beaucoup du moulin

à sucre, dont j'ai parlé ci-devant, qui étoit proche de la Ville, dont je recevois tous les jours des offrandes des Negres & des Espagnols qui y demeuroient.

J'avois encore sous ma charge outre ce grand Village d'Amatitlan, un autre Village plus petit nommé saint Christophle d'Amatitlan qui étoit situé à deux lieuës de celui-là.

Ce Village de saint Christophle s'appelle proprement en ce Langage-là *Palinha*; *Ha* signifie de l'eau, & *Pali* se tenir debout, & est composé de deux mots qui signifient une eau qui se tient droite ou debout.

Car le Village est situé au dos du Vulcan-d'eau, qui regarde au de-là de Guatimala, & jette non seulement diverses fontaines de ce côté-là; mais il en sort aussi d'un rocher qui est fort haut un courant d'eau, qui tombant de haut & faisant grand bruit, & le rocher d'où il sort étant tout droite au dessus, fait en suite un fort agreable ruisseau qui passe à côté du Village; cela a donné lieu aux Indiens de nommer leur Village *Palinha*, à cause de ce rocher si haut & si droit d'où cette eau vient à tomber.

Il y a plusieurs riches Indiens en ce Village là qui trafiquent à la côte de la mer du Sud, & le Village est tellement ombragé d'arbres fruitiers qu'il semble que c'est une tonnelle ou un petit bocage qu'on a fait à plaisir.

Mais le principal de leurs fruits est celui qu'on appelle *Pinas* ou *Ananas*, qui croit dans toutes les Cours des Indiens, & qui sont
fort

fort recherchez par les Espagnols pour les confire, à cause de la commodité du moulin à sucre qui est en ce lieu là ; aussi est-ce la plus délicate confiture que j'aye mangé en tous ces païs-là.

Les habitans de ce Village tirent beaucoup d'argent des ais de cedres qui croissent en grande quantité du côté de ce Vulcan, qu'ils vendent à Guatimala & aux environs pour être employez dans les bâtimens.

Entre le grand Amatitlan & ce Village ci le chemin est tout plain & uni, qui est sous un Vulcan de feu qui autrefois jettoit autant de fumée que celui de Guatimala ; mais s'y étant fait une grande ouverture au haut, qui jetta quantité de pierres dans le fond au bas de la montagne qui se voyent encore ; depuis ce temps-là il n'a jetté ni pierres ni fumée, & nullement incommodé le pays qui est aux environs.

De mon temps il y eut un nommé Jean-Baptiste de Guatimala qui fit bâtir un nouveau moulin à sucre sur ce chemin-là ; qui au rapport d'un chacun devoit apporter beaucoup de profit à cette Ville-là.

Dans le temps que je demeurois à Amatitlan, j'avois encore un autre petit Village sous ma charge qui s'appelle *Pampichi*, situé au bas d'une montagne de l'autre côté du lac, qui n'étoit qu'une Chapelle qui dépendoit du grand Amatitlan, où je n'allois qu'une fois tous les trois mois de l'année pour me divertir seulement ; car ce Village est fort bien nommé en la Langue Indienne, d'un mot com-

posé

poſé de *Pam* qui ſignifie en, ou dedans, & *Pichi*
des fleurs, qui ſignifie en des fleurs, parce
qu'ils eſt tout environné de fleurs, ce quile
rend extrêmement agréable ; outre la commodité que l'on a d'aller ſur le lac pour s'y promener, ou pour y pêcher par le moyen des
canaux qui ſont ſur le rivage tout proche des
maiſons

De maniere que pendant que je demeurois à
Amatitlan j'avois le choix de trois Villages
pour me divertir ; & parce que j'avois une grande charge d'ames il y avoit toûjours quelqu'un
pour me ſoulager.

Le lieu d'Amatitlan étoit comme la Cour
au reſpect des deux autres Villages ; car rien
n'y manquoit de tout ce qui pouvoit recréer
l'eſprit, & nourrir le corps par la dîverſité des
viandes & du Poiſſon.

Néanmoins le ſoin & le grand embarras que
j'avois à cauſe du bâtiment du Couvent, furent
cauſe que je fus bien tôt ennuyé de la demeure
de ce grand & agreable Village.

Car par fois j'avois trente ou quarante ou-
vriers, & quelquefois plus ou moins, auſquels
il falloit que je priſſe garde, & que je payaſſe
tous les Samedis au ſoir, ce qui me fatiguoit
l'eſprit, m'empêchoit d'étudier, & qui plus eſt
étoit un ouvrage où je ne prenois aucun plaiſir,
n'y n'eſperois d'en avoir jamais la jouyſſance.

C'eſt pourquoi aprés avoir demeuré un an en
ce lieu-là, je m'en allai trouver le Provincial
qui étoit à Guatimala, & le ſuppliai derechef
trés inſtamment d'examiner le congé que j'a-
vois obtenu de Rome, pour m'en retourner
en

en Angleterre qui étoit ma Patrie pour y prêcher l'Evangile, qui étoit la condition sur
quoi le Général me l'avoit donné, où je ne
faisois pas de doute que je ne rendisse un grand
service à Dieu, lui disant de plus que je me
sentois obligé en conscience de faire valoir les
talens que Dieu m'avoit donnez, plûtôt en
faveur de ceux de ma Nation qu'envers des Indiens & des Etrangers.

A quoi il me répondit que ceux de ma Nation
étoient des Heretiques, & que lors que je serois
arrivé parmi eux ils me feroient pendre.

Mais je lui repliquai que j'avois meilleure opinion d'eux que cela, & que je vivrois de sorte
parmi eux, que je ne mériterois pas d'être pendu.

Aprés un fort long discours je trouvai que le
Provincial étoit inexorable & à demi en colere,
me disant que lui & toute la Province avoient
jetté les yeux sur moi pour me faire tout le bien
qui leur seroit possible, & que je serois ingrat si
je les abandonnois à cause de ma Nation qu'on
m'avoit fait quitter dés mon enfance.

CHAPITRE XXIII.

L'Auteur fait en sorte qu'on l'ôte de l'employ d'Amatitlan pour l'envoyer à Petapa, où il fait resolution de se prevaloir enfin de la permission qu'il avoit reçûë de son Général, & l'execute habilement, nonobstant tout ce que pûrent faire ses Superieurs pour le retenir.

JE vis bien qu'il ne falloit pas disputer davantage avec lui, & que tout ce que je pourrois lui dire ne serviroit de rien; de sorte que je me resolus en moi-même de m'échaper à la premiere occasion que je pourrois trouver, & avec la permission que j'avois reçûë de Rome de m'en aller sans qu'il en sçût rien.

Je le suppliai seulement de m'ôter d'Amatitlan, parce que je ne me sentois pas assez fort pour supporter cette grande charge, ni capable de conduire le bâtiment du Couvent.

Ce fut encore avec beaucoup de peine qu'il y consentit, me presentant l'honneur que c'étoit d'être le Fondateur d'un nouveau Monastere, & de voir son nom écrit dans les mu-

murailles, pour servir de monument à la postérité.

Mais je lui dis que je ne consideróis point toutes ces choses-là, & que je faisois plus d'état de ma santé & de mon repos, que de toutes ces sortes de vanitez.

Cela l'obligea enfin de m'accorder ce que je lui demandois, me donnant ordre d'aller à Petapa, & faisant venir en ma place le Vicaire de Petapa; pour faire achever l'ouvrage d'Amatitlan.

Je demeurai dans Petapa plus d'un an, avec toute sorte de contentement pour les choses du monde; mais comme les desseins que j'avois ne me laissoient point en repos, je me resolus à quelque prix que ce fût de quitter ce pays-là, & de m'en retourner en Angleterre, méprisant les perils où je m'allois jetter, & tout ce qui me pouvoit arriver si j'étois pris, & ramené devant le Président de Guatimala, & le Provincial.

Mais comme je vis bien qu'il étoit difficile que je m'en allasse tout seul, particulierement les deux ou trois premieres journées, ayant aussi diverses choses que je voulois vendre pour avoir de l'argent, je crûs qu'il étoit plus à propos de me servir d'un ami fidelle que de vouloir tout faire moi seul.

Je crûs donc que je n'en pouvois trouver un qui fût plus propre que Michel Delva, que j'avois toûjours reconnu pour m'être fort affectionné &

trèstrés-fidéle, & qui se contenteroit de peu de chose.

Là dessus je l'envoyai quérir à Pinola où il étoit, & aprés lui avoir recommandé d'être secret, je lui dis que j'étois obligé pour la décharge de ma conscience de faire un voyage à Rome, & que je voulois que personne n'en sçût rien que lui, ayant dessein de retourner comme d'autres qui avoient fait le même voyage, & qui au bout de deux ans étoient retournez en ce Païs-là.

Je ne voulus pas lui dire que mon dessein étoit d'aller en Angleterre, de peur que ce bon vieux Negre eût du déplaisir craignant de ne me voir jamais, & que l'amitié qu'il me portoit, jointe à l'interêt qu'il trouvoit auprés de moi, ne l'obligeât à découvrir ma resolution, & à chercher les moyens d'en empêcher l'execution.

Ce bon Negre s'offrit de venir avec moi, mais je le lui refusai en lui disant qu'il étoit trop âgé pour pouvoir souffrir la mer, & qu'étant Negre, lors que nous serions éloignez on le pourroit prendre pour un esclave fugitif, & se saisir de sa personne.

Il approuva ce que je lui dis, & voyant que j'avois raison, il s'offrit à m'accompagner jusqu'au bord de la mer, de quoi l'ayant remercié je lui donnai à vendre quelques mules, du froment, & du mahis que j'avois, & quelques autres choses qui étoient de sa connoissance.

Quant

Quant aux tableaux qui étoient en ma chambre, je crûs que les habitans de Petapa les pourroient bien acheter pour mettre dans leur Eglise, c'est pourquoi j'en parlai au Gouverneur qui en fut fort aise.

Mais je vendis la plûpart de mes livres & de mes meubles à Guatimala, par le moyen de Michel Delva que je tins avec moi pendant deux mois avant que je m'en allasse, me reservant seulement deux malles de cuir avec quelques livres, & un matelas pour me coucher pendant mon voyage.

Aprés que j'eus vendu toutes les choses dont je me voulois deffaire, je trouvai que j'avois neuf mille pieces de huit en monnoye d'Espagne, que j'avois gagnées en douze ans que j'avois demeuré en ce Païs-là.

Et parce que je crûs qu'une si grosse somme d'argent me seroit incommode à porter dans un si long voyage que celui que j'avois à faire, j'achetai pour quatre mille écus de perles & de pierres precieuses, afin que mon bagage fût plus leger, & mis le reste de mon argent partie en des sacs & partie dans mon matelas, avec dessein de le changer en pistoles sur le chemin.

Aprés m'être pourvû d'argent je pris soin aussi de me munir de chocolatte & de confitures pour ma provision pendant le voyage.

Et parce que je considerai que ma fuite devoit être accompagnée d'une extrême diligence la premiere semaine, & que nos coffres ne pouvoient pas courir la poste jour &

nuit

nuit comme j'avois dessein de faire, je creus que je devois envoyer mes coffres pour le moint quatre jours avant que de partir.

Comme je n'osois me confier à pas un des habitans de Petapa, j'envoyai querir un Indien de Mixco qui étoit mon ami particulier, & qui sçavoit fort bien tout le chemin que je devois tenir à qui je declarai mon dessein, & lui offris assez de quoi le satisfaire pour son salaire, & sur le minuit je le fis partir avec deux mules, l'une pour lui & l'autre pour porter mes hardes, avec ordre de marcher toûjours vers saint Michel ou Nicaragua, jusqu'à ce que je l'eusse rencontré.

Je le fis donc partir quatre jours avant moi, aprés quoi je partis hardiment avec mon bon Negre, laissant la clef de ma chambre à la porte, & rien autre chose que de vieux papiers dans la maison; & dans le temps que tous les Indiens étoient endormis je dis adieu au Village de Petapa, à toute la Vallée, & à tous les amis que j'avois dans l'Amerique.

Fin de la troisiéme Partie.

RELATION
DE LA
NOUVELLE
ESPAGNE.
QUATRIEME PARTIE.

CHAPITRE PREMIER.

*Recit du voyage de l'Auteur depuis le Village
de Petapa jusqu'à celui de la Trinité, &
de ce qui lui arriva dans le chemin.*

CE qui me faisoit le plus de peine
dans le dessein que j'avois fait de
m'en retourner, étoit de choisir le
chemin le plus assuré, ce qui me fit
quitter celui du Golphe, quoi que
ce fût le plus aisé de tous, & la mer la plus proche
du lieu où je demeurois, parce que je savois
que

que je trouverois diverses personnes de ma connoissance en ces lieux-là, & que la sortie des navires étoit si incertaine, qu'avant qu'ils fussent
partis l'on auroit pû envoyer un ordre de Guatimala pour m'arrêter.

J'apprehendois aussi que si je m'en allois par
terre au travers de la Province de Comayagua ou
Truxillo, & y attendois les vaisseaux, que le
Gouverneur de ce lieu-là ayant été averti par le
Président de Guatimala, ne vint à m'interroger & me renvoyer ensuite, ou bien que l'on ne
fit deffense aux Maîtres des navires de me recevoir en leur bord.

Je considerois encore que si je m'en retour-
nois à Mexique & à la Vera-Paz; ce chemin là me seroit encore plus facheux étant
seul, qu'il n'avoit été en venant à Chiapa a-
vec mes amis, & d'autant plus que je voulois
mener Michel Delva jusques-là par terre avec
moi.

C'est pourquoi après avoir resolu de ne
passer point par ces trois chemins, je choisis
le quatriéme par Nicaragua & le lac de Grenade, & je differai mon voyage jusqu'à la
semaine après Noël, sçachant que le temps
que les fregates sortoient de ce lac pour aller
à la Havane, étoit ordinairement après la mi-
Janvier ou au plus tard à la Chandeleur, où
j'esperois de me rendre pour y être avant ce
temps-là.

Mais pour empêcher qu'on ne soupçonnat
que j'eusse pris ce chemin, avant que de partir j'envoyai par Michel Delva une lettre à un
de ses amis, pour la donner au Provincial à
Gua-

Guatimala quatre jours apres mon depart, par laquelle je prenois congé de lui fort civilement, le priant de ne me point blâmer & de n'envoyer point aprés moi, que puiſ que j'avois une permiſſion de Rome aſſez ſuffiſante pour cela, n'ayant pû avoir la ſienne, je croyois que je pouvois en bonne conſcience m'en retourner en ma Patrie, laiſſant en ce pays là pour remplir ma place aſſez de gens qui entendoient le langage des Indiens.

Et pour lui ôter la penſée de faire chercher du côté de Nicaragua, je datai ma lettre du Village de ſaint Antoine Suchutepeque qui étoit ſur le chemin de Mexique & tout oppoſé à celui de Nicaragua.

Le lendemain des Rois qui étoit le ſeptiéme de Janvier 1637. ſur le minuit je ſortis de Petapa ſur une fort bonne mule, que je vendis ſur le chemin quatre-vingt pieces de huit, n'ayant perſonne en ma compaguie que Michel Delva.

Et parce que le commencement du chemin étoit fort montagneux, nous ne pûmes aller ſi vîte que nous euſſions bien deſſiré: car il étoit jour avant que nous puſſions arriver au haut de la montagne, qu'on appelle *Sierra ordonna* ou la montagne ronde, qui éſt fort renommée en ce pays-là, à cauſe des bons pâturages qui s'y trouvent pour le bétail & pour les brebis, lors que les Vallées ſont arides & qu'il n'y a plus d'herbe pour la nourriture des bêtes.

Cette montagne ſert auſſi d'un grand ſoulage-

ge-

gement aux voyageurs ; car ils y sont fort bien traitez dans une hôtellerie où l'on vend du vin & de la viande, & où l'on se peut mettre à couvert avec tout le bagage que l'on mene avec soi.

Il y a aussi une des meilleures fermes de bétail de tout ce païs-là, & où l'on fait du fromage de lait de chevre & de brebis qui est estimé le meilleur de tous ces quartiers.

Cette montagne ronde est à cinq lieuës de Petapa, que je passai en diligence craignant d'y rencontrer quelqu'un de Petapa, & laissant plusieurs Indiens qui étoient couchez dans l'hôtellerie, qui conduisoient deux troupes de mulets qui appartenoient à des Espagnols, & qui ce jour-là devoient arriver à Petapa.

A quatre lieuës au de-là de cette montagne ronde il y a un Village d'Indiens qu'on appelle *los Esclavos*, ou les Esclaves, non pas qu'ils soient à present plus esclaves que les autres Indiens, mais parce qu'autrefois du temps de l'Empereur Montezuma & des Rois qui dépendoient de lui, ils étoient comme des esclaves au regard de ceux des autres Villages.

Car l'on avoit accoûtumé de faire venir les habitans de ce Village-là à Amatitlant, & de les envoyer comme des esclaves porter des lettres ou ce qu'on vouloit dans tout le païs.

De plus ils étoient obligez d'envoyer chaque semaine un certain nombre de leurs gens à Amatitlan, selon que les habitans de ce lieu-là en avoient besoin, soit pour porter des lettres, soit pour porter des fardeaux en d'autres endroits.

De l'usage de ces lettres dont les Indiens se ser-

servoient en ce lieu-là vient le nom d'Amatitlan qui est un mot composé en la Langue de Mexique, de *Amat* qui signifie une lettre, & de *itlan* qui signifie une Ville ; de sorte que Amatitlan signifie proprement la Ville des Lettres.

Aussi étoit-ce veritablement la Ville des Lettres : car ils avoient accoûtumé d'écrire ou de graver ce qu'ils vouloient sur des écorces d'arbres, & s'en servoient comme nous faisons des lettres, les envoyant dans tout le païs, & même jusqu'au Peru.

Ce Village des esclaves est situé dans un fonds proche d'une riviere, sur laquelle les Espagnols ont fait bâtir un fort beau pont de pierre pour aller & venir dans le Village ; car autrement l'on n'y sçauroit passer avec des mules à cause de la rapidité du courant de l'eau, & de la quantité des rochers qui sont dans la riviere, dont l'eau descend avec grande force.

De ce Village-là, où nous ne nous arrêtâmes que pour boire un verre de chocolatte & pour faire repaître nos mules, nous allâmes le même jour à Aguachapa, qui est à dix lieuës au de-là, & assez proche de la mer du Sud, & du Port de la Trinité où nous arrivâmes sur le soir, ayant fait ce jour-là & partie de la nuit plus de vingt lieuë sur des montagnes & par des chemins tout pierreux depuis le Village des esclaves jusqu'à celui-ci.

CHA-

CHAPITRE II.

Continuation de son voyage jusqu'à Réalejo Port sur la mer du Sud, & de ce qu'il vit digne de remarque sur cette route.

CE Village de la Trinité est fort renommé dans ce Païs-là pour deux choses ; la premiere est la poterie qui s'y fait, qu'on dit être encore meilleure que celle de Mixco; l'autre est un lieu qui est environ à demi-lieuë de-là, que les Espagnols disent & croyent assurément que c'est une des bouches de l'Enfer.

Car il en sort continuellement une fumée noire & épaisse qui sent le soufre avec des bouffées de feu de fois à autre , & la terre dont cette fumée sort est basse & nullement élevée , & personne n'en a jamais pû approcher pour en savoir la cause ; car tous ceux qui l'ont voulu faire ont été jettez à terre & en danger de perdre la vie.

Un Religieux de mes amis & qui étoit digne de croyance, m'assura sur son serment que voyageant par ce chemin-là avec un Provincial, il se resolut d'aller en ce lieu-là pour satisfaire sa curiosité, & sçavoir la cause de tous
les

les étranges discours qu'on faisoit de cette fumée dans tout le païs.

Comme il s'en fut approché environ à deux cens cinquante pas, il dit qu'il ouyt un bruit si horrible, qu'avec la puanteur de la fumée il en pensa tomber à terre, & fut obligé de se retirer aussi-tôt; & ensuite fut attaqué d'une fiévre chaude dont il pensa mourir.

D'autres disent qu'en s'en approchant ils ont ouy de grands cris, comme si c'étoient des personnes qui fussent tourmentées, avec des bruits de chaînes de fer & choses semblables, qui leur donnoient lieu de s'imaginer que c'étoit une des bouches de l'Enfer; mais comme j'estime que c'est une simplicité à ces gens-là de croire cela, je laisse au lecteur d'en faire tel jugement qu'il voudra.

Pour moi, je n'en sçaurois dire autre chose sinon que j'ai vû la fumée, & qu'ayant interrogé les Indiens s'ils n'en sçavoient point la cause, ou s'ils ne s'en étoient point approchez de prés?

Ils me répondirent qu'ils ne sçavoient point d'où cela pouvoit venir, qu'ils n'en avoient jamais osé approcher, & qu'ils avoient vû des voyageurs qui l'ayant entrepris avoient été jettez à terre comme morts, ou surpris d'une frayeur soudaine & ensuite de la fiévre; de sorte que leur ayant témoigné que j'avois dessein d'y aller, ils me dirent que je m'en donnasse bien de garde, & qu'asseurément je me mettrois au hazard de perdre la vie.

Mais ce ne fut pas tant la crainte de cet enfer des Espagnols comme on l'appelle en ce pays-là, qui me fit partir en diligence de ce lieu, que l'apprehension que j'avois de rencontrer quelqu'un qui vint pour m'arrêter.

Car sur le minuit je partis de-là, & m'en vins dejeûner à un grand Village nommé *Chalevapan*, où les Indiens qui étoient Pocomans me reçûrent fort bien, parce que je parlois le langage Poconchi ou Pocoman comme eux, & vouloient me retenir afin que je leur prêchasse le Dimanche suivant, ce que j'aurois fait si je n'eusse été obligé par une plus forte consideration à me retirer en diligence.

Je me trouvai en peine en ce lieu-là comment je pourois faire pour passer par saint Salvador qui est une Ville d'Espagnols, & où il y a un Couvent de Religieux de l'Ordre de saint Dominique que j'aprehendois sur tous les autres, parce que j'étois connu de la plûpart d'entr'eux.

C'est pourquoi je me resolus lors que j'approcherois de la Ville de me détourner du chemin, & de m'en aller à quelque ferme d'Espagnols comme si je m'étois égaré, & y passer le temps jusqu'au soir en bûvant du chocolatte, en discourant & faisant bien repaitre mes mules, afin que je pusse ensuite de cela marcher toute la nuit, & que le lendemain matin je me pusse trouver bien éloigné de cette Ville, & des Religieux qui demeuroient dans les Villages Indiens qui sont aux environs.

Cette

Cette Ville de S. Salvador n'eſt pas riche, & n'eſt gueres plus grande que Chiapa.

Il y a un Gouverneur Eſpagnol, & elle eſt ſituée environ à quatre lieuës de Guatimala, étant environnnée de hautes montagnes du côté du Nord qu'on apelle *Chauntales*, où les Indiens ſont fort pauvres.

Dans le fonds où la Ville eſt bâtie il y a quelques moulins à ſucre, & l'on y fait auſſi de l'indigo; mais les principales fermes ſont celles où l'on nourrit du bétail.

Sur le ſoir je partis de cette ferme aprés m'y être bien rafraîchi & fait repaître mes mules, & ſur les huit heures du ſoir je paſſai par la Ville ſans être reconnu de perſonne.

Mon deſſein étoit d'arriver le lendemain matin à une grande Riviére qu'on nomme *Rio de Lempa*, qui eſt à dix lieuës de ſaint Salvador; car à deux lieuës de-là demeuroit un Religieux Indien dépendant du Couvent de ſaint Salvador qui me connoiſſoit particulierement.

Mais je fis une ſi grande diligence qu'avant le point du jour je paſſai par ce Village, & avant qu'il fût ſept heures du matin j'arrivai à la riviere, où je rencontrai mon Indien de Mixco qui étoit prêt de paſſer avec mon bagage, & qui ſur les trois heures du matin étoit parti de deux lieuës de ce Village; de ſorte que j'eus une grande joye de l'avoir rencontré & mes malles où étoit une bonne partie de mon bien.

Je me repoſai un peu de temps en ce lieu prés de la riviere pour laiſſer paître mes mules,

L 2 &

& mon Indien fit du feu & m'aprêta du chocolatte.

L'on tient que cette riviere de Lempa eſt
la plus large & la plus grande de toutes celles
qui ſont dans la Province de Guatimala, &
l'on y entretient ordinairement deux bacs
pour paſſer ceux qui voyagent avec leurs mules.

Cette Riviere a ce privilege que ſi quelqu'un a commis quelque crime du côté de
Guatimala ou de ſaint Salvador, ou de l'autre
côté de ſaint Michel ou de Nicaragua, s'il ſe
peut retirer & la paſſer, de l'autre côté il
eſt en ſureté, & pas un des Officiers de la Juſtice du côté où il s'eſt ſauvé ne peut rien faire contre lui pour le crime qu'il a commis,
ni l'on ne ſçauroit non plus l'arrêter pour ſes
dettes.

Quoi que par la grace de Dieu je ne priſſe
pas la fuite pour l'une ni pour l'autre de ces
deux choſes, ce m'étoit pourtant une grande
conſolation de voir que je m'en allois paſſer,
dans un pays privilegie où j'eſperois d'être en
ſureté, & que s'il y avoit quelqu'un qui me
pourſuivît il ne paſſeroit pas la Riviere de
Lempa; mon Negre ſe prit à rire de la penſée
que j'avois, & me dit qu'il m'aſſuroit qu'il
n'y avoit plus rien à craindre & que tout iroit
bien.

Nous paſſames fort heureuſement la Riviere, & de-là nous fûmes avec nôtre Indien à
un petit Village d'Indiens qui étoit à deux
lieuës de-là, où nous fimes le meilleur re-
pas que nous euſſions fait depuis que nous
étions

étions partis de Petapa, & laissâmes reposer nos mules jusqu'à quatre heures du soir, que nous partîmes de ce lieu pour aller à un autre petit Village qui est à un peu plus de deux lieuës de-là, passant à travers une campagne sablonneuse qui est plate & toute unie.

Le lendemain nous n'avions que dix lieuës à faire pour arriver au Village de saint Michel qui appartient aux Espagnols, & quoi que ce ne soit pas une Ville, il est pourtant presque aussi grand que saint Salvador, & il y a un Gouverneur Espagnol.

Il y a aussi un Couvent de Religieuses, & un autre des Religieux de la Mercy qui me reçûrent fort bien chez eux; car je commençai à me montrer en ce lieu-là & à ne me plus cacher, étant resolu de vendre ma mule, & de m'en aller par eau ou par un bras de mer à un Village de Nicaragua qu'on appelle la *Vieja*.

J'avois aussi envie de renvoyer mon Indien; mais parce qu'il lui fâchoit de me quitter que je ne fusse arrivé à la Ville de Grenade où il me vouloit voir embarquer, j'y consentis volontiers, parce que je savois qu'il étoit fidelle, qu'il avoit bien conduit mes hardes jusqu'en ce lieu-là, & qu'il savoit le chemin qu'il falloit tenir pour aller à la Ville de Grenade.

De sorte que je l'envoyai par terre à Realejo ou à la Vieja, qui sont fort proches l'un de l'autre & à trente lieuës de saint Michel, & demeurai ce jour-là & le lendemain jusqu'à midi en ce lieu, où je vendis ma mule, par-

ce

ce que je ſavois bien que depuis Realejo juſqu'à
Grenade je pouvois avoir une mule des Indiens
pour une journée ſans qu'il m'en coutât rien.

J'envoyai auſſi la mule de mon Negre par terre avec l'Indien, & le lendemain je m'en allai au
Golphe qui eſt à trois ou quatre miles de ſaint
Michel, où je m'embarquai l'aprés-dînée avec
pluſieurs autres paſſagers, & le lendemain ſur
les huit heures du matin j'arrivai à la Vieja, au
lieu qu'il m'auroit fallu employer trois jours à
aller par terre.

CHAPITRE III.

Son départ de Realejo ſur la mer du Sud ;
ſon voyage juſques à Grenade ; deſcription
d'un Vulcan des Villes de Leon & de Gre-
nade, & de la Province de Nicaragua ;
& de ce qu'il y a remarqué de plus conſi-
derable.

LE lendemain mon Indien arriva ſur le ſoir,
& nous fûmes enſemble à Realejo, qui eſt
un Port ſur la mer du Sud qui eſt foible & nullement fortifié, où ſi j'euſſe voulu demeurer
quinze jours j'aurois pû m'embarquer pour Panama, pour aller de-là à Porto-bello & attendre

dre en ce lieu là les Gallions d'Espagne.

Mais je considerai que les Gallions n'y aborderoient que vers les mois de Juin ou de Juillet, & qu'en attendant un si long-temps je depenserois beaucoup ; j'eusse pourtant bien voulu après cela avoir pris cette occasion : car à la fin je fus obligé d'aller à Panama & à Portobello.

De-là jusqu'à la Ville de Grenade le chemin est si égal & si beau, qu'avec l'abondance des fruits & de toutes les choses necessaires à la vie qui se trouvent en ce Païs là, l'on peut dire avec raison que la Province de Nicaragua est comme le Paradis terrestre de l'Amerique.

La Ville de Leon est située entre Realejo & celle de Grenade, proche d'un Vulcan de feu ou d'une montagne ardente, qui s'ouvrit autrefois par le haut & causa beaucoup de dommage dans tout le Païs aux environs ; mais depuis ce temps-là il a cessé de brûler, de sorte que les habitans n'en craignent plus rien à present, seulement l'on y voit par fois un peu de fumée, ce qui marque pourtant qu'il y a encore quelque substance sulphurée dans cette montagne.

Il y eut un Religieux de la Mercy, qui s'imagina avoir découvert un grand trésor en ce lieu-là, capable de l'enrichir lui & tous ceux du Païs, s'étant persuadé que le métal qui brûloit dans ce Vulcan étoit de l'or ; de sorte qu'il fit faire un grand chauderon & le fit attacher à une chaîne de fer, afin de le descendre au bas de l'ouverture de la montagne, pensant qu'il le retireroit plein de cet or fondu, & qu'il auroit assez de quoi se faire Evêque & enrichir tous les parens ;

rens; mais la force de ce feu fut si grande, qu'il n'eût pas si-tôt descendu le chauderon qu'il se détacha de la chaîne, & fut aussi-tôt fondu.

Cette Ville de Leon est fort bien bâtie; car le plus grand plaisir des habitans est d'avoir de belles maisons, & de joüir des plaisirs de la campagne où ils trouvent abondamment tout ce qui leur est necessaire pour la vie, plûtôt qu'à accumuler de grandes richesses; aussi l'on n'y rencontre pas des gens riches comme en beaucoup d'autres endroits de l'Amérique.

Ils se contentent d'avoir de beaux jardins, de nourrir des perroquets, & d'autres oyseaux qui chantent; d'avoir abondance de viande & de poisson à bon marché, de demeurer en de jolies maisons, & mener une vie douce & oysive sans se soucier beaucoup du trafic, quoi qu'ils ayent le lac tout proche d'eux, d'où il part tous les ans des vaisseaux pour la Havane par la mer du Nord; & à Realejo par la mer du Sud, d'où ils pourroient trafiquer commodément au Peru & à Mexique, s'ils en avoient le dessein & qu'ils osassent se hazarder à aller si loin que cela.

Les Gentilshommes de cette Ville sont presque aussi vains & aussi fous que ceux de Chiapa.

C'est aussi particulierement à cause des délices dont on y jouit, que toute la Province de Nicaragua est nommée par les Espagnols le Paradis de Mahomet.

Le chemin est tout plat & uni depuis la Ville de Leon jusqu'à celle de Grenade, où j'arrivai heureusement & avec beaucoup de joye,

espe-

esperant de n'avoir plus de voyage à faire par terre jusqu'à ce que je débarquasse à Douvre en Angleterre.

Deux jours aprés que je fus arrivé en ce lieu-là, & que je me fus un peu reposé en jouïssant de l'agreable vûë du lac, je pensai renvoyer mon Indien & mon Negre.

Mais le bon & fidelle Michel Delva ne me voulut jamais quitter qu'il ne m'eût vû embarquer, & que je n'eusse plus besoin de lui demeurant à terre.

L'Indien eût bien voulu aussi demeurer, mais je ne voulus pas, parce que je considerai qu'il avoit une femme & des enfans, & qu'il étoit necessaire qu'il s'en retournât chez lui pour avoir soin de sa famille.

Il étoit aussi content de s'en retourner à pied qu'à cheval, & vouloit même que je vendisse mes mules pour en tirer ce que je pourrois; mais comme je vis son bon naturel je jugeai que je ferois mieux de le recompenser en argent, que de lui laisser une mule toute harassée & fatiguée du chemin & qui pouvoit mourir à son retour; de sorte que je lui donnai de quoi non seulement loüer des mules par le chemin & payer la dépense de bouche; mais aussi de quoi s'aider quand il seroit de retour chez lui.

Enfin aprés avoir jetté beaucoup de larmes, en disant qu'il aprehendoit de ne me revoir jamais, il prit congé de moi trois jours aprés que nous fûmes arrivéz dans la Ville de Grenade.

Aprés que mon Negre & moi fûmes demeutez tous seuls, la premiere chose que nous fimes fut de songer à nous défaire des deux mules qui

L 5

avoient

avoient apporté l'Indien & mes hardes, dont je retirai encore quatre-vingt-dix piéces de huit aprés un si long voyage, & crus qu'elles étoient assez bien venduës.

Je voulois aussi que Michel Delva vendît celle sur laquelle il étoit venu avec moi & qui lui appartenoit, lui promettant de lui en acheter une autre meilleure, & qui seroit plus capable de le mener ; mais ce bon Negre avoit tant d'amitié pour moi qu'il ne voulut jamais souffrir que je fisse cette dépense considerant la longueur du voyage que j'avois à faire.

Aprés cela comme nous apprîmes que les fregates ne partiroient pas encore de quinze jours, nous nous resolûmes de ne demeurer qu'un jour ou deux dans la Ville, pour en considerer la beauté & voir ce qu'il y avoit de plus remarquable, & puis nous retirer à la campagne en quelque Village des Indiens proche de-là où nous ne pussions être découverts de personne, en allant de fois à autre dans la Ville pour traiter de mon passage en l'une de ces fregates, pour aller à Havane ou à Carthagene.

De peur que dans le temps du grand abord des troupes de mulets, qui y apportent de l'indigo & de la cochenille de Guatimala pour charger sur les fregates, il s'y trouva quelqu'un qui nous pût reconnoître.

Ce que nous vîmes de remarquable en cette Ville-là, sont deux Couvents des Religieux de la Mercy & de l'Ordre de Saint François, & un de Religieuses qui est fort riche, avec une Eglise Paroissiale qui est comme l'Eglise Cathedrale, parce que l'Evêque de Leon y demeu-

re

re bien plus ordinairement qu'en sa Ville Episcopale.

Les maisons y sont aussi beaucoup plus belles que dans la Ville de Leon, & il y a beaucoup plus d'habitans, & entr'autres divers Marchands, dont il y en a quelques-uns qui sont fort riches, qui trafiquent à Carthagene, à Guatimala, à saint Salvador, & à Comayagua, & par la mer du Sud à Panama & au Peru.

Mais au temps du départ des fregates, l'on peut dire que cette Ville est l'une des plus riches qui soit dans toute cette partie Septentrionale de l'Amérique.

Car les Marchands de Guatimala craignant d'envoyer leurs Marchandises par le Golphe des Hondures, parce qu'ils ont été pris souvent par les Hollandois entre ce lieu-là & la Havane, estiment qu'il y a plus de sureté de les envoyer par les fregates à Cartagene, parce que les Hollandois ne se rencontrent pas si souvent sur cette route que sur l'autre.

De même bien souvent lors qu'on sait qu'il y a des Navires en mer ou vers le Cap de saint Antoine, l'on transporte aussi l'argent des revenus du Roi par cette voye du lac de Grenade à Carthagene.

Lors que j'y étois, avant que de m'être retiré dans un Village Indien, il y entra dans un jour pour le moins trois cens mulets venant de Saint Salvador & de Comayagua, chargez d'indigo, de cochenille, & de cuirs; & deux jours après il y arriva trois autres troupes de mulets venant de Guatimala, dont l'une portoit l'argent des revenus du Roy, la secon-

L 6

de

de étoit chargée de sucre, & l'autre d'indigo.

Je n'apprehendois pas ceux qui étoient venus les premiers : mais les derniers furent cause que je me tins renfermé dans mon logis, de peur qu'en allant à la promenade je ne fusse reconnu par quelqu'un de ceux qui étoient venus de Guatimala, qui se retirerent pourtant aussi tôt qu'ils eurent déchargé leurs mulets, & par leur départ me mirent en liberté, m'étant rendu volontairement prisonnier dans mon logis à cause d'eux.

Mais craignant qu'il n'en vint d'autres qui me donnassent encore la même frayeur que j'avois euë, je m'en allai dans un Village qui étoit hors de leur chemin à une lieuë de la Ville de Grenade, où je me divertissois à me promener en divers lieux à la campagne, & où je fus souvent regalé par les Religieux de la Mercy à qui appartiennent la plûpart de ces Villages.

Mais ils me dirent tant de choses de ce passage des fregates jusqu'à Carthagéne, que cela me fit presque perdre l'envie de suivre ce chemin.

Car quoi que dans le temps que ces vaisseaux-la font voile sur le lac, ils navigent en assurance & sans aucune apprehension, néanmoins lors qu'ils descendent du lac en la riviere, qu'on appelle en cet endroit *El Desaguadero*, pour descendre aprés cela dans la mer, c'est là où est la grande difficulté, & qui fait que ce petit voyage dure quelquefois deux mois.

Car en certains endroits la chute des eaux est si grande entre les rochers, que bien souvent

vent

vent l'on est obligé de décharger les vaisseaux
& puis aprés les recharger, avec l'aide des
mulets qu'on entretient exprés pour porter
les marchandises, & de quelques Indiens qui
demeurent le long de la Riviere, & ont soin
des magasins où l'on serre les marchandises
pendant que ces vaisseaux traversent tous ces
lieux dangereux, pour aller à l'endroit d'un
autre magasin où les mulets viennent apporter les marchandises & où l'on les charge derechef dans les fregates.

Outre cet embarras, qui ne peut être qu'ennuyeux aux passagers de se voir ainsi arrêtez à
tout moment pendant leur voyage, il y a une si
grande quantité de moucherons que l'on n'a
aucun plaisir sur la route, & la chaleur est si
insupportable en certains endroits que plusieurs
en meurent avant que d'arriver à la mer.

Quoi que tout cela me déplût extrêmement,
néanmoins je me consolai en pensant que ma
vie étoit entre les mains de Dieu, que les
fregates passoient tous les ans par-là, & que
rarement on en voyoit perir quelqu'une.

Je fus de fois à autre à la Ville de Grenade, pour faire marché pour mon passage
sçavoir le temps precis du départ des fregates,
& me fournir de chocolatte & d'autres choses,
qui m'étoient necessaires pendant le voyage,
ayant fait marché avec le Maistre d'une fregate
de ce que je lui devois donner pour ma nourriture à sa table.

L'on avoit résolu que les fregates partiroient
dans quatre ou cinq jours, lors que tout à
coup l'on se vit r.êté par un ordre exprés venu
de

de Guatimala qui deffendoit aux fregates de partir cette année, parce que le Président & toute la Cour avoient eu avis certain qu'il y avoit des navires Anglois ou Hollandois en mer, qui se tenoient à l'embouchure de la Riviere du Desaguadero & qui attendoient les fregates de Grenade, que par fois ils couroient aussi autour des Isles de saint Jean & de sainte Catherine, que les Anglois occupoient alors & nommoient la Providence, ce qui avoit jetté la terreur parmi tous les Marchands de ce pays, & donnoit sujet au Président d'assurer les revenus du Roi, de peur qu'on ne l'accusât de negligence, & de n'avoir pas donné les ordres nécessaires pour retenir les fregates dans le temps qu'il le pouvoit faire étant averti du danger qu'il y avoit sur les côtes.

Cette nouvelle m'afligea beaucoup voyant que je ne sçavois de quel côté me tourner; de sorte que cela me fit penser au navire qui étoit à Realejo prêt à partir pour Panama, estimant que je pourrois prendre cette route; mais aprés que je m'en fus enquis, quelques Marchands m'assurerent qu'il étoit parti depuis peu de jours.

Je jettai ensuite les yeux sur Comayagua & Truxillo & sur les navires des Hondures; mais ce n'étoient que de vaines pensées qui procedoient de l'agitation de mon esprit & de l'embarras où j'étois: car ces navires en étoient aussi partis sans qu'il y fût resté un seul petit vaisseau qui portât des nouvelles de la Havane ou de Carthagene, parce qu'ordinairement ces deux Villes s'envoyent quelqu'un l'une à l'autre

tre pour se donner avis des navires qui sont en
mer ; mais cela étoit aussi fort hazardeux, &
més amis ne me conseillèrent pas de m'embarquer sur ces petits vaisseaux.

Cela me mit encore dans une plus grande incertitude qu'auparavant ; la seule consolation
que j'avois étoit qu'il y avoit beaucoup d'autres
passagers avec moi, que je sçavois qu'il falloit
nécessairement que d'une façon ou d'autre ils
partissent de-là ; c'est pourquoi je me resolus
de les suivre par mer ou par terre.

Nous fimes là-dessus dessein tous ensemble de
freter une fregate pour nous porter à Carthagene : mais nous en fumes refusez : car personne ne voulut hazarder sa vie & son vaisseau
pour l'amour de nous.

Comme nous étions en cette peine, nous en-
querant des Marchands ce que nous pourrions
faire pour passer en Espagne cette année, ou aller jusqu'à la Havane ou à Carthagene, l'un
d'entr'eux qui avoit de l'affection pour nous,
nous conseilla d'aller à Costa-rica, où nous
pourrions apprendre à Carthago des nouvelles
de quelque vaisseau qui iroit à Porto-bello, soit
de la Riviere qu'on appelle de *los Anzuelos*, ou
de la Riviere de *Suere*, d'où il avoit accoûtumé chaque année de sortir de petites fregates qui portoient des farines, des jambons,
des volailles, & d'autres provisions pour les
Gallions qui étoient à Porto-bello.

Ce voyage-là nous sembla bien rude & bien
difficile, parce qu'il y avoit prés de cent cinquante lieües à faire à travers les montagnes &
les deserts, où nous ne verrions plus les beautez

des

des Provinces de Guatimala & de Nicaragua,
& peut-être même qu'aprés cela nous ne rencon-
trerions aucune fregate qui allât à Porto-bello.

Mais nous avions tous si peu d'envie de retourner à Guatimala d'où nous étions venus,
que nous aimions mieux aller plus loin & nous
exposer à toutes ces difficultez, pourvû que nous
puffions enfin trouver quelque vaiffeau qui nous
portât au lieu où étoient les Gallions, qui ne
devoient aborder à Porto-bello que vers les
mois de Juin ou de Juillet.

C'eft pourquoi nous nous refolumes trois
Efpagnols & moi d'aller à Cofta-rica, pour voir
ce que nous pourrions faire en ce lieu-là.

Chacun d'eux avoit auffi-bien que moi la
voiture d'une mule, mais ils n'en avoient point
pour monter deffus; de forte qu'ils jugerent que
le meilleur pour eux étoit d'en acheter chacun
une pour les porter, efperant aprés le voyage
de les revendre à Cofta-rica, & de louer des
mulets & des Indiens pour porter leurs hardes
de Village en Village, qui pourroient auffi nous
fervir de guides dans tous les paffages des montagnes & autres endroits où il y avoit du danger
fur ce chemin.

J'euffe bien fouhaité alors d'avoir la mule que
j'avois vendue à faint Michel, ou l'une de celles dont je m'étois deffait à Grenade; mais
comme je ne doutois point d'en être bien-
tôt pourvû d'une par le moyen de mon Negre,
il m'en acheta une qui me coûta cinquante pieces de huit, & avec laquelle je m'affurois bien
de pouvoir faire mon voyage.

Mon fidelle Negre eût bien voulu encore faire

re ce voyage-là avec moi, & même aller par
tout le monde si je l'eusse souhaité ; mais je ne
le voulus pas & le remerciai de bon cœur de
tout ce qu'il avoit fait pour moi ; de sorte qu'a-
prés lui avoir donné une somme dont il se trouva fort content, je le renvoyai esperant que la
compagnie de ces trois Espagnols me suffiroit.

CHA-

CHAPITRE IV.

Leur depart de la Ville de Grenade. La rencontre d'un cayman ou crocodile d'une énorme grandeur dont ils furent poursuivis; leur arrivée à Carthago, avec la description de cette Ville, & du pays par où ils passerent pour y arriver.

EN cette maniere-là aprés avoir pris un Indien pour nous servir de guide nous partimes tous quatre de Grenade, où pendant deux jours nous eûmes le contentement de jouir des délices de ce paradis de Mahomet, trouvant par tous les chemins plats & tout unis, les Villages agreables, la campagne ombragée d'arbres, & par tout une grande abondance de fruits.

Le second jour aprés être sortis de la Ville, nous fûmes extrêmement épouvantez par un grand & monstrueux cayman ou crocodile; qui étant sorti du lac auprés duquel nous passions se baignoit dans une lacune d'eau, où il se tenoit au travers en attendant sa proye, comme nous reconnûmes aprés.

Car au commencement ne sçachant ce que c'étoit nous pensions que ce fût un arbre qu'on

eût

eût abatu, ou qui fût tombé dans l'eau, jusqu'à-ce qu'en passant tout auprés nous remarquâmes les écailles du crocodile, & vîmes ensuite que ce monstre commençoit à se remuer & a vouloir s'élancer contre nous; de sorte que cela nous obligea de nous éloigner bien vîte, de là, mais ce monstre qui vouloit que quelqu'un de nôtre troupe lui servît de proye se mit à courir aprés nous, ce qui nous donna une frayeur extraordinaire voyant qu'il étoit sur le point de nous atteindre.

Mais un des Espagnols qui connoissoit mieux le naturel de cet animal que les autres, nous cria de nous détourner à côté du chemin, puis de marcher quelque temps tout droit en avant, & puis retourner de l'autre côté, & en cette manière aller toûjours en tournoyant tantôt d'un côté tantôt de l'autre.

Cet avis sans doute nous sauva la vie : car par ce moyen nous laissames ce monstre & nous échapâmes de lui, qui sans cela nous auroit attrapez & en auroit tué quelqu'un ou du moins une de nos mules, si nous eussions continué d'aller toûjours tout droit.

Car il couroit aussi vîte que nos mules quand nous allions tout droit, mais pendant qu'il tournoyoit ainsi, à cause que son corps étoit pesant nous avions le temps de gagner chemin & prendre avantage sur lui, jusqu'à-ce qu'enfin nous le laissames bien loin derrière nous.

De sorte que nous apprîmes par-là la nature de cet animal, dont la grandeur du corps n'empêche point qu'il ne coure en avant aussi vîte qu'une mule; mais comme l'Eléphant a de la

peine

peine à se relever lors qu'il est tombé à terre; de
même ce monstre qui est pesant & roide se trouve fort embarrassé lors qu'il est obligé de tourner tout son corps.

Nous rendîmes graces à Dieu de ce qu'il
nous avoit délivrez d'un si grand peril ce jour-
là, prenant garde comme nous passions sur le
bord de ce lac de ne pas tomber une seconde
fois dans un danger pareil à celui dont nous venions de sortir.

L'on peut reconnoître la grandeur de ce lac
de Grenade, en ce que la deuxième & troisième
journée de nôtre voyage où nous avions fait
pour le moins vingt lieuës depuis que nous
étions partis ; nôtre chemin en étoit encore
tout proche.

Aprés que nous l'eûmes perdu de vûë, nous
entrâmes dans des chemins difficiles & pierreux
qui panchoient plus du côté de la mer du Sud
que de celle du Nord.

Et dans tout le reste de nôtre voyage jusqu'à
Carthago, nous ne vîmes rien de considerable
que de grands bois du côté de la mer du Sud,
où il y a des arbres qui sont fort propres à bâtir
de bons navires, plusieurs montagnes & lieux
deserts où il nous fallut coucher quelquefois
deux nuits durant dans les bois ou à la campagne, & fort éloignez d'aucun Village, ou des
habitations des Indiens.

Nous avions pourtant cette consolation dans
tous ces lieux deserts d'avoir toûjours un guide
avec nous, & que nous y trouvions des cabanes
pour nous loger, que les Magistrats des lieux
voisins ont fait bâtir pour la commodité de ceux
qui voyagent par-là.   En-

Enfin après avoir passé une infinité de dangers, nous arrivâmes à la Ville de Carthago, que nous ne trouvâmes pas si pauvre qu'on nous avoit dit à Guatimala & à Nicaragua.

Car comme nous fûmes obligez de nous enquerir des Marchands pour changer de l'argent, nous en trouvâmes qui étoient fort riches, & qui trafiquoient par terre & par mer à Panama, & par la mer à Porto-bello, à Carthagene, & à la Havane, & de là en Espagne.

Il y a environ quatre cens familles dans la Ville, qui est gouvernée par un Gouuerneur Espagnol.

Il y a aussi un Evêché, & trois Couvents, deux de Religieux & un de Religieuses.

D'abord que nous fûmes arrivez nous nous mîmes à chercher ce qui nous avoit fait traverser tant de montagnes, de bois, & de deserts, qui étoit de trouver l'occasion de nous embarquer pour aller à Porto-bello ou à Carthagene; nous apprîmes qu'il y avoit une fregate qui étoit sur le point de sortir de la riviere de *los Anzuelos*, & une autre de la riviere de *Suere*; de sorte qu'ayant sçû qu'il nous seroit plus commode d'aller à Suere qu'à l'autre riviere, parce qu'on trouveroit plus de vivres sur le chemin, plus de villages d'Indiens, & de fermes d'Espagnols nous nous resolûmes après avoir demeuré quatre jours à Carthago, d'entreprendre encore un nouveau voyage vers la mer du Nord.

Nous trouvâmes que ce païs étoit montagneux en plusieurs endroits, où il y avoit pourtant de certaines Vallées où l'on recueilloit de fort bon blé; que les Espagnols demeuroient

en

en de bonnes fermes, qui auffi bien que les Indiens nourriffoient quantité de pourceaux; mais
nous trouvâmes que les villages des Indiens
étoient beaucoup differens de ceux que nous
avions laiffez derriere dans les Provinces de
Guatimala & de Nicaragua, & les habitans rudes & incivils, quoi qu'ils foient autant affujet-
tis par les Efpagnols que ceux de ces païs là.

Nous arrivâmes fi à propos à la riviere de
Suere, que nous ne demeurâmes que trois jours
dans une ferme Efpagnole qui en eft proche,
aprés quoi nous partîmes de ce lieu-là.

Le Maitre de la fregate fut ravi d'avoir nôtre
compagnie, & on m'offrit de me conduire pour
rien, ne me demandant autre chofe finon que je
priaffe Dieu pour lui, & qu'il nous voulût faire
la grace que nous puffions faire nôtre voyage
en fureté, efperant que dans trois ou quatre
jours nous ferions arrivez.

Les marchandifes que nous avions dans nôtre
vaiffeau n'étoient que du miel, des cuirs, du
lard, des farines & des volailles.

Il nous dit que le plus grand danger qu'il y
avoit étoit de fortir de la riviere, qui en certains endroits court fort vite, & en d'autres eft
fort baffe pleine de rochers jufqu'à ce qu'on entre dans la pleine mer.

CHA-

CHAPITRE V.

De ce qui leur arriva depuis leur embarque-
ment jusqu'à la prise de la fregate, sur la-
quelle ils étoient, par un mulattre nommé
Diaguillo qui commandoit une fregate en
course sous un pavillon Hollandois.

NOus sortîmes fort heureusement de la Riviere, mais nous n'eûmes pas fait plus de
vingt lieuës que nous découvrimes deux navires qui failoient voile tout droit à nous; de
sorte que le cœur commença à nous battre,
& nous nous apperçûmes que le Maître de la
fregate avoit peur aussi bien que nous, craignant que ce ne fussent des navires Anglois ou
Hollandois.

Mais comme nous n'avions point de canon,
ni d'autres armes que quatre ou cinq mousquets
& demi douzaine d'épées, nous crûmes que le
meilleur pour nous étoit de prendre la fuite nous
confiant en la legereté de nôtre vaisseau.

Cela ne nous sauva pourtant pas, car
avant que nous eussions fait cinq lieuës en
fuyant vers Porto-bello, nous découvrimes
de nos hunes que ces deux navires étoient
Hollandois, & qu'ils alloient trop vîte pour

nôtre

nôtre petit vaisseau, sur lequel l'un d'entr'eux arriva qui étoit un navire de guerre & trop fort pour nous, qui par une volée de canon nous commanda de baisser les voiles; de sorte qu'il nous fallut rendre sans combattre dans l'espérance d'en avoir meilleur quartier.

Je ne sçaurois bien representer la diversité des tristes pensées qui en ce moment là me percerent le cœur, qui étoit encore plus abaissé que les voiles de nôtre vaisseau.

Combien de fois me representai je le visage épouvantable de la mort; & lors que je pensois me consoler & me resoudre, je me voyois en même temps privé d'esperance de retourner jamais en ma patrie où je m'étois tant de fois souhaité.

Enfin je me voyois sur le point de perdre en un moment tout ce que j'avois amassé pendant douze ans, & contraint d'offrir malgré moi à un Hollandois, ce qui m'avoit été donné de bonne volonté par les Indiens de Mixco, de Pinola, d'Amatitlan, & de Petapa.

Mais toutes ces pensées furent bien-tôt interrompuës par les Hollandois, qui vinrent aborder nôtre fregate plus vîte que nous n'eussions voulu.

Quoi que leurs épées, leurs mousquets & leurs pistolets ne nous donnassent que trop de crainte; néanmoins dans nôtre malheur nous eûmes quelque sorte de consolation, lors que nous sçûmes qui étoit celui qui les commandoit, esperant que comme il avoit pris naissance & été nourri entre les Espagnols,

que

que nous en recevrions un traitement plus favorable que des Hollandois qui n'avoient pas
grand sujet d'aimer la Nation Espagnole.

Le Capitaine de ce navire Hollandois qui
nous prit étoit un mulatre nommé Diaguillo,
né & élevé dans la Havane où il avoit encore
sa mere, que je vis & avec qui je parlai cette
même année, lors que les Gallions y aborderent pour attendre les autres qui devoient venir de Vera-Crux.

Ce mulatre ayant été mal-traité par le Gouverneur de Campeche au service duquel il é-
toit, se voyant au desespoir de n'en pouvoir
tirer raison se hazarda dans un bateau & se mit
en mer, où il rencontra en même temps certains vaisseaux Hollandois qui attendoient à
faire quelque prise.

Dieu voulut qu'il abordât heureusement ces
vaisseaux où il esperoit trouver plus de faveur
qu'entre ses compatriotes, il se rendit à eux,
leur promettant de les servir fidelement contre ceux de sa Nation qui l'avoient maltraité,
& même l'on me dit du depuis qu'on lui avoit
fait donner le fouet à Campeche.

Ce mulatre se montra depuis cela si affectionné & si fidele aux Hollandois, qu'il acquit
beaucoup de reputation entr'eux, & on le
maria à une personne de leur Nation, & ensuite il fut fait Capitaine d'un navire sous ce brave & genereux Hollandois que les Espagnols
craignoient tant, & qu'ils nommoient *Pic de-
palo*, ou Jambe de bois.

Ce fut donc ce fameux mulatre qui aborda
nôtre fregate avec des soldats, où il n'auroit

pas trouvé de quoi recompenser sa peine n'eut été les offrandes des Indiens que je portois, dont je perdis ce jour-là la valeur de quatre mille pieces de huit en perles & pierreries, & prés de trois mille en argent comptant.

Les autres Espagnols y perdirent aussi chacun quelques centaines d'écus, qui fut une prise si agreable aux Hollandois qu'ils en méprisent nos marchandises grossieres, de lard, de farines, & de volailles, & nôtre argent leur fut beaucoup plus doux que tout le miel qui étoit dans nôtre vaisseau.

J'avois aussi d'autres hardes, comme un lit pour me coucher, quelques livres, des tableaux peints sur du cuivre, & des habits, que je demandai à ce Capitaine mulatre, qui considerant mon ordre me les donna liberalement, en me disant qu'il falloit que je prisse patience, & qu'il ne pouvoit pas disposer autrement de mes perles & de mon argent, se servant aussi du commun proverbe; si la fortune est aujourd'huy de mon costé demain elle sera du tien, & ce que j'ai gagné aujourd'huy je le puis perdre demain.

Cela me fit aussi appliquer à moi-même ce que l'on dit ordinairement, que le bien qui est mal acquis ne profite jamais, voyant que je perdois tout d'un coup tout ce que l'aveugle devotion des Indiens m'avoit fait acquerir parmi eux, de sorte qu'au lieu de toutes ces offrandes-là j'offris ma volonté resignée à celle de mon Dieu, le suppliant de me donner la patience qui m'étoit nécessaire, pour supporter

ter

ter une auſſi grande perte que celle que je venois de faire.

J'avouë que cela étoit rude à la chair & au
ſang ; néanmoins je ſentis une certaine vigueur
ſpirituelle venant du Ciel qui me fortifioit au
dedans, & qui me fit connoître la verité de ce
que dit ſaint Paul au 12. Chapitre de l'Epître
aux Hébreux, au verſet 11. Qu'il n'y a point
de châtiment preſent qui ſoit agréable, au contraire qu'il eſt facheux de ſouffrir ; mais qu'a-
prés il produit un fruit de Juſtice à ceux qui
ſont exercez par-là.

Car dés ce jour là je me ſentis en repos au
dedans de moi-même, & dans une entiére re-
ſignation à la volonté de mon Dieu, que je
ſouhaitois être faite en la terre, en la mer,
& au dedans de moi, comme elle l'eſt toûjours dans le Ciel.

Quoi que cela fût la meilleure & la principale conſolation que je pouvois avoir, néanmoins par la permiſſion du Createur je ne
laiſſai pas d'en avoir encore du côté des creatures, en ce qu'il me fut laiſſé quelques ſimples & doubles piſtoles que j'avois couſuës
dans mon matelats, que ce Capitaine me fit
rendre par honnêteté & par la conſideration
de mon habit, & dans le pourpoint que j'avois
ſur moi, qui faiſoient preſque la ſomme de
mille écus, qu'ils n'avoient point trouvée lors
qu'ils avoient fouillé mes hardes.

Aprés que le Capitaine & les Soldats eurent
viſité leur priſe, ils ſongerent à ſe rafraîchir
des vivres qui étoient dans nôtre bord ; de
ſorte que cet honnête Corſaire fit un dîné

M 2

magni-

magnifique dans nôtre fregate où il m'invita , & sachant que j'allois à la Havane, entre plusieurs autres santez il bût celle de sa mere, me priant de la voir & de lui faire ses recommandations, & que pour l'amour d'elle il m'avoit traité aussi civilement qu'il lui avoit été possible.

De plus il nous dit encore étant à table que pour l'amour de moi il nous vouloit rendre nôtre fregate, afin que nous pussions retourner à terre, & que je pusse trouver quelque voye plus assurée que celle là pour aller à Porto-bello, & poursuivre mon voyage en Espagne.

Aprés diné je conferai avec le Capitaine tout seul, & lui dis que je n'étois point Espagnol, mais Anglois de naissance, lui montrant la permission que j'avois euë de Rome pour retourner en Angleterre, & partant qu'étant d'une Nation qui n'étoit pas ennemie des Hollandois, j'esperois qu'il me feroit rendre ce qui m'appartenoit.

Mais tout cela ne servit de rien, & s'étant déja rendu maître de tout ce qui étoit dans nôtre vaisseau, il me répondit qu'il eût bien voulu pour m'obliger que cela eût dependu de lui, mais qu'il falloit que je souffrisse avec ceux avec qui je m'étois trouvé, & que je pouvois aussi tôt reclamer toutes les autres marchandises qui étoient dans le vaisseau.

Je le priai ensuite de me vouloir ramener avec lui en Hollande, afin que de là je pusse m'en aller en Angleterre ; ce qu'il me refusa aussi, me disant qu'il alloit d'un lieu dans un

autre

autre, & qu'il ne sçavoit pas quand il pourroit
retourner en Hollande, que tous les jours il
étoit sur le point de se battre avec quelque navire Espagnol, & que si cela arrivoit ses soldats pendant la chaleur du combat me pourroient faire du mal dans l'imagination que je
pourrois leur nuire étant dans le vaisseau s'ils
étoient pris des Espagnols.

Par ces réponses je vis bien qu'il n'y avoit
point d'esperance de recouvrer ce qui étoit
perdu ; c'est pourquoi comme j'avois fait ci-
devant, je me remis encore à la Providence
& à l'assistance de Dieu.

Les soldats & matelots du navire Hollandois s'employerent avec diligence le reste de
ce jour & le lendemain à décharger les marchandises de nôtre fregate dans leur vaisseau, pendant que comme prisonniers nous
étions transportez çà & là sur la mer avec
eux.

Et au lieu que nous pensions qu'ils devoient
être satisfaits d'avoir nôtre argent, nous
trouvâmes le lendemain qu'ils avoient envie
de manger de nos volailles & de nôtre lard,
qu'ils avoient besoin de nos farines pour en
faire du pain, de nôtre miel pour s'adoucir la
bouche, & de nos cuirs pour avoir des souliers
& des bottes ; car ils emporterent tout à l'exception de mon lit, de mes livres, & de
mes tableaux de cuivre, que le Capitaine Diaguillo me fit laisser par une honnêteté peu
ordinaire à un Corsaire, & quelques vivres
au maître de la fregate, à peu prés autant qu'il
en falloit pour nous conduire jusqu'à terre

 dont

dont nous n'étions pas fort éloignez, & prirent de la sorte congée de nous en nous remer-
ciant de la bonne chere que nous leur avions
faite.

Mais parmi nos gens qui étoient bien fachez
d'avoir eu de tels hôtes, il y en avoit quelques-
uns qui prioient Dieu de n'être jamais en peine de les recevoir une autrefois, d'autres qui les
maudissoient, & particulierement le mulatre
qu'ils appelloient renégat, & enfin d'autres
qui loüoient Dieu de ce qu'on leur avoit sauvé la vie; & tous ensemble nous retournâmes à Suere d'où nous étions sortis, où en
montant la riviere nous pensâmes faire naufrage & perdre la vie aprés avoir perdu nôtre bien.

CHAPITRE VI.

*Leur débarquement en la Riviere de Suere d'où
ils étoient partis & de ce qui leur arriva, &
ce qu'ils ont remarqué de plus considerable
jusqu'à Carthago.*

LOrs que nous mîmes pied à terre, les Espagnols de ce lieu eurent compassion de ce
qui nous étoit arrivé; de sorte qu'ils nous assis-
terent de leurs aumônes, & firent une quête
entr'eux pour cela.

Les

Les trois Espagnols qui étoient en ma compagnie perdirent tout leur argent & la plus part de leurs meilleurs habits, mais ils avoient réservé quelques lettres de change dont ils devoient être payez à Porto-bello, & j'eusse bien voulu en avoir autant au lieu de ce que j'avois perdu.

Dans ce moment-là nous ne savions de quel côté nous devions tourner. Nous fimes dessein d'aller à la Riviere de *los Anzuelos* ; mais l'on nous dit qu'il falloit necessairement que les fregates qui y étoient fussent parties, ou du moins qu'elles le seroient avant que nous y fussions arrivez, & que si elles ne s'étoient point arrêtées sur le bruit qui étoit venu des navires Hollandois qui étoient en mer, qu'il faloit qu'elles fussent déja prises, ou qu'elles ne pouvoient pas manquer de l'être aussi bien que nous l'avions été.

C'est pourquoi nous nous resolumes avec l'assistance charitable des Espagnols des environs de ce lieu là, de nous en retourner à Carthago, & de-là prendre quelque ordre meilleur que celui que nous avions tenu.

Par le chemin nous nous entretinmes de ce que chacun de nous avoit sauvé, & les Espagnols se vantoient qu'ils avoient encore des lettres de change qui leur seroient aquitées à Carthago, & qu'ils auroient de l'argent par ce moyen ; mais je ne leur voulus point déclarer ce que j'avois, je leur dis seulement que j'avois aussi sauvé quelque chose ; de sorte que nous demeurâmes tous d'accord de faire paroître nôtre pauvreté pendant tout le chemin, afin que

 les

les Indiens & les Espagnols euſſent pitié, e
nous, & nous témoignaſſent de la compaſſion
pour la perte que nous avions faite.

Lors que nous fûmes arrivez à Carthago,
chacun témoigna être touché de nôtre malheur, & l'on fit des quêtes pour nous.

Et comme l'on attendoit de moi que je
dirois la Meſſe, & pourois prêcher lors
que j'en ſerois prié, je m'appliquai en ſorte
que je recommençai à me munir d'argent par
ce moyen.

Néanmoins comme je vis bien que dans
un Païs pauvre comme celui-là & où j'étois
peu connu, je ne pouvois pas faire grand
choſe pour m'en retourner avec honneur en
Angleterre; je me vis encore tenté de retourner à Guatimala, où j'étois aſſuré d'être
bien reçû par mes amis, & de m'y établir
juſqu'à ce que j'euſſe encore recueilli de quoi
m'en retourner.

Mais ayant remarqué que Dieu étoit cour-
roucé contre moi, & m'avoit juſtement privé
de tout ce que j'avois amaſſé pendant douze
ans, je pris une ferme reſolution de continuer
mon chemin pour m'en retourner en mon
Païs, quand même j'aurois dû mendier mon
pain ſur le chemin.

Mais de peur d'être ſoupçonné par les Eſpagnols, & d'avoir du déplaiſir pour ne pas
faire les fonctions de ma profeſſion, je me reſolus de recevoir ce que l'on me donneroit en
qualité d'étranger & de voyageur, pour mes
predications & les autres exercices pnblics que
l'on deſireroit que je fiſſe.

Ayant

Ayant donc repris le courage, & étant toûjours resolu de m'en retourner en Angleterre, je m'enquis à Carthago par quel moyen je pourrois aller à Porto-bello; mais cette porte où je pouvois avoir esperance étoit encore fermée, quoi que ma confiance en Dieu ne fût point diminuée.

En ce temps-là il arriva à Carthago environ trois cens mulets qui n'avoient point de charge, avec quelques Indiens, Espagnols, & Negres de Comayagua & Guatimala, qui les conduisoient par terre au de-là des montagnes de Veragua pour les vendre à Panama.

Ce commerce qui se fait tous les ans, est le seul qui se fait par terre de Guatimala, de Comayagua, & de Nicaragua à Panama, au de-là de cet isthme ou espace de terre qui est entre la mer du Nort & la mer du Sud.

Ce chemin est fort dangereux, non seulement à cause des mauvais chemins, des rochers & des montagnes qu'il faut passer, mais aussi à cause de plusieurs Nations barbares qu'il y a que les Espagnols n'ont pas encore assujetties, qui font souvent des insultes & tuent ceux qui passent avec des mulets au travers de leur Païs, particulierement s'ils font la moindre chose qui leur déplaise.

Mais nonobstant toutes ces difficultez, je ne laissay pas de penser à faire ce chemin avec les mulets & les Espagnols qui s'en alloient par terre à Panama: & les trois Espagnols qui étoient en ma compagnie étoient aussi presque de même avis que moy, mais la Providence Divine qui conduit bien

M 5

mieux

mieux les affaires des hommes qu'ils ne sauroient faire eux-mêmes, nous fit quitter ces
pensées pour nôtre bien & pour nôtre salut,
comme nous vîmes bien-tôt aprés.

Car nous apprîmes à Nicoya qu'une partie
de ces Espagnols & de ces muletiers avoient été
tuez par les barbares, qui nous auroient tuez
comme eux si nous eussions entrepris ce peril-
leux voyage, dont je fus dissuadé à Carthago
par plusieurs personnes qui avoient de l'amitié
pour moi, qui me representerent non seulement le danger qu'il y avoit de tomber entre
les mains de ces barbares Indiens, mais aussi la
difficulté de traverser les montagnes, dont je
ne pourrois jamais venir à bout sans courir le
hazard de perdre la vie.

Ayant donc quitté ce dessein, les Marchands
qui nous témoignoient de l'amitié nous conseillerent de voir si la mer du Sud ne nous seroit point plus favorable que celle du Nort,
& pour cet effet d'aller à Nicoya & de là à
Chira & au Golphe des Salines, où sans doute
nous trouverions à nous embarquer pour Panama.

Nous étions bien resolus de suivre tous les
bons avis qu'on nous donneroit, mais nous
savions bien aussi que c'etoit la derniere chose
que nous avions à faire & la fin de toutes
nos esperances, & que si cela nous manquoit
il ne nous restoit plus d'autre voye pour aller à Panama, que comme des desesperez
nous en aller hazarder nôtre vie à traverser
les montagnes de Veragua, & passer sans guide
& sans escorte par le Païs des barbares qui

avoient

avoient maſſacré les Eſpagnols, ou nous en retourner par le chemin que nous étions venus à Realejo, où nòtre eſperance pouvoit auſſi être fruſtrée, & que peut-être il nous faudroit attendre un an avant que nous euſſions trouvé à nous embarquer pour Panama.

C'eſt pourquoi nous nous reſolumes de ſuivre le conſeil que nos amis nous avoient donné d'aller à Nicoya & de là au Golphe des Salines; où je dis en riant aux trois Eſpagnols qui étoient avec moi, que ſi nous n'y faiſions rien, il faloit que comme Hercule nous y fiſſions ériger une colomne, & y graver nos noms, avec cette inſcription, *Non plus ultra*, parce qu'au de-là il n'y avoit plus de Port ni de Havre où nous puſſions nous embarquer pour Panama.

Auſſi perſonne ne pouvoit faire plus que nous avions fait pour venir à bout de nôtre deſſein; mais moi particulierement qui n'avois pas ſeulement ſurpaſſé tous les Anglois qui avoient été en ces Païs là, mais qui avois fait par terre depuis Mixco juſqu'à Nicoya pour le moins ſix cens lieuës ou dix huit cens milles d'Angleterre en allant du Nort au Sud; outre ce que j'avois fait depuis la Vera-Cruz juſqu'à Mexique, & de Guatimala à la Vera Paz & à Puerto de Cavallos ou Golfodulce, & de là à Truxillo, & puis en retournant de-là à Guatimala, qui ſont pour le moins treize ou quatorze cens milles d'Angleterre de plus, ce que je penſois faire graver ſur une colomne à Nicoya pour en conſerver la memoire à jamais.

Mais j'eſpere que ce qui ne s'eſt pas fait en

ce lieu-là lé fera par le moyen de mon livre,
& que mon Hiſtoire comme elle eſt fidelle &
veritable ſera un monument perpetuel d'un
voyage de onze cens lieuës ou trois mille trois
cens milles qu'un Anglois a faits par terre dans
le Continent de l'Amerique, outre ſes voyages
par mer à Panama, depuis Porto-bello juſqu'à
Carthagene, & de-là à la Havane.

CHAPITRE VII.

Leur depart de Carthago & de ce qui leur ar-
riva juſqu'à Nicoya ; le Negoce qui s'y fait,
& la deſcription d'une teinture de pourpre
particuliere, & de la conduite cruelle
d'un Gouverneur Eſpagnol avec les In-
diens.

LE chemin par lequel nous allâmes de Carthago à Nicoya étoit fort montagneux,
rude & deſagréable ; car nous ne trouvâmes
que fort peu de fermes d'Eſpagnols & de villages d'Indiens, qui non ſeulement étoient fort
petits, mais où les habitans étoient auſſi fort
pauvrés & miſerables.

Néanmoins Nicoya eſt un fort beau village,
& le principal d'un Gouvernement d'Eſpagnols, où nous trouvâmes un nommé Juſte

de

dé Salazar qui étoit Alcade Major, qui nous reçût avec beaucoup de civilité, & nous donna un logis pour demeurer pendant que nous serions en ce lieu-là.

Il nous donna aussi beaucoup de joye, en nous disant qu'encore qu'à present il n'y eût point de Navire ni de Fregate dans le Golphe des Salines, qu'il ne doutoit pourtant pas qu'il n'y en vint bien-tôt quelqu'une de Panama pour charger du sel & d'autres marchandises, comme ils avoient accoûtumé de faire tous les ans.

La saison où nous arrivâmes en ce lieu-là, étoit un temps propre pour moi pour recueillir encore quelque argent aprés la grande perte que j'avois faite ; car c'étoit en Carême qui est le temps de la plus grande moisson des Religieux, parce que comme j'ay déja dit ci-devant, ils recueillent beaucoup d'argent des offrandes qui leur sont faites lors qu'ils confessent & administrent la Communion aux Indiens.

La saison & le Religieux Cordelier qui avoit la charge de ce village m'étoient fort commodes, dans un temps où je ne pouvois pas me dispenser de faire les exercices de ma profession, sans donner un juste sujet aux Espagnols de me soupçonner & de me blâmer avec raison.

Ce Religieux étoit Portugais, qui environ trois semaines avant que j'arrivasse en ce lieu avoit eu un grand demêlé avec l'Alcade Major Juste de Salazar, pour défendre les Indiens que Salazar maltraitoit extrêmement.

Car il les employoit comme des esclaves à
son

son service & celui de sa femme, sans leur payer le salaire de leur travail qu'ils avoient gagné à la sueur de leur visage, les faisant travailler aussi bien les Dimanches que les autres jours.

Mais le Religieux ne pouvant souffrir cela, leur défendit expressément en chaire de le faire à l'avenir, & de ne plus obéïr aux ordres injustes de leur Alcade Major.

Juste de Salazar qui avoit été nourri à la guerre, & qui avoit servi autrefois dans la Citadelle de Milan, crut que ce lui seroit une grande honte de souffrir d'être traité de la sorte par un Religieux, qui le vouloit contrôler en sa Charge, & le priver des moyens dont il avoit accoûtumé de tirer du lucre & du profit.

C'est pourquoi aprés s'être dit plusieurs injures l'un à l'autre, il vint un jour tout en colere dans la maison du Religieux avec son épée nuë, où sans doute il l'auroit tué, s'il n'en eût été empêché par quelques Indiens qui s'y trouverent.

Le Religieux qui étoit aussi prompt que lui, s'imaginant qu'il n'oseroit le toucher à cause de son Ordre de Prêtrise de peur d'être excommunié, au lieu de s'enfuir, faisoit le fier & le brave en le défiant de le fraper, ce qui augmenta encore la colere de Salazar, de sorte qu'en levant son épée pour lui en donner sur la tête, & le Religieux voulant parer le coup avec la main, il lui abattit deux doigts, & auroit redoublé son coup encore plus dangereusement, si les Indiens ne se fussent pas mis entr'eux deux

pour

pour les feparer, & renfermé le Religieux dans
fa chambre.

Jufte Salazar fut enfuite de cela excommunié, mais à caufe que c'étoit un homme qui
avoit beaucoup de credit, l'excommunication
fut bien-tôt levée par l'Evêque de Cofta-rica.

En fuite de quoi il fit fes plaintes contre le
Religieux à la Chancellerie de Guatimala, où
il s'affuroit que par le moyen de fes amis & de
fon argent il viendroit bien-toft à bout de ce
pauvre Prêtre mendiant, comme il arriva a-
prés: car il fit en forte qu'on fit venir le Religieux à la Cour, où il eût tant de credit qu'il le
fit enfin ôter de Nicoya.

En ce temps là le Religieux fe tenoit clos
en fa maifon, & gardoit la chambre fans vouloir aller à l'Eglife pour dire la Meffe, ni prêcher, ni confeffer perfonne, à quoi la faifon
où l'on étoit alors l'obligeoit particulierement, mais il avoit fait en forte de fe faire affifter par un autre Religieux, qui étant
feul ne pouvoit pas fuffire à prêcher, à confeffer & à adminiftrer la Communion à un fi
grand nombre d'Indiens, d'Efpagnols, de
Negres & de Mulatres, qui venoient à lui du
village & de la campagne pour faire leurs de-
votions.

De forte qu'ayant fçû que j'étois arrivé
en ce lieu là, il me fit prier de le vouloir
affifter en ces fortes d'emplois, & que pour
mes peines j'aurois fa table, & un écu chaque jour pour dire la Meffe; outre ce que le
peuple offriroit volontairement, & fans compter

ter aussi mes sermons dont je serois bien récompensé.

Je demeurai dans ce village depuis la seconde semaine du Carême jusqu'à Pâques, où je gagnai environ cent cinquante écus, tant par trois sermons que je fis à dix écus chacun, que par mes gages ordinaires & les offrandes que je reçûs.

La semaine avant Pâques nous eûmes avis qu'il y avoit une fregate de Panama qui étoit arrivée au Golphe des Salines, ce qui nous donna beaucoup de joye ; car ce long retardement commençoit déja à nous faire peur.

Le Maître de la fregate vint à Nicoya qui est comme la Cour de ces quartiers-là, & les trois Espagnols & moi fimes marché avec lui pour nôtre passage jusqu'à Panama.

Aux environs de Chira, du Golphe des Salines & de Nicoya, il y a quelques fermes d'Espagnols, & quelques petits villages d'Indiens que l'Alcade Major employe tous comme des esclaves, à filer pour lui une certaine herbe qu'on appelle *de la Pite*, qui est une Marchandise fort estimée en Espagne, particulierement celle qui est teinte à Micoza & aux environs en couleur de pourpre, & pour cet effet il y a quantité d'Indiens qui sont obligez d'aller sur le bord de la mer, pour chercher certains coquillages avec quoi l'on fait la teinture du pourpre.

Purpura est une espece de coquillage, ou de poisson à coquille qui vit ordinairement sept ans ; il se cache environ le lever de la canicule, & continuë ainsi caché trois cens
jours

jours durant, on les ramasse au Printemps, &
en les frottant l'un contre l'autre ils rendent
une certaine salive ou glaire épaisse comme de
la cire molle; mais cette teinture si renommée
pour les habits est dans la gueule du poisson, &
la plus fine est dans une petite veine blanche,
n'y ayant rien dans le reste du corps qui n'est
de nul usage.

Le drap de Segovie qui en est teint, à cause de la richesse de cette teinture se vend
jusqu'à vingt écus l'aune, & il n'y a que les
plus grands Seigneurs d'Espagne qui s'en servent, comme faisoient autrefois les nobles à
Rome où on lui donnoit le nom de pourpre
de Tyr.

Il y a aussi une grande diversité de coquillages qui servent à d'autres sortes de teintures,
en si grand nombre qu'il n'y a point de lieu où
il s'en trouve tant qu'en celui-là.

Les principales Marchandises qui se trouvent à Chira & au Golphe des Salines, sont du
sel, du miel, du mahis, du froment & des
volailles, que l'on envoye tous les ans par
des fregates à Panama, d'où ces fregates partent exprés pour venir querir ces marchandises, avec cette Pite teinte en pourpre dont je
viens de parler.

CHA-

CHAPITRE VIII.

Leur depart du Port de Salines sur la mer du Sud, & leurs diverses avantures jusques à Panama.

LA Fregate qui y arriva lors que nous y étions fut bien-tôt chargée de toutes ces Marchandises, & nous fimes état qu'aprés nous être embarqueé dedans nous ferions dans cinq ou six jours à Panama.

Mais comme nous avions été cy-devant souvent traversez, nous ne le fûmés pas moins en ce voyage : car quoi qu'il ne fût pas long, nous eûmés à combattre un mois durant contre les vents, la mer & les courants comme on les appelle, qui sont aussi vites que ceux des rivieres.

Dés le premier jour que nous partîmes, nous fûmes emportez par le vent & la tourmente vers le Peru jusques sous la ligne équinoctiale, où les orages & la chaleur excessive nous mirent en tel état, que nous desesperions presque de nôtre vie.

Mais aprés avoir passé huit jours, où de moment à autre nous n'attendions que la mort, il plût à Dieu, en qui & par qui toutes les creatures ont leur vie, leur mouvement

&

& leur être, de nous donner de nouvelles esperances de vie, en nous envoyant un vent favorable qui nous tira de ces chaleurs équinoctia-
les & de cette mer orageuse, & nous emporta
vers les Isles des Perles & Puerto de Chame,
qui sont du côté Meridional des montagnes de
Veragua, d'où nous esperions en deux jours au
plus pouvoir arriver & moüiller l'ancre à Panama.

Mais nous fûmes bien-tôt frustrez de cette
esperance, car le vent se calma aussi-tôt, &
ces courants pendant quinze jours nous firent
presque autant reculer durant la nuit, que
nous pouvions avancer pendant le jour.

Que si Dieu n'eût eu pitié de nous en ce lieu-
là, sans doute que nous serions peris en voulant ainsi aller contre ces courants; car quoy
que nous ne manquassions pas de vivres, nous
avions une si grande disette de breuvage, que
pendant quatre jours nous ne bûmes pas une
seule goute de vin ni d'eau, ni d'aucune autre
liqueur qui pût étancher nôtre soif, ce qui m'o-
bligea aussi bien que plusieurs autres à boire
mon urine, & à me rafraichir la bouche avec
des bales de plomb; ce qui nous rafraîchissoit
un peu, mais cela n'étoit pas capable de satisfaire long temps la nature, si Dieu par sa Provi-
ce ne nous eût envoyé un vent qui pendant le
jour nous tira tout à fait hors de ces courants.

Les premieres pensées que nous eûmes alors
furent d'abord au Continent, ou à quelqu'une
des Isles qui étoient en grand nombre là autour
pour y chercher de l'eau, prrce que nous n'en
pouvions plus & ne faisions que languir de soif.

Le

Le Capitaine du Navire n'y vouloit point
confentir, nous affurant que ce jour-là il nous
mettroit à terre à Panama ; mais comme
nous ne pouvions paffer plus outre fans avoir
de quoi boire, à moins que de nous réfoudre qu'aprés que nous ferions morts l'on
nous déchargeroit à Panama ; nous crûmes
que ce feroit achepter trop cher cette promeffe là, puis qu'il y alloit de nôtre vie &
que nous ne pouvions pas encore fubfifter un
jour en cet etat ; de forte que voyant que
le vent s'affoibliffoit nous le priâ nes tous
d'aborder en quelque Ifle où nous puffions
trouver de l'eau ce qu'ayant refufé de faire,
les trois Efpagno's & quelques autres matelots fe mutinerent, & ayant mis l'épée à la
main le menacerent de le tuer, fi tout à l'heure il n'abordoit quelqu'une de ces Ifles.

De forte que ne prenant pas plaifir à voir
la pointe de ces épées contre fa poitrine, il
fit tourner la proue de fon vaiffeau vers deux
ou trois Ifles qui n'étoient qu'à environ deux
ou trois heures de chemin de nous.

Lors que nous en approchâmes nous mouillâmes l'ancre & mîmes nôtre bateau en mer
où chacun fe croyoit bien heureux qui pouvoit
y entrer, afin d'aller à terre & boire de l'eau
tout fon faoul.

La premiere Ifle où nous débarquâmes étoit
inhabitable de ce côté-là, où nous fûmes
long temps à courir en divers endroits, fans
faire autre chofe que nous échauffer & nous
alterer davantage.

Pen-

Pendant que chacun couroit de cofté & d'autre pour trouver une fontaine & toûjours en vain je me perdis dans les bois, ayant mes fouliers tout déchirez, à caufe des rochers & des ronces, & lieux difficiles où j'avois paffé, & ma compagnie fe rembarqua dans le bateau pour aller dans une autre Ifle, me laiffant tout feul dans les bois.

Comme j'en fus forti, & que je trouvai que le bateau s'en étoit allé je me crûs perdu, croyant qu'ils avoient trouvé de l'eau & étoient retournez au vaiffeau, & que ne m'ayant pas trouvé ils haufferoient les voiles & s'en iroient à Panama.

Me voyant en cette peine j'appellai ceux du navire; mais comme je vis que ma voix étoit trop foible pour aller jufqu'à eux, je me mis à courir çà & là à travers les rochers pour voir fi je ne verrois point le bateau, que je découvris n'être point auprés du vaiffeau, & que je remarquai aprés être proche de l'autre Ifle joignant celle où je m'étois égaré.

Cela me fit croire qu'il ne m'abandonneroient pas, & qu'ils me viendroient querir quand ils auroient trouvé de l'eau; de forte que je décendis des rochers & m'en vint fur le rivage, où je trouvai des arbres qui faifoient de l'ombrage, & quelques petits fruits qui me rafraîchirent la bouche un peu de temps; mais j'avois une fi grande chaleur dans le corps que je ne croyois pas en pouvoir jamais réchaper, tant à caufe de cette chaleur, que des foibleffes & des defaillances qui me prenoient à tout moment.

Enfin

Enfin la pensée me vint de me baigner, &
de me mettre en la mer jusqu'au cou pour me
rafraîchir ; de sorte que je me dépouillai, &
aprés avoir demeuré quelque temps dans
l'eau, je m'en revins sous l'ombrage de ces
arbres, où je tombai dans un si profond
sommeil, que le bateau étant venu pour me
querir, quelque bruit que les matelots fissent
pour m'appeller, je ne me reveillai point, ce
qui les fit apprehender que je né fusse mort,
jusqu'à-ce qu'étant décendus à terre, & m'a-
yant cherché les uns d'un côte & les autres
d'un autre, l'un d'entr'eux me trouva qui me
réveilla, sans quoi j'etois au hazard d'être
devoré par quelque bête sauvage, ou de perir tout seul miserablement en cette Isle aprés
que la fregate s'en seroit allée.

Lors qu'on me réveilla j'eus bien de la joye
de voir ma compagnie ordinaire, & la premiere chose dont je m'enquis fut s'ils avoient
trouvé de l'eau ? à quoi ils me répondirent
que je n'avois qu'à me lever & à me réjouïr, &
qu'ils n'avoient pas seulement trouvé de l'eau ;
mais aussi des oranges & des citrons dans une
autre Isle, où ils avoient rencontré des Espagnols qui y demeuroient,

Je m'en allai en diligence avec eux au bateau, ou aussi-tôt que je fus entré l'on me donna à boire tant que je voulus.

L'eau étoit tiede & trouble, parce qu'ils ne
l'avoient sçû puiser qu'en même temps ils ne
brouillassent le fond de la fontaine & n'empor-
tassent du gravier avec l'eau, ce qui la faisoit
paroître ainsi trouble & boueuse.

Mais

Mais nonobſtant cela j'en bûs un pot tout entier, que la foibleſſe de mon eſtomac ne pouvant ſupporter il fallut que je la vomiſſe à l'heure-même; l'on me fit manger auſſi une orange & un citron; mais mon eſtomac les rejetta comme il avoit fait l'eau, & en allant à nôtre fregate je tombai dans une telle foibleſſe, qu'on croyoit que j'expirerois avant que d'être à bord.

Lors que nous y fûmes arrivez je demandai encore de l'eau, mais elle ne fut pas plûtôt dans mon eſtomac qu'il fallut la rejetter; a-prés quoi l'on me mit au lit avec une ſiévre ardente qui me tint toute la nuit, n'attendant que la mort & que la mer me ſerviroit de tombeau.

Le maître du navire voyant que le vent s'é-tant changé ſe trouva bien empêché, appré-hendant qu'avec ce vent-là il ne pût jamais ar-river à Panama,

C'eſt pourquoi il voulut tenter une voye qu'il n'avoit point encore eſſayée, qui étoit de paſſer entre les deux Iſles où nous avions été chercher de l'eau, ſçachant que le vent qui nous étoit contraire de ce côté-ci, nous ſeroit favorable de l'autre côté des Iſles.

Sur le ſoir il fit lever l'ancre & mettre à la voile, réſolu de faire paſſer ſa fregate entre les deux Iſles; mais l'évenement montra combien cette tentative étoit perilleuſe, & que c'étoit plûtôt un coup de deſeſpoir qu'une affaire bien concertée.

Je puis bien dire que j'étois alors couché dans le lit de la mort, ſans me ſoucier de quel

côté

cofté le maiftre du vaiffeau ou la fortune me voudroient conduire, pourvû que Dieu reçût mon ame au Ciel.

La fregate ne fut pas fi tôt entrée dans le détroit qui étoit entre ces deux Ifles, qu'étant emportée par la violence du courant trop proche de terre, elle donna fur un rocher, de forte que le gouvernail en fut enlevé & prefque emporté hors des mains du Pilote, qui fe mit à crier, O trés-fainte Vierge, aidez-nous, car fans vôtre fecours nous allons perir.

Ce cri-là & le bruit de tous ceux qui étoient dans le vaiffeau me donnerent une frayeur mortelle, dont il plût pourtant à la bonté de Dieu de me garantir & toute la compagnie, par la peine & le foin que les mariniers prirent toute la nuit de tirer la fregate de deffus ce rocher par le moyen de leur bateau, aprés que le courant l'eut fait toucher trois fois deffus ce roc.

Aprés avoir paffé cette facheufe nuit nous retirâmes le matin nôtre petit navire de tous ces dangers, en fortant du milieu de ces deux Ifles pour venir de l'autre côté, d'où nous fimes voile fort heureufement vers Panama.

Ce matin là mon eftomac s'étant fortifié, je commençai à marcher & à boire & à me promener fur le tillac prenant plaifir de voir ces belles Ifles proche defquelles nous paffions.

Sur le foir nous arrivâmes au Port de *Perico* où nous mouillâmes l'ancre, attendant qu'on viendroit vifiter le vaiffeau le lendemain matin ; mais cette nuit là le maître du navire étant defcendu à terre, le vent fe changea & fit une

fi

fi groſſe tourmente que nous perdîmes nôtre ancre & derivâmes preſque juſqu'à *la Pacheque*, apprehendant d'être emportez ſi loin dans l'Ocean, que nous aurions bien de la peine à pouvoir retourner à Panama.

Mais ce grand Dieu à qui la mer & les vents obeiſſent, changea cet orage en un vent favorable qui nous conduiſit une ſeconde fois à Perico, où aprés que l'on nous eut viſitez nous allâmes à pleines voiles à Panama.

Comme nous fûmes proche du Port, n'ayant point d'ancre dans nôtre vaiſſeau le vent nous repouſſa encore en arriére, & ſi le maître du navire ne nous eût envoyé une ancre nous ſerions encore retournez à Pacheque ou mêmes au delà.

Mais par le moyen de cette ancre nous demeurâmes toute cette nuit-là à Perico, étant tout étonnez de ce qu'il nous arrivoit tant de traverſes, de ſorte que quelques-uns diſoient qu'il falloit que nous fuſſions enſorcelez, ou bien qu'il y avoit quelque excommunié parmy nous, & que s'ils ſçavoient qui c'étoit ils le jetteroient hors le bord.

Pendant qu'ils tenoient tous ces diſcours le vent ſe changea encore, & aprés que nous eûmes levé l'ancre nous pourſuivîmes nôtre route à Panama, où il plût à Dieu que nous arrivaſſions enfin heureuſement.

CHAPITRE IX.

Description de Panama, de sa situation, du commerce qui s'y fait, tant du Peru que d'ailleurs, & de son gouvernement avec le voyage de l'Auteur jusques à Venta de Cruzes & sur la Riviére de Chiagre.

COmme je me portois assez bien alors, je ne m'arrêtay pas long-temps dans la fregate où j'avois crû devoir finir mes jours, mais je descendis aussi-tost à terre, & m'en allay au Couvent des Religieux de l'Ordre de S. Dominique où je demeuray prés de quinze jours, pendant lesquels j'eus le loisir de remarquer tout ce qu'il y avoit de considerable dans cette Ville.

Elle est gouvernée comme Guatimala par un President avec six Conseillers & une Chancellerie ou Audience royale, & c'est aussi le siége d'un Evêque.

Elle est beaucoup mieux fortifiée du côté de la mer du Sud qu'aucun autre Port que j'aye vû de ce côté-là, avec diverses piéces de canon qui sont placées pour la défense du Port.

Mais les maisons sont les plus foibles de toutes celles que j'ay vûës par tout où j'ay été, à cause qu'il est fort difficile d'y recouvrer de la chaux & de la pierre, de sorte qu'à cause de cela & de la grande chaleur qu'il y fait, la plus grande partie des maisons ne sont bâties que de bois.

La

La Maison du Président, & les murailles mêmes des plus belles Eglises ne sont faites d'autre
chose que de planches qui leur servent au lieu de
pierres & de briques, & même au lieu de tuiles
pour en couvrir le faîte de leurs maisons.

La chaleur y est si grande que l'habillement
ordinaire des habitans n'est autre chose qu'un
pourpoint de toile déchiqueté, avec des chausses de taffetas ou de quelqu'autre étoffe legere.

Le poisson, les fruits & les herbages y sont
en plus grande abondance que la viande ; l'eau
fraîche du Cocos est le bruvage que les femmes
aiment le mieux, quoy qu'il y ait aussi beaucoup de chocolatte & quantité de vins du Peru.

Les Espagnols qui demeurent en cette Ville-
là sont fort adonnez à leurs plaisirs, & parti-
culirement aux femmes, les Negresses qui y
sont en grand nombre, riches & gallantes, étant
les principaux objets de leurs amours déreglez.

L'on tient que c'est une des plus riches villes
de toute l'Amerique, ayant commerce par
terre & par la Riviere de Chiagre avec la mer du
Nort, & par la mer du Sud avec tout le Peru,
les Indes Orientales, le Mexique & les Hondures.

C'est-là que l'on transporte les plus grandes
richesses du Peru en deux ou trois grands navires, qui mouillent l'ancre au Port de Perico
qui est à trois lieuës de la Ville car le flux & le
reflux de la mer est si grand en ce lieu-là, que
cela empêche que les grands vaisseaux n'en ap-
proche de plus prés, le reflux s'étendant à
plus d'une lieüe de la ville, & laissant une grande étendüe de vases à sec, ce qui rend ce lieu-là

N 2

mal

mal sain ; à quoi contribuent aussi divers autres endroits marécageux qui sont aux environs de la ville.

Il y a environ cinq mille habitans, & l'on y entretient du moins huit Monastéres de Religieux & de Religieuses.

J'appréhendois beaucoup la chaleur ; c'est pourquoy je fis aussi tout mon possible pour sortir bien-tôt de là.

J'avois le choix d'aller en compagnie, ou par terre, ou par eau, pour me rendre à Porto-bello.

Mais considerant la difficulté qu'il y avoit à passer les montagnes en allant par terre, je me resolus d'aller par la Riviére de *Chiagre* ; de sorte que sur le minuit je partis de Panama pour aller à *Venta de Cruzes* qui est à dix ou douze lieuës de là.

Le chemin pour y aller est pour la plûpart plat & uni, & trés-agreable le matin & le soir.

Nous arrivâmes sur les dix heures du matin à Venta de Cruzes, où il n'y demeure que des Mulatres & des Negres qui conduisent les bateaux plats dont l'on se sert pour porter les marchandises à Porto-bello.

Je fus fort bien reçû de tous ces gens-là, qui me priérent de leur vouloir prêcher le Dimanche suivant, ce que je fis, & ils me donnérent vingt écus pour mon sermon & pour la procession.

CHA.

CHAPITRE X.

Description de la Riviére de Chiagre depuis Ven-
ta de Cruzes où l'Auteur s'embarqua jusques
à Porto-bello, & de ce qu'il vit digne de re-
marque pendant cette route, tant sur la riviére
que sur la mer.

APrés y avoir demeuré cinq jours les bateaux
en partirent, mais ils eurent bien de la peine
à descendre la Riviere ; car en quelques endroits nous trouvâmes l'eau fort basse, de sorte
que les bateaux s'engravoient bien souvent, &
il faloit que les Negres avec des pieux employaf-
sent toute leur force pour les retirer de là.

Quelquefois aussi nous rencontrions des courans qui nous emportoient comme un trait
d'arc sous des arbres & des branches d'arbrif-
seaux sur le bord de la riviére qui nous arrêtoient
tout court ; & il falloit que pour nous en dé-
barrasser l'on employât bien du temps à couper
ces grosses branches d'arbres qui étoient dans
l'eau.

Si aprés huit jours Dieu ne nous eût envoyé
de grosses pluyes, qui tombant des montagnes
enflerent la riviere qui de soy-même est fort
basse, nôtre voyage auroit été non seulement
plus long, mais aussi fort ennuyeux.

Douze jours aprés nous être embarquez nous

arri-

arrivâmes à la mer, & defcendïmes à la citadelle pour nous y rafraichîr la moitié de ce jour-
là.

Il faut bien que les Efpagnols foient perfua-
dez que les courans & le peu de profondeur de
cette riviere font capables d'empêcher que les
étrangers ne viennent attaquer Venta de Cruzes
& de là Panama; car fans cela il y a apparence
qu'ils auroient plus de foin de fortifier & d'entretenir cette citadelle qu'ils ne font pas; car
lors que j'y paffay elle avoit grand befoin d'être
reparée étant fur le point de tomber toute en
ruine.

Le Gouverneur de cette citadelle étoit un
grand buveur, qui nous fit auffi trés bien boire
pendant que nous y fûmes, & comme il avoit
befoin d'un Chapelain pour lui & pour fes foldats, il eut bien voulu me retenir avec luy;
mais j'avois des affaires qui m'étoient de plus
grande importance & qui m'appelloient ailleurs; de forte que je pris congé de luy, & en
partant il nous donna quelques rafraîchiffemens
de viandes, de poiffon & de confitures, & puis
nous congedia.

Nous entrâmes en pleine mer, en décou-
vrant premierement ce qu'on appelle *l'Efcudo
de Veragua*, & en allant toûjours à la rame affez
proche de terre nous pourfuivîmes nôtre route
vers Porto-bello jufqu'au Samedy au foir, que
nous moüillâmes l'ancre auprés d'une petite Ifle
avec refolution d'entrer le lendemain dans Porto-bello.

Toute cette nuit là les Negres firent la garde
de peur des Hollandois, qui, à ce qu'ils difoient,

4. par. fol. 291
FOIRE DE PORTO BELLO.

foient, fe mettoient fouvent en embufcade en ces lieux-là pour furprendre les bateaux de la rivière de Chiagre ; mais nous paffâmes heureufement la nuit, & le matin nous entrâmes dans Porto-bello.

CHAPITRE XI.

Defcription de Porto-bello & du grand commerce qui s'y fait, & de ce qui s'y paffe à l'égard des Gallions deftinez audit commerce.

CE Havre eft trés-bien fortifié par le moyen de deux citadelles qui font à fon entrée, où l'on fait toûjours fort bonne garde, auffi bien que dans un autre château qui eft plus avant dans le Port, qu'on nomme le Fort de faint Michel.

Lors que j'y arrivay je fus bien faché d'apprendre que les Galions n'étoient pas encore venus d'Efpagne, parce que je fçavois que je ne pouvois pas demeurer-là long-temps fans y faire beaucoup de dépenfe.

Mais je me confolay en ce que je fçavois que c'étoit la faifon qu'ils devoient arriver, & qu'ils ne devoient pas tarder long temps à venir.

La premiere penfée que j'eus fut de chercher un logis, qui en ce temps-là étoient à fi bon marché, qu'il y eut même des perfonnes qui s'offrirent à me loger pour rien, pourvû que lors que les gallions feroient arrivez je quitaffe le

lo-

logis, ou que je payaffe auffi cher que les autres.

Mais il y eut un Gentilhomme qui étoit Treforier du Roy, qui me promit de m'en faire avoir un où je ferois logé à bon marché, même au temps que les navires viendroient & que les logis feroient au plus haut prix; de forte que nous fûmes enfemble en chercher un, où interpofant fon autorité nous demeurâmes d'accord avec l'hôte que quand la Flote feroit arrivée, il ne pourroit le louer à perfonne, & que j'y demeurois tout feul en ce temps-là.

Ce logement ne pouvoit contenir qu'un lit, une table, & un fiege ou deux, & de la place feulement pour ouvrir & fermer la porte; cependant on ne laiffa pas de m'en demander fix vingts écus pour le temps que la Flote demeureroit dans le Port, qui d'ordinaire eft de quinze jours.

Car comme la Ville eft petite, & qu'il y a pour le moins quatre ou cinq mille foldats qui viennent dans les Gallions pour leur fervir de deffenfe, & qu'il y vient auffi plufieurs marchands du Peru, d'Efpagne & d'autres endroits, les uns pour acheter, & les autres pour vendre des marchandifes, cela fait que les logemens, quelque petits qu'ils puiffent être, y font fort chers; car bien fouvent il arrive qu'il n'y en a pas même affez dans la ville pour loger tout le monde qui y aborde en ce temps-là.

Je connoiffois un marchand qui donna mille écus d'une boutique de raifonnable grandeur, pour y debiter fes marchandifes pendant quinze jours que la Flote demeura dans le Port.

Je crus que c'étoit trop pour moi de donner

les

les fix vingt écus que l'on me demandoit pour
un fi petit logement qui n'étoit qu'un nid à
rats ; de forte que cela me choqua, & je dis
au Treforier du Roi qu'il n'y avoit pas long
temps que j'avois été volé fur la mer, & que
je ne pouvois pas faire une grande dépenfe ;
avec celle qu'il falloit encore que je fiffe pour
ma nourriture qui fe monteroit pour le moins
autant.

Mais l'on n'en voulut rien rabattre, de maniere que ce bon Treforier ayant pitié de moi
offrit à l'hôte de payer foixante écus pour moi,
pourvû que je puffe payer l'autre moitié à quoi
il fallut me refoudre, ou bien à me voir reduit à
coucher dehors fur le pavé.

Neanmoins je ne voulus point entrer dans ce
trou qui me coûtoit fi cher jufqu'à l'arrivée de
la Flotte : mais je m'en allai loger ailleurs dans
un fort bel appartement que l'on m'avoit offert
pour rien.

Pendant que j'attendois l'arrivée de la Flote,
je reçûs quelque argent & quelques offrandes
pour mes Meffes, & pour les fermons que je fis
dont j'eus quinze écus de chacun,

J'allai auffi voir les Citadelles que je trouvai
fort bonnes & bien fortifiées.

Mais ce que je trouvai de plus étonnant fut de
voir le grand nombre de Mulets qui venoient
de Panama tout chargez de barres & lingots
d'argent ; de forte que dans un jour j'en comp-
tai plus de deux cens qui ne portoient rien autre
chofe, qui furent déchargez dans le marché public, où il y avoit des monceaux de lingots

N 5

d'ard'argent, comme des amas de pierres dans les rües, qu'on laiſſoit-là ſans craindre qu'on les derobât.

Dix jours aprés la Flotte arriva qui étoit de huit Gallions & dix Navires marchands, ce qui m'obligea de m'aller jetter dans mon trou.

Ce fut une merveille de voir le grand nombre de monde qu'il y avoit alors dans les rües, au lieu que peu de jours auparavant l'on n'y voyoit preſque perſonne.

Le prix de toutes choſes commença auſſi à hauſſer, de maniere qu'une volaille ſe vendoit douze reales, qui ne m'en avoit coûté qu'une bien ſouvent à la campagne, & la livre de bœuf valoit deux reales, au lieu qu'en d'autres endroits j'en avois eu treize livres pour une demi-reale, & les autres viandes à proportion devinrent ſi cheres, que ne ſçachant comment faire, je fus obligé de vivre de poiſſon & de tortuës, dont il y a une aſſez grande quantité, & quoi qu'elles fuſſent un peu cheres, c'étoit pourtant ce que je pouvois manger à meilleur marché.

Cela étoit remarquable de voir comme les Marchands vendoient leurs Marchandiſes, non en détail à l'aune ; mais en gros, à la piéce & au poids, & comme ils faiſoient leurs payemens, non en argent monnoyé, mais en barres d'argent, qu'on peſoit & qu'on prenoit pour la valeur des Marchandiſes.

Mais cela ne dura que quinze jours, pendant quoi les Gallions ne ſe chargerent que de lingots & barres d'argent ; de ſorte que je puis dire & le ſoutenir hardiment, que pendant ces quinze

jours-

jours là il n'y a point une plus riche foire dans le
monde que celle qui se tient à Porto bello entre
les Marchands Espagnols, & ceux du Peru, de
Panama & des autres lieux aux environs.

CHAPITRE XII.

*Des difficultez de l'embarquement à Porto-bello
pour Carthagene ; de ce qui arriva à l'Auteur
en cette rencontre, avec d'autres particularitez
dignes de remarque.*

DOm Carlos de Ybarra qui étoit Admiral
de la Flote apporta toute la diligence qui
lui fut possible pour la faire partir, ce qui fit aussi
que les Marchands se diligenterent de vendre &
d'acheter, & de charger les Navires de lingots
& de barres d'argent.

Cette diligence me réjouïssoit fort, parce que
je voyois que plûtôt ils chargeroient leurs Vaisseaux & moins je déchargerois ma bourse, & que
je pourrois bien-tôt partir de ce lieu si mal sain,
où la grande chaleur cause non seulement des fiévres ardentes, mais aussi la mort, si l'on ne s'empêche d'avoir les pieds mouillez lors qu'il pleut.

Mais particulierement pendant que la Flote y
demeure, l'on peut dire que c'est un tombeau
toûjours ouvert ; & prêt d'engloutir une bonne
partie de ce grand concours de peuple qui s'y
trouve en ce temps-là, comme il arriva l'année

N 6

que

que j'y étois, qu'il y mourut plus de cinq cens personnes, de Marchands, de Soldats & de Matelots, tant de ses fiévres ardentes, que de flux de ventre, pour trop manger de fruit & boire de l'eau froide & autres sortes d'intemperance ; de sorte qu'on pouvoit bien dire d'eux qu'ils avoient trouvé ce lieu-là, non *Porto bello*, mais plûtôt *Porto-malo*.

Et parce que cela arrive ordinairement tous les ans, pour soulager ceux qui viennent incommodez de la mer, où qui tombent malades en ce lieu là, l'on a bâti un Hôpital dans la Ville qui est fort riche, où il y a plusieurs Religieux de la Charité qui ont le soin de traiter les malades & d'enterrer les morts.

L'Amiral qui apprehendoit que ces maladies ne s'augmentassent encore, fit toute la diligence qu'il pût pour faire partir sa Flote, sans se soucier du bruit qu'on faisoit courir qu'il y avoit trois ou quatre Navires Anglois ou Hollandois en mer, qui n'attendoient apparemment que l'occasion de s'emparer de quelqu'un de ces vaisseaux qui se trouveroit écarté des autres.

Cette nouvelle me donna de l'apprehension, & me fit penser que pour ma sureté je ferois bien de passer dans l'un des meilleurs Gallions ; mais quand il fut question de traiter de mon passage, je trouvai que l'on ne me demandoit pas moins de trois cens écus, que je n'eusse pas pû donner sans être beaucoup incommodé.

Cela fut cause que je fis dessein de m'adresser à quelque Maître de Navire Marchand, quoi que je sçûsse bien que je n'y serois pas en si grande sureté que dans un Gallion bien muni de

soldats

foldats & de canons de fonte ; néanmoins j'ef-
perois toûjours en Dieu, qui eft le refuge de
tous ceux qui le craignent, & qui dans cette ren-
contre-là me fit trouver un paffage à bon marché
& fort affuré.

Car ayant un jour rencontré mon ami le Treforier, il eût encore pitié de moi, & me confi-
derant comme un étranger qui avoit été volé
depuis peu, il me recommanda au Maître d'un
Navire Marchand nommé le faint Sebaftien,
qu'il fçavoit être dans le deffein d'avoir un Chapelain dans fon Vaiffeau à qui il vouloit donner
la table.

Je ne me fus pas plûtôt adreffé à lui de la part
de ce **Treforier**, qui étoit fon ami auffi bien
que le mien, qu'il me promit de me recevoir en
fon Vaiffeau & de me donner fa table, fans me
demander autre chofe, finon que je priaffe Dieu
pour lui & pour les fiens, me promettant de
plus de fatisfaire pour tous les fermons que je ferois dans fon Navire.

Je loüai Dieu des graces qu'il me faifoit, re-
connoiffant en cela comme en beaucoup d'autres occafions le fecours de fa providence, qui
me fourniffoit le moyen de retourner en Angleterre.

Auffi-tôt que les Navires furent chargez nous
partîmes pour aller à Carthagene, & le lendemain que nous eûmes mis à la voile, nous découvrimes quatre navires, ce qui donna de l'ap-
prehenfion aux Navires Marchands & les fit tenir proche des Gallions, ayant plus de confiance en la force de ces Vaiffeaux-là qu'en la leur.

Le Navire dans lequel j'étois étoit leger &
vîte

vîte à la voile ; de forte qu'il fe tenoit toûjours fort proche de l'Amiral ou de quelqu'un des autres Gallions; mais tous les autres Navires Marchands qui n'étoient pas fi bons de voile venoient fi lentement derriere, qu'il y en eut deux que les Hollandois furprirent & emmenerent pendant la nuit, avant que nous puffions arriver à Carthagene.

La plus grande peur qu'eurent les Efpagnols pendant le voyage, fut autour de l'Isle de la Providence, qu'ils nomment l'Isle de fainte Catherine, apprehendant qu'il n'en fortît quelques Navires Anglois qui les vinffent attaquer.

Ils maudiffoient les Anglois qui l'habitoient, & difoient que cette Isle là n'étoit à prefent qu'une retraite de brigands & de pirates, & que fi le Roi d'Efpagne n'y mettoit ordre bien-tôt ils feroient bien du mal aux Efpagnols, parce qu'elle eft proche de l'embouchure du Defaguadero, ce qui met en peril les fregates de Grenade, & fituée entre Porto-bello & Carthagene, & par ce moyen menace auffi les gallions qui portent les revenus & les tréfors du Roi.

En cette maniere-là, en invectivant toûjours contre les Anglois & l'Isle de la Providence, nous fimes voile vers Carthagene, où nous rencontrâmes encore les quatre Navires qui nous avoient déja fuivis & qui avoient pris de nos Vaiffeaux, & nous menaçoient encore d'en prendre d'autres en entrant dans le Port.

Ce qu'ils auroient pû faire s'ils euffent voulu fe hazarder d'attaquer le Vaiffeau où j'étois, qui en tournant autour du Cap pour entrer

dans

dans le havre s'échoüa à terre, où il auroit assurément fait naufrage si le fonds eût été de roche au lieu qu'il étoit sablonneux ; mais nous fûmes garantis de ce peril par la peine que prirent les matelots à nous en retirer, & nous nous sauvâmes de ces Navires qui nous poursuivirent le plus loin qu'ils pûrent ; mais qui n'oserent s'approcher de la portée du canon de la Citadelle.

CHAPITRE XIII.

Description de Carthagene, & de ce que l'Auteur y vit de plus remarquable pendant le sejour qu'il y fit ; singularité de la chair de porc de ces païs-là, départ des Gallions du Port de Carthagene ; leur route jusqu'à la Havane, & leur départ de ce dernier Port.

NOus entrâmes de la sorte dans le havre de Carthagene, où nous demeurâmes huit ou dix jours, & j'y rencontrai quelques Anglois qui étoient prisonniers, que les Espagnols avoient pris en mer, & qui étoient de l'Isle de la Providence, entre lesquels étoit le fameux Capitaine Rous & environ une douzaine d'autres que je fus bien aise de rencontrer ; mais à qui je n'osois témoigner beaucoup d'amitié de peur de me rendre suspect.

Comme l'on avoit resolu de les envoyer en Espagne, ils eussent bien voulu passer dans le

Navire où j'étois, & comme je ne le souhaitois pas moins, je fis en sorte avec mon Capitaine que pour l'amour de moi il en prit quatre dans son Vaisseau, entre lesquels il y en avoit un nommé Edouard Layfield, qui depuis en partant de saint Lucar pour aller en Angleterre fut pris par les Turcs, & qui m'a écrit de Turquie en Angleterre pour me prier de travailler à le faire racheter & le retirer de sa captivité.

Sa conversation me plaisoit fort, & je le trouvai toûjours officieux envers moi, ce qui m'obligea de parler pour lui au Maître du Navire & aux Matelots, qui sans cela l'auroient maltraité & les autres Anglois de sa compagnie.

Pendant que nous étions à Carthagene, il vint un bruit qu'il y avoit soixante Navires Hollandois qui attendoient la sortie des Gallions, ce qui ne donna pas peu d'apprehension aux Espagnols, qui tinrent conseil pour sçavoir si la Flote devoit hiverner en ce lieu-là où partir pour l'Espagne.

Mais comme ce bruit-là étoit faux & qu'il ne venoit que des habitans de Carthagene, qui pour leur profit particulier eussent bien voulu que tous les Gallions & les Navires Marchands eussent demeuré là.

Dom Carlos de Ybarra répondit à ceux qui lui en parlerent, qu'il n'apprehendoit pas une centaines de Navires Hollandois, & qu'il n'y avoit rien qui le pût empêcher d'aller en Espagne, où il esperoit de conduire en sûreté le tresor du Roi, comme il fit suivant sa promesse.

Huit jours aprés être partis de Carthagene nous arrivâmes à la Havane, où nous demeurâmes

CARTHAGENE

mes aussi huit jours en attendant la Flote qui devoit venir de Vera Cruz.

Pendant ce temps-là j'eus moyen de voir
cette forte Citadelle, où il y a douze pieces d'artillerie qu'on appelle les douze Apôtres, qui ne
pourroient pas faire grand mal à une armée qui
viendroit par terre ou de la riviere de Matanç016.

Je fus aussi visiter la mere de ce Mulatre qui
m'avoit pris en mer tout ce que j'avois, & fis
tout ce que je pûs pour consoler ces pauvres
Anglois qui étoient prisonniers ; mais particulierement le brave Capitaine Rous, qui se vint
plaindre à moi des affronts que les Espagnols
lui avoient faits dans le Navire où il étoit venu,
& que n'ayant pû les supporter quoi qu'il fût
prisonnier, il deffia au combat ceux qui le mé-
prisoient, & leur fit un appel pour se battre en
quelque lieu qu'ils voudroient dans la Havane.

Cette action étoit assurément une marque de
courage & d'honneur en ce prisonnier Anglois,
d'avoir la hardiesse d'envoyer un appel à un Espagnol dans son pays, & comme on dit d'attaquer le coq sur son fumier.

Mais comme j'eus appris cette affaire par le
moyen d'Edoüard Layfield, je voulus l'assou-
pir & la terminer le plûtôt que je pus, de peur
que plusieurs personnes ne le jettassent de rage
sur lui & le missent en pieces.

C'est pourquoi je l'envoyai querir au Couvent où je demeurois & lui fis quitter le dessein
qu'il avoit eu de se battre & de montrer sa bra-
voure dans un temps & dans un lieu où sa qualité de prisonnier l'en dispensoit.

Je consolai aussi les autres dans leur afliction,
&

& les assistai du mieux que je pûs en leur necessité & particulierement Layfield.

Comme j'eus besoin de prendre un petit rémede avant que de me mettre en mer , cela me donna occasion d'apprendre ce que je ne savois pas encore, quelle étoit la viande que les meilleurs Medecins de la Havane ordonnoient à leurs malades lors qu'ils avoient pris medecine.

Car au lieu qu'aprés que ma medecine eut fait son operation , je m'attendois qu'on m'apporteroit un morceau de mouton, ou une volaille, ou bien quelqu'autre sorte de viande nourrissante , mon Medecin avoit ordonné que l'on me donnât une piece de porc rôti, ce que croyant m'être contraire en l'état où j'étois je le refusay, en disant au Medecin que c'étoit contre la pratique de toutes les Nations, parce que la qualité de cette viande-là étoit de lâcher le ventre.

Mais il me répondit que le porc faisoit le contraire en ce lieu là de ce qu'il faisoit ailleurs , & que je devois manger de ce qu'il m'avoit ordonné, m'assurant qu'il ne me feroit point de mal.

Comme l'on tient que la chair de pourceau est fort nourrissante en ce lieu là, il n'y en a point aussi aprés celle-là qui le soit plus que celle des tortuës , dont tous les Navires font leurs provisions pour le voyage d'Espagne.

L'on coupe les tortuës en tranches fort minces & longues, comme j'ay déja dit des tassajos, que l'on sale & fait secher au vent , aprés quoi les matelots s'en servent pendant tout le voyage d'Espagne , & les mangent boüillies avec un peu d'ail , qu'ils disent avoir aussi bon goût que du veau.

Ils

Ils emportent aussi dans leurs Navires quelques volailles pour la table des Maitres & des
Capitaines avec quelques pourceaux tous en vie,
ce qui apparemment devroit apporter de l'in-
fection dans le Vaisseau, si l'on n'avoit soin de
laver bien souvent le lieu où couchent toutes
ces bêtes.

Dans le Navire où j'étois l'on tuoit un pourceau toutes les semaines pour la table du Maitre,
du Pilote, & des Passagers.

Comme tous les Navires se furent pourvûs de
vivres pour le voyage d'Espagne, & que les
marchandises qui appartenoient aux Marchands
& les Revenus du Roi furent chargez dans les
Vaisseaux pendant neuf jours que nous demeu-
râmes-là, nous n'attendions plus que la Flote
de Vera-Crux qui nous devoit venir joindre en
ce lieu le huitiéme de Septembre.

Mais Dom Carlos de Ybarra voyant qu'elle
tardoit beaucoup au de-là du temps limité,
craignant le mauvais temps & la nouvelle Lune
de ce mois là, qui d'ordinaire étoit dangereuse
pour le passage du détroit de Bahama, il ne
voulut pas tarder davantage, mais se resolut à
partir pour le voyage d'Espagne.

CHAPITRE XIV.

Départ des Gallions du Port de la Havane, rencontre de la Flote de Vera-Cruz; prise d'un de nos Navires au milieu de cinquante deux Navires, tant des Gallions que de la Flote, & de ce qui arriva jusques à ce que la Flote se separa de nous.

NOus mîmes donc à la voile un Dimanche matin au nombre de vingt-sept Navires, compris ceux qui nous avoient joints des Hondures & des Isles, & l'un aprés l'autre nous sortimes de la Havane pour entrer dans la pleine mer, où tout ce jour-là nous ne fimes que louvier en attendant que le vent fût favorable, & que le Vaisseau qui nous devoit conduire dans le Golphe de Bahama fût sorti de la Havane.

Mais quand la nuit fut venuë nous eussions bien souhaité d'être encore dans la Havane, croyant être environnez d'une puissante Flote de Hollandois, parce qu'il y eût plusieurs Navires qui se vinrent mêler parmi les nôtres, & qui nous obligerent à nous preparer au combat pour le lendemain.

L'on tint le Conseil de guerre, & on fit la garde toute la nuit, l'on prepara les canons, l'on poissa les Vaisseaux, & l'on envoya les ordres nécessaires dans tous les Gallions & les Navires Marchands, pour leur faire sçavoir le

lieu

HAVANA
4. Part. Fol. 305.

lieu & le rang qu'ils devoient tenir.

Le Vaisseau dans lequel j'étois devoit accompagner l'Amiral, & par consequent nous étions assurez d'avoir une puissante escorte.

Nos gens aussi étoient braves & tous prêts à se battre, & comme ces apprêts militaires ne me plaisoient pas beaucoup, l'on me destina un lieu où je pouvois être caché en sureté entre des barils de biscuit.

Je ne manquai pas d'occupation toute cette nuit-là à confesser tous ceux qui étoient dans le Vaisseau; de sorte que le matin j'avois bon besoin de prendre du repos, aprés avoir passé toute la nuit en cette penible occupation.

Mais dés la pointe du jour nous fûmes éclaircis du doute où nous étions, & nous vîmes que nôtre apprehension étoit mal fondée, puisque ce n'étoient pas des Vaisseaux Hollandois, mais de nos amis, qui avoient eu la même peur que nous & qui s'étoient aussi préparez au combat.

Car dés que nous eûmes apperçû leurs pavillons, nous reconnûmes aussi-tôt que c'étoit la Flote que nous attendions de Vera-Cruz, & qui devoit faire voile avec nous en Espagne.

Leur Flote étoit composée de vingt-deux voiles, qui ne pensoient à rien moins qu'à nous rencontrer hors de la Havane, mais qui croyoient que nous étions encore à l'ancre en les attendant; de sorte que pendant la nuit ils avoient encore eu plus de peur de nous, que nous n'en avions eu d'eux.

Mais lors que le jour eut dissipé tous ces nuages & nous eut fait connoître la verité, l'on ôta
tou-

toutes les marques de la guerre, à quoi l'on fit
succéder le fanfare des trompettes qui faisoient
un éco merveilleux; l'on ne voyoit que des bateaux qui alloient d'un navire à l'autre pour se
saluer, & des gens qui buvoient des santez & se
souhaitoient bon voyage, en quoi l'on employa
toute cette matinée-là.

Mais au milieu de toutes ces réjoüissances,
nôtre Flote se trouvant alors composée de cinquante-deux voiles, sans que nous sçussions
combien il y en avoit en celle de Veracruz, ni
qu'ils sçussent aussi le nombre de la nôtre, il se
trouva deux navires parmi nous qu'on ne connoissoit point; les prisonniers Anglois me dirent seulement que l'un d'entr'eux étoit un vaisseau d'Angleterre nommé le Neptune, qui
ayant gagné le vent sur nous donna la chasse à
l'un de nos navires qui étoit de Dunquerque, &
qui ayant été employé au service du Roi à saint
Lucar & à Cadix, avoit été chargé dans les
Indes de sucre & d'autres riches marchandises
pour la valeur de quatre-vingts mille écus; de
sorte que le Neptune luy ayant envoyé sa bor-
dée, l'autre ne répondit que de deux volées de
canon, & le contraignit de se rendre, parce
qu'il ne pouvoit être secouru de la flote dont il
étoit assez éloigné.

Ce combat-là ne dura pas une demi-heure,
aprés quoy nous vîmes emmener ce vaisseau
devant nous, ce qui fit changer toutes les réjoüissances des Espagnols en blasphêmes & en
maledictions.

Quelques-uns maudissoient le Capitaine du
navire qui avoit été pris, disant que c'étoit un
                                        traî-

tre, & qu'il s'étoit rendu tout exprés sans combatre, à cause qu'on l'avoit contraint de faire ce voyage-là.

D'autres maudissoient aussi ceux qui l'avoient pris, les appellant yvrognes, infames voleurs & pirates.

Il y en avoit qui prenoient leurs épées comme s'ils eussent voulu les couper en pieces, & d'autres qui avec leurs mousquets se mettoient en posture de tirer sur eux, & enfin d'autres qui frapoient du pied comme des enragez & qui couroient sur le tillac, comme s'ils eussent voulu sauter hors le bord pour aller aprés eux, & qui grinçoient les dents contre les pauvres prisonniers Anglois, comme s'ils les eussent voulu poignarder à cause de l'action que leurs compatriotés venoient de faire ; & il faut que j'avouë que je n'eus pas peu de peine d'empêcher que tous ces fanfarons ne fissent du mal à Layfield, qui plus que tous les autres se moquoit de leur folie & répondoit aux injures qu'ils lui disoient.

L'on donna ordre aussi-tôt au Vice-Amiral & à deux autres Gallions de les poursuivre, mais ce fut en vain, parce que le vent étoit contraire ; de sorte que ces deux Vaisseaux se réjoüissant autant que les Espagnols en avoient de dépit ; se sauverent ayant le vent en poupe, & grand sujet de se vanter d'avoir fait une riche prise au milieu de cinquante-deux Navires & des principales forces navales de l'Espagne.

CHA-

CHAPITRE XV.

De ce qui arriva depuis la séparation dés Gallions
d'avec la Flote jusques au débarquement
à S. Lucar de Bara-meda.

CEtte aprés-dînée la Flote de Vera-Crux nous dit adieu, parce qu'elle n'étoit pas ravitaillée pour faire le voyage d'Espagne, & entra dans la Havane & nous poursuivîmes nôtre route vers l'Europe, n'aprehendant plus rien que le Golphe de Bahama, que nous passâmes heureusement avec l'aide des Pilotes que nôtre Amiral avoit choisis & loüez pour cet effet.

Je croi qu'il est inutile de faire un grand détail de la vûë que nous eûmes de saint Augustin & de la Floride, des tempêtes que nous souffrimes pendant ce voyage, de la diversité des degrez de la hauteur du Pole sous lesquels nous passâmes, où en certains endroits nous eûmes autant ou plus de froid que dans les plus rudes hyvers de l'Angletterre.

Je diraï seulement que les plus experts de nos Pilotes ne sçachant un jour en quel endroit ils étoient, nous penserent faire faire naufrage sur les rochers de la Bermude pendant la nuit, si la clarté du jour qui survint trés à propos ne nous eût donné le moyen de reconnoître

que

que nous courions tout droit deſſus.

Mais les Eſpagnols au lieu de loüer Dieu de ce qu'il les avoit garantis de ce peril-là, ſe prirent à maudire les Anglois qui habitent dans cette Iſle, diſant qu'ils l'avoient enchantée & toutes celles qui ſont aux environs, & que par le moyen du Diable ils faiſoient toûjours élever des orages toutes les fois que la flote d'Eſpagne y paſſoit.

Aprés être heureuſement échapez de ce lieu dangereux, nous fimes voile vers les Iſles des Terceres ou des Açores, où nous euſſions bien voulu prendre de l'eau douce, parce que celle que nous avions priſe à la Havane étoit toute jaune, & ſentoit ſi mauvais que nous étions contraints de nous boucher le nez quand nous en voulions boire.

Mais le ſevere Dom Carlos ſans avoir égard au reſte de la Compagnie nous fit paſſer à côté des Iſles, où la nuit ſuivante nous euſſions bien voulu être abordez.

Car quoy que ſelon leur opinion ces Iſles là ne ſoient point enchantées par les Anglois, mais habitées par de bons Catholiques, nous n'en fûmes pas plûtôt éloignez qu'il s'éleva la plus grande tempête que nous euſſions encore euë depuis que nous étions partis de la Havane, & qui dura huit jours entiers, où nous perdîmes un navire, & il y eut deux Gallions qui furent obligez de tirer deux coups de canon pour avertir les autres du danger où ils étoient, ce qui fit arrêter toute la Flote juſqu'à ce qu'ils euſſent racommodé leurs manœuvres & leur grand maſt.

Nous faiſions voile tantôt d'un côté, tantôt

de l'autre fans fçavoir au vray où nous étions, bûvant toûjours de nôtre eau puante dont l'on nous donnoit à chacun une pinte par jour.

Trois ou quatre jours aprés que l'orage fut ceffé nous découvrîmes la terre, ce qui fit que chacun fe prit à crier, Efpagne, Efpagne.

Pendant que l'on tenoit confeil au bord de l'Amiral pour fçavoir quelle terre c'étoit, il y en eut quelques-uns qui vendirent des barils de bifcuit, & d'autres de l'eau à ceux qui en avoient befoin, chacun s'imaginant que c'étoit quelqu'endroit de la côte d'Efpagne.

Mais le refultat du confeil fut, aprés qu'on fut approché plus prés de la terre, & qu'il y en eut plufieurs qui perdirent les gageures qu'ils avoient faites, que c'étoit l'Ifle de Madere, ce qui les fit pefter contre l'ignorance des Pilotes, & nous obligea tous à nous réfoudre à la patience, voyant que nous n'étions pas encore à la fin de nôtre voyage.

Neanmoins Dieu nous fit la grace aprés que nous eûmes découvert cette Ifle, de nous donner un vent favorable pour nous conduire en Efpagne, où douze jours aprés nous découvrîmes Cadix.

Quelques-uns des vaiffeaux nous quittérent en ce lieu là, mais la plus grande partie paffa outre jufqu'à S. Lucar, & entr'autres le navire dans lequel j'étois.

Lorfque nous arrivâmes en ce lieu dangereux que les Efpagnols appellent la Barre, nous n'ofâmes hazarder la conduite de nôtre vaiffeau à nos Pilotes; mais nous nous fervîmes de ceux du pays, que l'efpoir du gain fit venir en fi

grand

TABLE
DES CHAPITRES
Qui sont contenus en la Troisiéme
& Quatriéme Partie.

TROISIE'ME PARTIE.

CHAPITRE PREMIER.

ä

T A B L E

qu'on

grand nombre que chaque navire de la Flote avoit le sien pour le conduire dans le Port, comme on a accoûtumé de faire par tout aux havres & rades de difficile accés.

Le vingt huitiéme jour de Novembre 1637. environ à une heure aprés midy nous moüillâmes l'ancre à saint Lucar de Barra-meda où je descendis à terre avec plusieurs autres passagers, aprés avoir été visitez auparavant par les Officiers de la Douane.

CHAPITRE XVI.

Arrivée de l'Auteur à S. Lucar avec les particularitez de l'accueil qu'il y reçût jusques à son embarquement pour l'Angleterre, & son débarquement à Douvres.

QUoi que je pusse m'en aller d'abord au Couvent de S. Dominique où le vieux Religieux Paul de Londres demeuroit encore, qui sans doute seroit ravi de me voir retourné des Indes, je crûs neanmoins que je ferois bien de demeurer ce soir-là en la compagnie de mes amis, tant Espagnols qu'Anglois, qui avoient fait un si long voyage avec moy, & de m'en aller dans quelque Auberge où je pourois trouver plus de repos que dans le Couvent, où je ne pouvois avoir qu'un maigre souper de Religieux, un fort petit logement & être inquiété de cent questions que me feroit le vieux frere Paul de Londres touchant les Indes & le long sejour que j'y avois fait.

Je

Je m'en allay donc coucher ce soir là dans une hôtellerie Angloise, où je me reposay avec les pauvres prisonniers Anglois, que le maître du navire m'avoit donnez en garde sur ma parole à condition de les representer quand on voudroit.

Le lendemain j'envoyay mon amy Layfield porter une lettre au Couvent au Religieux Paul de Londres, qui l'ayant reçûë vint me trouver avec beaucoup de joye de me voir de retour des Indes, & aprés nous être un peu entretenus ensemble, il me donna avis qu'il y avoit dans le Port des navires qui étoient prêts à s'en retourner en Angleterre.

Ce vieux Religieux qui étoit déja tout decrepit & commençoit à radoter, avoit grande envie que je partisse bien-tôt de là, s'imaginant que je ne serois pas plûtôt arrivé en Angleterre que je travaillerois à la conversion des Protestans, ce qui faisoit que chaque jour qui retardoit mon départ luy duroit une année & luy faisoit faire tout son possible pour l'expedition de mon voyage, que je souhaitois encore plus que luy étant prêt à partir dés le lendemain si j'eusse trouvé le temps & un vaisseau à propos.

Mais Dieu qui m'avoit toûjours accompagné pendant prés de quatrevingts dix jours de voyage sur mer, & qui m'avoit garanti au milieu de plusieurs fâcheux orages, disposa bien-tôt aprés cela toutes les choses necessaires pour l'accomplissement de ce que j'avois tant souhaité, qui étoit de retourner en Angleterre mon Pays natal, d'où il y avoit prés de vingt-quatre ans que j'étois absent.

La

La premiere pensée que j'eus à saint Lucar, fut de quitter l'habit de Religieux que j'avois, & d'en prendre un autre avec quoy je pusse paroître en Angleterre, ayant encore cent écus de reste aprés un voyage de prés d'un an depuis Petapa jusqu'à S. Lucar. Je fis donc faire un habit seculier par un tailleur Anglois, & me disposay ensuite à partir.

Il y avoit trois ou quatre navires qui étoient tout prêts pour cela, & qui n'avoient attendu que l'arrivée de la flote pour charger quelques marchandises, & principalement des barres d'argent.

Je pensay m'en aller dans celuy qui partit le premier où s'embarqua mon amy Layfield : car tous les prisonniers Anglois furent relâchez en ce lieu-là, & on leur permit de s'én retourner en leur pays.

Mais la providence de Dieu m'en empêcha, puis que si je l'eusse fait je serois aujourd'huy esclave en Turquie avec Layfield : car le lendemain que ce vaisseau fut parti, il fut pris par les Turcs & emmené à Alger avec tous les Anglois qui étoient dedans.

Dieu me fit donc trouver une conduite plus assurée que celle-là dans un vaisseau qui appartenoit au Chevalier Guillaume Courtin, & qui étoit commandé par un Flamand nommé Adrian Adrianzen qui demeuroit alors à Douvres, avec qui je fis marché pour mon passage & pour être nourri à sa table.

Ce vaisseau-là partit de la barre de S. Lucar neuf jours aprés mon arrivée en ce lieu-là, où il attendoit la compagnie de quatre autres navires;

mais

mais principalement quelques barres d'argent des Indes ; qu'il n'eût ofé charger dans le havre à peine de confifcation.

Etant donc habillé d'une autre maniere, & prêt à mener une autre forte de vie que celle que j'avois faite jufqu'alors, étant changé d'un Americain à la mode d'un Anglois, le dixiéme jour de ma demeure dans faint Lucar je dis adieu à l'Efpagne & à toutes les façons de faire des Efpagnols.

Je dis auffi adieu au vieux Religieux Paul de Londres & à tous les autres qui étoient de ma connoiffance, & m'embarquay dans un bateau pour paffer la barre & m'en aller à nôtre navire, qui dés ce foir là mit à la voile en la compagnie de quatre autres pour aller en Angleterre.

Je pourrois reciter en ce lieu-cy toutes les bontez qu'eut pour moy Adrian Adrianzen, & les civilitez qu'il me témoigna pendant le voyage ; mais je diray feulement que j'avois bien plus de fujet encore de remarquer la bonté de Dieu, qui nous donna un temps & un vent fi favorable que fans aucun orage nous arrivâmes en treize jours à Douvres, où je defcendis à terre & le navire entra dans les Dunes.

Les autres qui defcendirent à Margaret furent amenez à Douvres ; où ils furent vifitez par les Officiers de la Douane ; mais comme je ne parlois qu'Efpagnol, je ne fus point foupçonné n'y ayant perfonne qui me crût être Anglois.

Deux jours aprés je pris la pofte avec quelques Efpagnols & un Colonel Irlandois, pour aller à Cantorbery, & de là paffer à Gravefend.

Lors

Lors que j'arrivay à Londres je me trouvay fort en peine de ne pouvoir pas parler ma Langue maternelle, n'en pouvant dire que quelques mots interrompus par-cy par-là, de maniere que cela me faisoit craindre d'avoir bien de la peine à me faire reconnoître pour être Anglois.

Neanmoins je crus que mes parens qui sçavoient bien que j'avois été comme perdu pendant plusieurs années, me reconnoîtroient si d'abord je m'adressoit à quelqu'un d'entr'eux, jusqu'à ce que je pusse mieux m'exprimer en Anglois.

La premiere personne à qui je m'adressay de nôtre famille & dont j'eus la connoissance, fut Madame Penolope Gage veuve du Chevalier Jean Gage, qui demeuroit en la ruë de saint Jean, que j'allay trouver dés le lendemain de mon arrivée à Londres, afin de sçavoir par son moyen quels étoient mes autres parens.

Neanmoins de peur de tomber en nécessité en attendant, & afin que par leur moyen je pusse me remettre dans l'usage de ma Langue maternelle que j'avois oubliées, sçavoir quelle part mon pere m'avoit laissé dans son bien ; & apprendre les mœurs du Pays, je crus par toutes ces raisons là que je ferois bien de m'informer d'eux & de tâcher à les trouver.

Comme je fus entré chez Madame Gage, elle crut bien que j'étois son parent ; mais elle se prit à rire en disant que je parlois comme un Indien ou comme un Gallois, & non pas comme un Anglois.

Elle ne laissa pas de me faire un bon accueil dans sa maison, & me fit conduire au logis d'un

de

de mes freres, qui logeoit en la ruë qu'on appelle Longaker, & qui étoit alors en la Province
de Surrey; où ayant sçû mon arrivé il m'envoya un homme & un chaval pour m'amener
chez un des mes oncles, qui demeuroit à Gat-
ton avec qui il étoit, afin que je passasse les
fêtes de Noël avec eux.

Cet oncle qui me regardoit comme un homme qui avoit été perdu, & qui étoit de retour
aprés vingt-quatre ans, me reçut fort bien chez
lui & me traita fort obligeamment, & ensuite
m'envoya à Cheam chez Monsieur Fromand
qui étoit aussi un de nos parens, avec qui je
demeurai jusques aux Rois, aprés quoi je m'en
retournay à Londres avec mon frere.

Ainsi le Lecteur peut voir un Americain,
qui aprés plusieurs dangers par mer & par terre
arrive heureusement en Angleterre, ou il peut,
comme je fais, remarquer la grande bonté de
Dieu en vers moi, pauvre & miserable pécheur.

F I N.

CATALOGUE
DES LIVRES NOUVEAUX

Qui ſe trouvent

Chez PAUL MARRET, Libraire à Amſterdam, dans le Beurs-ſtraat, à la Renommée.

Hiſtoire des Empereurs, & des autres Princes qui ont Regné durant les ſix prémiers Siécles de l'Egliſe par Tillemont, 12. 8 tomes.

Abregé de l'Hiſtoire des Turcs par Vanel, 12. 4 tomes.

La Maiſon Reglée, & l'art de diriger la maiſon d'un grand Seigneur & autrés tant à la Ville qu'à la Campagne : Troiſiéme Edition, 8.

Le Theopraſte Moderne ou nouveaux Caracteres ſur les mœurs, 12.

Voyage de Campagne par Madame la Comteſſe M.

Le Theatre Eſpagnol ou les meilleures Comedies des plus fameux Auteurs, 12.

Le Voyage de Gage dans la Nouvelle Eſpagne, 12. 2 tom. figur.

Le Parfumeur François qui enſeigne à tirer les odeurs dès fleurs & de faire toutes ſortes

tes

tes de compofition des Parfums: Troifiéme Edition, 12.

Les délices de la Hollande, contenant une
defcription exacte du Pays, avec les mœurs
& les coutumes des Habitans, 12. avec figures.

Nouveaux fecrets experimentez pour confer-
ver la bauté des Damés par Digby 2 tomes, 8.

Diverfité curieufe pour fervir de Recreation
à l'Efprit, 12. 7 tomes.

Penfées ingenieufes des Péres de l'Eglife par
Bouhours, 12.

—————des Anciens & des Modernes, 12.

Lettres de Mr. le Chévalier Temple, écrites
durant fon Ambaffade à la Haye, 12.

Inftruction fur l'Hiftoire des Empereurs d'Occident, depuis Charlemagne, jufqu'à Leo-
pold I. aujourd'huy Regnant, 12.

Chevreana ou bons mots de Mr. Chevreau 2
tomes, 12.

Les plus belles lettres Françoifes fur toutes
fortes de fujets tirez de Meffieurs les Auteurs, avec des Notes par Richélet, 12. 2
tomes.

Hiftoire des Amours de Gregoire VII.

—————du Cardinal de Richelieu.

—————de la Princeffe de Condé.

—————de la Marquife Durfé, 12.

La nouvelle Taleftris.

Hiftoire Galante, 12.

L'art de fe connoiftre foy-même ou la Recherche des fources de la Morale par Ja-
ques Abbadie.

Re-

DES CHAPITRES.

QUATRIEME PARTIE.

CHAPITRE PREMIER.

CHAP.

DES CHAPITRES.

CHA-

TABLE

Fin de la Table.

Relation d'un Voyage fait aux Indes Orientales par Dellon, 12. figure.

Le Voyage autour du monde par Dampier traduit de l'Anglois, 3 tomes sous presse.

Discours Philosophique sur la creation & l'arrangement du monde où l'on fait voir les rapports qu'il y a entre les creatures & leur dépendance sous les Loix de la providence.

Traité general du Commerce plus ample & plus exact que ceux qui ont paru jusques à present, 4.

La pratique de la Devotion ou Traité de l'amour divin par Mr. Jurieu, 12. 2 tomes.

On trouve dans la boutique de P A U L M A R-R E T *toute sorte de livres nouveaux, & autres comme histoires, Voyages Livres de Literature. Et autres.*